William Guy Carr

Satanás, príncipe de este mundo

William Guy Carr
(1895-1959)
Comandante de la Marina Real Canadiense

William Guy Carr (1895-1959) fue un oficial naval y escritor canadiense. Escribió mucho sobre teorías de la conspiración, sobre todo en su libro *Peones en el juego*. Su obra ha recibido influencias y críticas.

SATANÁS, PRÍNCIPE DE ESTE MUNDO

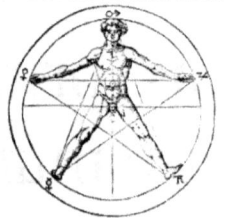

Satan, Prince of this world
Publicado por primera vez en 1966

Traducido y publicado por
OMNIA VERITAS LTD

OMNIA VERITAS®
www.omnia-veritas.com

© Omnia Veritas Limited - 2025

Todos los derechos reservados. Queda prohibida la reproducción total o parcial de esta publicación por cualquier medio sin la autorización previa del editor. El código de la propiedad intelectual prohíbe las copias o reproducciones para uso colectivo. Toda representación o reproducción total o parcial, por cualquier medio, sin el consentimiento del editor, del autor o de sus derechohabientes, es ilícita y constituye una infracción sancionada por los artículos del Código de la Propiedad Intelectual.

PREFACIO 11

PRÓLOGO 13

EL DIABLO, EL MUNDO Y LA CARNE 18

CÓMO M.R.M. FUE TRANSFERIDO A LA TIERRA 40

LUCIFERISMO 57

DOCTRINA LUCIFERINA 76

SATANISMO ANTES Y DESPUÉS DEL ADVENIMIENTO DE CRISTO 86

SOCIEDADES SECRETAS Y MOVIMIENTOS SUBVERSIVOS 100

ADAM WEISHAUPT 120

CÓMO ACTÚA LA SINAGOGA DE SATANÁS EN LAS ALTAS ESFERAS 132

CÓMO LA SINAGOGA DE SATÁN CONTROLA LOS CANALES DE INFORMACIÓN PÚBLICA 140

PRUEBAS DE CONSPIRACIÓN 149

EL GENERAL ALBERT PIKE Y LA CONSPIRACIÓN 159

LOS PROTOCOLOS DE LA SINAGOGA DE SATÁN 179

CÓMO SE DESARROLLÓ LA CONSPIRACIÓN EN AMÉRICA 196

EL CAPÍTULO FINAL DE UN LIBRO Y TAMBIÉN DE UNA VIDA 210

OTROS TÍTULOS 223

Prefacio

Cuando el autor de este libro, el comandante W.J.G. Carr, murió el 2 de octubre de 1959, dejó el libro en forma de manuscrito, junto con numerosas notas garabateadas, obras de referencia, pensamientos a medio formular, etcétera. Su último deseo fue que el libro se completara y publicara para que todos los hombres pudieran conocer la conspiración que existe para acabar con todo rastro de decencia en el mundo y con todas las civilizaciones tal y como las conocemos hoy en día.

Semejante tarea está claramente más allá de los medios ordinarios. Se me pidió a mí, su hijo mayor, que intentara editar, revisar y corregir el manuscrito en la medida de lo posible antes de su publicación. Lo he hecho en la medida de mis limitadas posibilidades. No he añadido nada a la versión original, ni he cambiado nada, excepto cuando se me ha pedido que lo haga en notas marginales de puño y letra de mi padre.

El trabajo me resultaba frustrante porque estaba muy por encima de mis capacidades. Al mismo tiempo, me pareció sumamente interesante y gratificante, porque intentaba desentrañar los pensamientos y las ideas de un hombre que murió hace casi siete años.

En algunos lugares del manuscrito encontré notas como: "Compruebe la exactitud de tal o cual punto" o "Busque más información sobre tal o cual persona". En todas las ocasiones suprimí por completo el punto en cuestión, porque mi padre siempre estuvo firmemente convencido de que no había que escribir nada hasta que no se hubiera demostrado plenamente a la luz de los conocimientos existentes. Como yo carezco del sentido de los valores necesario para decidir qué información debe o no utilizarse en estos casos, me sentía más seguro dejando la información completamente fuera.

El hecho de que este libro tenga sólo trece capítulos molestará a algunos y frustrará a otros: creo que todos los que lo lean quedarán en un estado de confusión. La "Sinfonía Inconclusa" nunca se terminó y este libro tampoco lo estará, a menos que cada lector la complete por sí mismo en el futuro a través de la experiencia personal a medida que se desarrolla la historia.

Muchos de ustedes se burlarán de las afirmaciones que se hacen en este libro; muchos lo tacharán de divagaciones de un loco; algunos serán incapaces de terminarlo porque les despertará ansiedades y temores imposibles de afrontar. Pero muchos otros, y espero que sean la mayoría, encontrarán en este libro respuestas a algunos de los problemas más desconcertantes a los que se ha enfrentado el hombre desde la noche de los tiempos, y elementos de reflexión sobre posibles soluciones para el futuro.

Es a este último grupo principalmente, pero también a todos los hombres de buena voluntad en general, sin distinción de color, raza o credo, a quienes se dedica respetuosamente esta obra en nombre de mi padre. Esta dedicatoria va acompañada de la esperanza y la plegaria de que cada uno de vosotros se esforzará, a su manera, por evitar la catástrofe que seguramente nos sobrevendrá si no se frustran rápidamente las conspiraciones del diablo.

Para los que sigan leyendo, intenten recordar que se trata de un libro inacabado y que si a veces parece haber lagunas o falta de continuidad, es sólo porque este libro se publicó a partir de un borrador que era poco mejor que lo que sin duda habría sido un esfuerzo literario pulido si el capitán Carr hubiera vivido unos meses más para completarlo él mismo.

Le ruego acepte mis disculpas por mi evidente falta de preparación minuciosa de este trabajo y espero que, a pesar de sus deficiencias, sea una rica fuente de material para su futura reflexión. Más que eso, espero que sea una fuente de inspiración para futuros buenos trabajos que continúen los esfuerzos del autor por: "Decir la verdad y avergonzar al diablo". Si todos trabajamos juntos, quizá con la ayuda de nuestro Creador, podremos hacer que el mundo se parezca un poco más a lo que Dios quiso que fuera.

Atentamente
y fraternalmente suyo,

W.J. Carr, Jr.
Lima, Perú
2 de junio de 1966

Prólogo

Siendo plenamente consciente de mis limitaciones, admito francamente que desde que publiqué *Peones en el Juego* (1955) y *Niebla Roja sobre América* (1957), y debido a que publiqué estos libros, he aprendido mucho más sobre el Movimiento Revolucionario Mundial (M.R.M.) y su relación con la existencia de la continua conspiración luciferina dirigida contra Dios y el hombre por aquellos que conforman la Sinagoga de Satanás (S.O.S.) en esta tierra y su relación con la existencia de la continua conspiración luciferina dirigida contra Dios y el hombre por parte de quienes componen la Sinagoga de Satanás (S.O.S.) en esta tierra de lo que yo sabía antes de publicarlas.

Una gran variedad de personas de todas las clases, colores y credos han proporcionado abundante información adicional. Ellos han aportado las pruebas adicionales que incluyo en este volumen. Reconozco que desconocía la mayoría de los hechos que ahora presento a mis lectores cuando publiqué los otros dos libros.

No me avergüenzo en absoluto del hecho de que mi conocimiento de la lucha de Lucifer por apartar a los seres humanos de Dios, para poder esclavizarlos por toda la eternidad, física, mental y espiritualmente, fuera tan limitado como lo era en 1955. Esto debería ser una gran lección para otros. Yo había trabajado y estudiado honesta y sinceramente desde 1911, tratando de encontrar la respuesta a la pregunta: "¿Por qué la raza humana no puede vivir junta en paz y disfrutar de las riquezas y bendiciones que Dios, el Creador, ha puesto a nuestra disposición en tal abundancia para nuestro uso y disfrute? Los dos últimos de mis nueve libros ya publicados demuestran que, después de cuarenta y cuatro años, aún me quedaba mucho por aprender.

Siento que estaría fallando a Dios y a mis semejantes si no hiciera pública esta información adicional. Sé que los enemigos de Dios me ridiculizarán y subrayarán las afirmaciones publicadas en los otros dos.

Publico lo que creo que es la verdad; nunca he pretendido ser inviolable. Errar es humano, perdonar es divino.

Para ser justo conmigo mismo, el ÚNICO error real que he cometido es que he sido incapaz de vincular la relación sobrenatural de la revuelta luciferina en el Cielo con el Movimiento Revolucionario Mundial tal como se está llevando a cabo hoy en día. Acusé a los banqueros internacionales, al capitalismo internacional egoísta, al nazismo y al comunismo de ser las causas profundas de nuestros males. Sabía, en el fondo de mi corazón, que las guerras y las revoluciones se planeaban con años de antelación, y que estaban diseñadas para resultar en la destrucción de TODAS las formas de gobierno y religión existentes, de modo que se pudiera imponer una dictadura totalitaria sobre lo que quedara de la población mundial después del cataclismo social final; pero no sabía con certeza, como estoy seguro de saber ahora, que la Revolución Mundial y el Movimiento Revolucionario Mundial, es una réplica exacta de la lucha que Lucifer y sus seguidores están librando por el control del Universo en esa parte del mundo celestial que llamamos Paraíso.

Titulé mi último libro *Niebla roja sobre América* porque era plenamente consciente de la niebla de propaganda instalada por las Fuerzas del Mal con el objetivo de impedir que la inmensa mayoría de la gente encontrara la VERDAD. Pensé que había atravesado esta niebla - ¡estaba equivocado! Las pruebas y la información adicionales que presento a mis lectores en *Satanás, Príncipe de este Mundo* demuestran que sólo me había abierto camino a tientas a través de la franja exterior de la niebla de mentiras y engaños que es el oficio de los que componen la Sinagoga de Satanás y que ponen en práctica la conspiración del Diablo (Luciferina) en esta tierra.

Deseo hacer saber clara y enfáticamente que no creo que la Sinagoga de Satanás (S.O.S.) sea judía, sino que, como Cristo nos dijo con un propósito, está compuesta por "Los que se dicen judíos... y no lo son... y mienten" (Ap. 2:9 y 3:9). Espero demostrar en este libro que los Protocolos, que contienen los detalles del complot diabólico que Weishaupt revisó y modernizó entre 1770 y 1776, no son los de los Ancianos de Sión, sino los de la Sinagoga de Satanás basados en la ideología luciferina y diseñados para establecer un Gobierno Mundial Único cuyos poderes serán usurpados por los Sumos Sacerdotes del Credo Luciferino que siempre han controlado secretamente la Sinagoga de Satanás en su cúspide.

Este libro está escrito para informar a las masas. A mi modesta manera, estoy tratando de poner en práctica el mandato que Cristo nos ha confiado. Yo no tengo la intención de abarrotar las páginas de este libro con cientos de notas a pie de página dando el título, capítulo y versículo de las llamadas Autoridades. Encuentro que demasiados autores citan como autoridades a aquellos que secretamente sirven a la causa luciferina. Pido a mis lectores que acepten lo que publico como lo que creo que es la verdad.

Como prueba de mi sinceridad, menciono que hasta la fecha ya he publicado nueve libros y cientos de artículos de no ficción, sin que se haya demostrado que haya cometido ningún error grave. He renunciado por completo a toda consideración comercial. Al estudiar, investigar y escribir mis libros, nunca he aceptado ninguna ayuda financiera y nunca he deseado beneficiarme económicamente de mi trabajo. Utilicé los ingresos de mi trabajo y mis escritos primero para mantener a mi familia y luego para continuar mis estudios e investigaciones. Cuando mi familia pudo valerse por sí misma, entregué mi obra y mis archivos a la Federación Laica Cristiana para que los utilizara íntegramente con fines educativos.

Mi mujer y yo vivimos de las pensiones que recibo por las discapacidades físicas que sufrí durante las dos primeras guerras mundiales.

Sé que los agentes del Diablo hacen que la creencia en la Biblia sea impopular; sé que no está "de moda" creer en el infierno o en el Diablo; sé que me ridiculizarán por lo que escribo... PERO SÉ QUE LO QUE ESCRIBO ES LA VERDAD.

Nadie disfrutará leyendo el contenido de este libro, pero quienes lo hagan podrán ver las cosas en su verdadera perspectiva; podrán entender lo que está ocurriendo en el mundo de hoy y por qué.

Lo que estoy a punto de decir parecerá extraño viniendo de un hombre con antecedentes bélicos como los míos, pero como las guerras y revoluciones impuestas a las masas (Goyim) son los medios por los que la Sinagoga de Satanás pretende asegurarse de que aquellos a los que planea subyugar destruyan sus propias formas de gobierno y religión para que puedan ser esclavizados bajo la dictadura luciferina, es obvio que la única manera de evitar que lleve a cabo este diabólico plan hasta su conclusión lógica es negarse a involucrarse en más guerras y revoluciones, sean cuales sean las circunstancias. Esto presupone que los individuos practiquen la resistencia pasiva frente a las autoridades que quieren obligarles a entrar en guerra.

Hubo un tiempo en que despreciaba a todos los objetores de conciencia. Los veía como cobardes, traidores a su país, gente que no apreciaba los beneficios de la ciudadanía. Pero ahora me doy cuenta, después de estudiar la conspiración luciferina desde todos los ángulos, de lo que Dios realmente quiso decir cuando nos dio el mandamiento "no matarás". No matizó ese mandamiento diciendo que el asesinato a gran escala, es decir, las guerras y las revoluciones, pueden justificarse.

La versión revisada de la vieja conspiración de Weishaupt dice que hay que forzar guerras y revoluciones entre los Goyim, para que los que dirigen la conspiración para usurpar la dominación mundial puedan "avanzar hacia su objetivo en paz". Nos obligan a luchar mientras ellos se sientan y animan desde la barrera. Weishaupt también dijo que los que encabezan la conspiración se asegurarán de que incluso las naciones victoriosas en una guerra no obtengan ninguna ventaja ni se anexionen ningún territorio adicional. ¿Puede alguna persona informada negar que esta política no se siguió al pie de la letra en las dos primeras guerras mundiales? Pero, por otro lado, el comunismo creció en tamaño y fuerza hasta igualar en poder al resto del mundo.

Es cierto que en las revoluciones fomentadas para poner el comunismo donde está hoy, se hizo que las masas (Goyim) lucharan entre sí, pero los que querían usurpar el poder, como Lenin, nunca estuvieron involucrados en luchas reales, excepto por accidente. Otro hecho extraño es que si agentes de alto nivel de la Sinagoga de Satanás eran atrapados subvirtiendo y/o fomentando revoluciones, nunca eran fusilados sino invariablemente encarcelados y luego liberados para continuar sus actividades subversivas, como he demostrado en mis libros anteriores.

Hoy creo que Dios pretendía que el hombre protegiera su propia vida de un agresor, que protegiera a su esposa, a su familia y a su hogar, pero creo que la extensión de este principio o ley natural a los niveles nacional e internacional fue sin duda una parte integral de la conspiración luciferina. Los soldados y la policía debían principalmente preservar la ley y el orden y proteger a los débiles de los elementos criminales que se negaban a aceptar el código moral y las leyes naturales adoptadas por la sociedad civilizada. Por eso SOLO el rey y/o gobernante debía ejercer la fuerza para mantener la ley y el orden. Si abusaba de sus derechos, el pueblo podía poner remedio, como hizo la Carta Magna, pero la ley de Dios nunca pretendió que se destruyera el poder dinástico.

Los Protocolos se jactan de que, al inducir a los Goyim a cometer este error, les han hecho abandonar su única protección contra quienes pretenden liberarlos de sus antiguas opresiones y conducirlos a la nueva sujeción de una dictadura totalitaria.

Sé que los Illuminati tratarán de echar por tierra estas afirmaciones, pero el hecho es que ya no puedo encontrar ninguna autoridad en las Escrituras, o por razonamiento, para justificar que seamos divididos en bandos opuestos, luego armados y hechos para luchar y matarnos unos a otros con el fin de resolver problemas políticos, sociales, económicos o de otro tipo que no están más cerca de ser resueltos hoy que nunca. Es simplemente una locura que los cristianos puedan ser divididos en bandos opuestos y llevados a matarse unos a otros por decenas de millones sin tener la más mínima animosidad personal hacia los demás.

¡Volvamos a la resistencia pasiva! Ghandi hizo un excelente trabajo utilizando este principio, por eso fue asesinado. ¿Qué tenemos en su lugar? Un hombre que dice ser neutral, pero que en realidad está ayudando a la Sinagoga de Satanás a mantener un "equilibrio de poder para que cuando los Goyim se lancen de nuevo a la garganta de los demás" en la Tercera Guerra Mundial, los bandos estén más o menos igualados y, por lo tanto, puedan librar una guerra más larga y destructiva. Me parece que podríamos convertirnos en héroes defendiendo un principio, como la resistencia pasiva, aunque hacerlo significara sufrir la muerte a manos de quienes sirven a la Sinagoga de Satán. Me parece que es mejor morir expresando nuestra Fe en Dios que luchando físicamente contra otros que son nuestros hermanos espirituales, y personas que deberían ser nuestros amigos. En apoyo de estas opiniones cito: 2 Reyes 7:4; Salmo 44:22; Mateo 10:28; Lucas 12:4; Romanos 8:36; Santiago 5:6.

El diablo, el mundo y la carne

Dado que la mentira y el engaño son el pan de cada día de los que dirigen el Movimiento Revolucionario Mundial (M.R.M.) desde la cúspide, desde que se tiene constancia de la historia, los gobiernos, las instituciones educativas, las llamadas fundaciones benéficas u otras fuentes de riqueza y poder nunca han concedido una subvención para que los historiadores puedan recopilar una historia precisa y documentada del Movimiento Revolucionario Mundial (M.R.M.).

Incapaz de financiar la ayuda necesaria para hacer un trabajo completamente satisfactorio (que requeriría por lo menos diez años más de estudio e investigación) necesario para probar hasta el final el conocimiento que he obtenido al tratar de encontrar la respuesta a la pregunta, "¿Por qué la raza humana no puede vivir en paz, y por lo tanto disfrutar de las bendiciones y beneficios que Dios ha provisto para nuestro uso y disfrute en tal abundancia?" Ofrezco las pruebas que he podido obtener para demostrar que lo que llamamos M.R.M. no es ni más ni menos que la continua revuelta luciferina contra el DERECHO de Dios a ejercer la Autoridad Suprema sobre el Universo Entero.

Muchos historiadores, entre ellos notables estudiantes como la Sra. Nesta Webster, el Conde De Poncin, Copin-Albancelli, (Copon P.O. Copin C.J.) Dom Paul Benoit, Ed. Em. Eckert; Arthur Preuss; Domenico Margiotta; Witchl; Su Eminencia el Reverendísimo Cardenal Caro Rodriguez; Don Bell, de Palm Beach, Florida, y muchos otros parecen haber sido incapaces de establecer la conexión entre las guerras, las revoluciones y el caos general en este mundo de hoy, y el hecho de que las Sagradas Escrituras, la Palabra inspirada de Dios, nos dicen clara y llanamente que cuando Dios decidió habitar esta tierra con seres humanos, Satanás llegó al Jardín del Edén para alejar a nuestros primeros padres de Dios. Logró su objetivo, a pesar de que Dios había caminado con ellos y hablado con ellos en el paraíso primitivo que llamamos Edén, explicándoles Su plan para gobernar el universo entero, y diciéndoles cómo quería que vivieran por un tiempo en esta tierra para probar que lo amaban honestamente y deseaban sinceramente servirlo voluntariamente por TODA la eternidad, por respeto a Sus perfecciones infinitas.

Un estudio de la historia de las religiones comparadas demuestra que incluso los nómadas y las tribus sefardíes más primitivos no sólo creían que existían otros mundos antes de que "el Ser Supremo" creara este mundo, sino que también prueba que lo que algunos llamamos las tribus "incivilizadas" (que vivían de la caza, la pesca y la recolección de los frutos silvestres de la tierra, antes de que los seres humanos empezaran a cultivar la tierra y a criar animales para uso productivo), creían que en algún momento, en algún lugar, antes de que Dios decidiera crear esta tierra, se había producido una revolución porque una de las criaturas de Dios había desafiado su derecho a ejercer la autoridad suprema sobre todo el universo.

Como este aspecto del origen de la M.R.M. llenaría muchos volúmenes voluminosos, basta para nuestro propósito afirmar que este principio básico de creencia "religiosa" era compartido por los aborígenes. W. Schmidt, autor de *Der Ursprung des Gottesides*, publicó siete volúmenes (Munster i. W 1912-1940). El volumen VIII estaba en imprenta cuando se escribió este libro, en 1958, y los volúmenes IX a XIII están aún en forma de manuscrito.

El Padre Schmidt distingue a los pueblos primitivos de este mundo como los "Urkulturen", es decir, los que vivían de la recolección de alimentos y la caza de aves, peces y animales de caza, de los "Primarkulturen", que evolucionaron de los primeros a productores convirtiéndose en cultivadores de la tierra y criadores de animales. Los pueblos que hoy llamamos aborígenes son los restos de una sociedad humana que nunca progresó más allá del estadio Urkulturen.

El Padre Schmidt no pretende dar a entender que la palabra "Urkulturen" signifique que las civilizaciones de las que habla son idénticas a la civilización original de la raza humana. La utiliza para designar el tipo más antiguo de civilización que nuestros medios de investigación pueden alcanzar.

El padre Schmidt divide lo que queda de los "Urkulturen", es decir, las civilizaciones primitivas, en tres grupos: (1) el Sur, que comprende varias tribus (aborígenes) en el sudeste de Australia, (2) el Centro, que comprende los pigmeos y pigmoides en África y el sudeste de Asia, incluyendo Ceilán, las islas Andamán y Filipinas, y (3) el Norte, o americanos árticos, cuyos representantes también se encuentran en el norte de Asia y están dispersos entre los esquimales y los indios americanos.

Todos estos supuestos seres humanos incivilizados comparten la creencia fundamental de que

(1) Antes de que este mundo fuera creado, existían otros mundos,

(2) En algún momento antes de que el Ser Supremo creara este mundo, se produjo una revolución en el mundo celeste (Universo), causada por algunas de las criaturas del Creador que desafiaron su derecho a ejercer la autoridad suprema sobre todo el universo,

(3) que, como resultado de esta revuelta contra la supremacía absoluta del Creador (Dios), el Universo se dividió en dos partes, el "Bien" y el "Mal",

(4) que los espíritus malignos intentaron interferir en la obra de Dios mientras creaba este mundo,

(5) que desde el fin de este mundo, estas fuerzas del mal han estado trabajando para impedir que los seres humanos cumplan la voluntad de Dios,

(6) que es el representante del líder de la revuelta celestial que trajo la muerte, la enfermedad y TODOS los demás MALOS a la raza humana porque engañó a nuestros primeros padres para que se alejaran de Dios.[1]

Cada grupo de descendientes de los Urkulturen, que sobrevivieron sin contacto hasta hace muy poco con la llamada civilización, tiene sus propias creencias sobre cómo el jefe de los espíritus malignos, al que llamamos "el Diablo", intentó interferir con Dios mientras creaba esta

---

[1] El autor está en deuda con el Sr. Richard M. Passil, de Poughkeepsie, Nueva York, que le envió un ejemplar de *Satan*, publicado por Sheed and Ward. Los lectores interesados en este aspecto de M.R.M. harían bien en leer este libro.

tierra. Cada grupo ha tenido su propia manera de contar a sus hijos cómo y por qué el Diablo ha traído muerte, enfermedad, guerras y otras tribulaciones a la raza humana. Pero todos están de acuerdo en que el diablo era, y sigue siendo, el "ADVERSARIO" de Dios, el Ser Supremo que creó los cielos y la tierra.

Según los algonquinos del centro-norte de California, el Diablo entra en escena cuando el Ser Supremo casi ha completado la obra de la creación. Intenta apropiarse de parte de la obra. Según la mitología algonquina, el Diablo suele aparecer en forma humana y, como trajo la muerte a este mundo, Dios lo transformó en un animal al que llamaron Coyote.

En "Noticias detrás de las noticias", publiqué pruebas que indican claramente que Satanás maldijo a nuestros primeros padres para que se alejaran de Dios, haciendo que Eva se entregara a "perversiones" sexuales, bajo la promesa de que si aceptaba sus insinuaciones y seguía sus consejos, él le enseñaría los secretos de la procreación, convirtiéndola a ella y a Adán en potenciales iguales de Dios. Señalé que el Credo Luciferino enseña que Satanás la inició en los placeres del acto sexual. Utilizamos la palabra "perversiones" en el sentido de que lo que el Diablo enseñó a Eva sobre el sexo y el comportamiento sexual eran prácticas contrarias a la relación sexual tal como Dios la concibió entre un hombre y su esposa.

Al leer el libro *Satanás*, descubrimos que otras personas, consideradas autoridades, han citado pruebas y opiniones que apoyan la creencia de que las perversiones sexuales han contribuido a "la caída del hombre y su sujeción a la muerte".

Algunos ministros y sacerdotes me han escrito para decirme que la hipótesis de que Satanás tuvo relaciones físicas con Eva es un completo disparate porque Satanás es un espíritu puro y, por lo tanto, es incapaz de tener relaciones sexuales con un ser humano. En cuanto a estos argumentos, estoy de acuerdo con la anciana que dijo: "A cada cual lo suyo" mientras besaba a la vaca.

En el libro *Satanás*, Joseph Henninger, S.V.D., habla del "Adversario de Dios en las religiones primitivas" y dice que la tribu Wintum de California llama a Dios, el Creador, "Olelbis" y al Diablo "Sedit".

Según la mitología de la tribu Wintum, Olelbis quería que los miembros de la raza humana vivieran juntos como hermanos y hermanas, que no hubiera nacimiento ni muerte, que la vida fuera agradable y fácil, y que el objetivo de la vida fuera reunirse con Olelbis en el cielo y vivir con él eternamente. Para saciar el hambre del cuerpo humano, Olelbis creó una especie de nuez que no tiene cáscara y que cae del árbol cuando está madura (este tipo de nuez o fruta sigue siendo un alimento básico en la dieta de los wintum). Olelbis ordenó a dos hermanos que construyeran una carretera pavimentada de la tierra al cielo para facilitar la reunión de la tribu con su Creador. Pero Sedit apareció en escena y convenció a uno de los hermanos de que era mejor mantener relaciones sexuales y procrear la especie humana. Uno de los hermanos, persuadido por Sedit, convenció al otro para que aceptara, y ambos abandonaron Olelbis y unieron sus fuerzas para destruir la carretera que estaban construyendo hacia el cielo.

Sedit, horrorizado cuando descubre que ha traído la muerte a la raza humana y que él mismo debe morir, intenta escapar de su destino. Se fabrica un mecanismo de ramas y hojas (un aeroplano), con el que espera volar hacia el cielo. Pero se estrella y muere. Olelbis mira desde el cielo y dice: "¡He aquí la primera muerte! A partir de ahora, todos los hombres morirán.

Según la mitología de los yakutos, que viven en el extremo nororiental de Siberia, al principio la Tierra estaba totalmente cubierta de agua. Ai-tojon (el Ser Supremo) vio una burbuja de la que salía una voz. Ai-tojon preguntó a la Voz: "¿Quién eres? ¿De dónde vienes?"

La Voz respondió: "Yo soy el diablo. Vivo en la tierra que está bajo las aguas".

Ai-tojon dijo: "Si eso es cierto, tráeme un poco".

El diablo se zambulló y se levantó de la tierra. Ai-tojon lo cogió, lo bendijo, se tumbó en él y descansó sobre las aguas. El diablo intentó ahogarlo, pero cuanto más tiraba para volcar la balsa que Dios había hecho de la tierra, más crecía, hasta que, para su asombro e incomodidad, cubrió la mayor parte del agua y se convirtió en este mundo en el que ahora vive la raza humana. La mitología de los tártaros de Altái es muy similar a la de los yakutos, salvo que su leyenda cuenta que después de que Erlik (el villano) sacara la primera tierra de las profundidades y el Creador la transformara en tierra firme, el Creador le ordenó que se sumergiera una segunda vez y sacara más tierra. Erlik decidió hacer lo que el Creador había hecho y sacó dos lotes de tierra, uno de los cuales escondió en su boca. Pero se hinchó hasta que tuvo que escupirla para no ahogarse. Dios formó la tierra que escupió en montañas, pantanos y páramos. Entonces el Creador dijo a Erlik,

> "Ahora estás en estado de pecado. Has querido hacerme daño. Todos los hombres que también tengan malos pensamientos serán tu pueblo, pero los hombres buenos serán mi pueblo".

Esperamos demostrar que la división entre el "Bien" y el "Mal" comenzó antes del comienzo de este mundo y fue transferida aquí por el Diablo, a quien los cristianos llaman Satanás.

Cuando Lucifer, a través de uno de sus príncipes de las tinieblas, a quien hemos llamado Satanás, alejó de Dios a nuestros primeros padres, Adán y Eva, ellos y su descendencia pertenecieron automáticamente a Lucifer y permanecieron como hijos de la carne hasta que demostraron, por su propia voluntad, que deseaban restablecer su amistad con Dios naciendo de nuevo espiritualmente. La forma en que la conspiración luciferina, que desafiaba el DERECHO de Dios a ejercer la autoridad suprema sobre todo el universo, fue transferida a esta tierra para que el Rey del Infierno pudiera añadirla con sus seres humanos a su dominio, será tratada en detalle más adelante.

En este punto es necesario producir evidencia para explicar lo que realmente sucedió en esa parte del mundo celestial que llamamos cielo en el momento de la revolución luciferina. Esto es necesario porque las Fuerzas del Mal, que han dirigido la continua conspiración Luciferina DESDE que fue transferida a esta tierra, se han asegurado de que la VERDAD sea ocultada y hecha tan difícil de obtener que el hombre de la calle no puede ser culpado por no saber mucho de la verdad, aunque su salvación eterna pueda depender de conocer estas VERDADES.

El mayor escollo que el hombre común tiene que superar antes de poder comprender y creer en la existencia continua de la conspiración luciferina es borrar de su mente la falsa concepción de los demonios, porque se le ha enseñado a creer que los demonios son criaturas horribles, con caras feas, cabezas con cuernos, pezuñas hendidas y colas bifurcadas, etcétera. San Juan de la Cruz dice: "El Diablo es el más fuerte y astuto de nuestros enemigos, y el más difícil de desenmascarar". San Juan dice: "El Diablo es bastante astuto para convertir el mundo y la carne en su provecho (la posesión de las almas de los hombres) como sus acólitos más fieles." Este santo dice que el Diablo ha causado la ruina de una gran multitud de religiones que se han embarcado en la vida de perfección.[2]

Si la mayoría de los seres humanos imaginan al Diablo como una criatura horrible, deforme y abominable, es porque los artistas lo han caricaturizado así para presentarnos su concepción de TODO lo malo y horrible. Con ello han hecho un flaco favor al género humano (probablemente por instigación del propio Diablo).

Los teólogos de la Iglesia cristiana primitiva y de las Iglesias católica y protestante de tiempos más modernos coinciden en que el Diablo es una criatura muy distinta de lo que la mayoría de la gente cree. Este concepto erróneo de lo que realmente es el Diablo se debe a su astucia y tortuosidad, y a su capacidad para hacer que los seres humanos hagan su voluntad.

Según las Sagradas Escrituras, la criatura que desafió el derecho de Dios Creador a ejercer la autoridad suprema sobre todo el universo fue Lucifer. Lucifer fue llamado así porque era y sigue siendo la más brillante e inteligente de todas las criaturas de Dios. Su nombre es "Príncipe de la Aurora", "Poseedor de la Luz".

Es puro espíritu. Como tal, no tiene edad y es indestructible. Posee habilidades y capacidades que escapan a la comprensión del cerebro humano. Las utiliza con fines egoístas y malvados.

Las Sagradas Escrituras nos dicen que debido a su "orgullo", es decir, su ego excesivo y su falsa creencia en sus propias perfecciones, encabezó la revuelta contra la supremacía de Dios, y que debido a su poder y gran influencia, atrajo a un TERCIO de los más brillantes e inteligentes de la hueste celestial para que se le unieran en la rebelión.

---

[2] En la página 2 de *Peones en el juego*, sosteníamos que la mayoría de las religiones, si no todas, comenzaron en un nivel más o menos uniformemente elevado, en el que el culto y el amor a Dios... era el principio básico. "Se me ha criticado duramente por esta afirmación, pero por lo que dice San Juan de la Cruz al respecto, parece que estoy en buena compañía".

Si decir la verdad avergüenza y confunde al Diablo (Lucifer), es mi opinión, confirmada por San Juan de la Cruz, que debido a las artimañas del Diablo, ninguna de las muchas denominaciones cristianas enseña suficientemente a sus seguidores la VERDAD sobre los demonios y los ángeles caídos, de los cuales hay multitudes vagando por el universo, incluyendo este planeta, buscando la ruina de las almas.

A la humanidad se le ha lavado el cerebro para que acepte restricciones mentales al respecto hasta el día de hoy, incluso la gran mayoría de los que profesan ser cristianos sólo creen en una especie de mítico espíritu maligno sobrenatural al que llamamos Satanás, y en un espíritu bueno personal al que llamamos nuestros ángeles de la guarda. Millones de personas ajenas a la religión cristiana se niegan a creer en la existencia de un mundo celestial, demonios y ángeles. Muchos modernistas afirman que creer en lo sobrenatural es un síntoma seguro de locura.

Pero si hemos de comprender al M.R.M., debemos saber y creer que incluso el coro más bajo de los ángeles consiste en una multitud de espíritus puros, cada uno de los cuales posee más perfecciones que el siguiente de esta manera sustancial. Para completar esta primera jerarquía, debemos pasar por las numerosas multitudes de los Arcángeles, y luego por las multitudes aún mayores de los Principados. Queda todavía la segunda jerarquía compuesta de las Potestades, Virtudes y Dominaciones, y la tercera jerarquía compuesta de los Tronos, Querubines y Serafines.

De todos los seres celestiales creados por Dios, Lucifer es el más grande. Estaba en el pináculo de la perfección creada por Dios.

Hay muchas cosas que Dios aún no ha permitido que la mente humana comprenda. Estamos en esta tierra a prueba. Se nos ha dado un intelecto y un libre albedrío para decidir por nosotros mismos si queremos amar y servir voluntariamente a Dios por la eternidad o si vamos a ir literalmente al infierno. Si supiéramos todo lo que ha sucedido desde que Lucifer lideró la revuelta contra la supremacía de Dios, no habría prueba. A través de la Fe, las enseñanzas de las Escrituras, los Profetas y Cristo, debemos creer y aceptar VERDADES que están más allá de la comprensión de nuestras mentes humanas. Debemos mostrar HUMILDAD en lugar de orgullo. Aquellos que permanecen humildes y creen verán a Dios. Aquellos que se vuelven orgullosos e inflan su ego hasta perder todo sentido de su propia pequeñez y limitaciones se irán con el diablo.

Sería imposible para el ser humano medio imaginar por qué Lucifer "cayó en desgracia", por qué se distanció de Dios e influyó en tantos miembros de la hueste celestial para que se unieran a él en la rebelión, si no fuera porque las Escrituras nos enseñan que Dios, cuando creó a los ángeles y a los seres humanos, les dio la voluntad soberana de hacer lo que quisieran.

Parece lógico suponer que si Dios no hubiera dado a sus criaturas una VOLUNTAD absolutamente LIBRE, no habría obtenido mucha satisfacción de su creación. El placer de Dios, al parecer, proviene del amor de sus criaturas que permanecen leales, fieles y verdaderas, voluntariamente, por respeto a sus perfecciones infinitas.

Así vemos la verdad en el viejo adagio: "Cuanto mayor es el orgullo, mayor es la caída". El orgullo de Lucifer le hizo caer desde el pináculo de su grandeza. Sólo fue superado por la propia Divinidad. Su defección le llevó a convertirse en el amo de esa parte del universo que llamamos infierno. La caída de Lucifer prueba que todos los ángeles y todos los seres humanos pueden volverse malvados si así lo desean. Lo que precede tiene por objeto hacer comprender y creer al común de los mortales que, desde que el arcángel San Miguel puso fin a la revolución celeste, el universo está dominado por dos PODERES sobrenaturales. Dios reina sobre aquellas de sus criaturas que le permanecen fieles, mientras que Lucifer es el rey de las regiones de las tinieblas y gobierna las multitudes que voluntariamente se apartan de Dios y se unen a él en rebelión.

El siguiente escollo que impide a la gente corriente aceptar la VERDAD de que la conspiración luciferina se trasladó a la Tierra en el Jardín del Edén y ha continuado allí desde entonces, es el hecho de que las Escrituras no explican claramente por qué Lucifer desafió el DERECHO de Dios a ejercer la autoridad suprema sobre todo el Universo. Ninguno de los grandes teólogos se ha aventurado a declarar una opinión definitiva sobre este tema.

Conociendo muy bien la verdad del viejo adagio "Un tonto se precipita donde los ángeles temen pisar", considero, no obstante, que es mi deber expresar mi propia opinión sobre esta cuestión tan importante, a la que he llegado tras muchos años de cuidadosa reflexión y estudio.

Si Dios basa su plan de dominio del universo en el principio de que los seres inferiores pueden aprender a conocerle, amarle y servirle voluntariamente por toda la eternidad por amor y respeto a sus propias perfecciones infinitas, entonces parece razonable suponer que Lucifer desafió el derecho de Dios a ejercer la autoridad suprema sobre todo el universo alegando que su plan era débil e inviable. Si esto es así, entonces obviamente la ideología de Lucifer debe basarse en el principio de que el PODER es el DERECHO, y la regla debe ser totalitaria.

Teniendo en cuenta que un tercio de las huestes más altas y brillantes del cielo se le unieron voluntariamente en su rebelión contra Dios, también parece razonable suponer que Lucifer fundó el principio totalitario de que los seres de inteligencia enormemente superior tienen DERECHO a gobernar a los menos dotados.

En otras palabras, el plan de Dios es obtener placer y gloria del amor y servicio que voluntariamente le prestan Sus criaturas que permanecen leales a pesar de las mentiras, engaños y tentaciones a las que son sometidas por las agencias satánicas de Lucifer mientras atraviesan su período de prueba. La ideología luciferina dicta que todos los seres inferiores deben ser obligados a obedecer a la autoridad suprema mediante la aplicación del despotismo absoluto. En consecuencia, estaríamos justificados al pensar que hoy en día nos enfrentamos a las mismas alternativas en la Tierra. Los defensores del totalitarismo están decididos a esclavizar a los defensores de la libertad y el voluntarismo.

Cuando investigué la vida oculta y pública de Albert Pike, me enteré de los siguientes hechos que arrojan gran luz sobre mi convicción de que estamos experimentando en esta tierra condiciones similares a las que acompañaron a la revolución luciferina en el cielo. Encuentro muchos pasajes en las Sagradas Escrituras que apoyan mi afirmación de que la conspiración luciferina terminará aquí en la tierra, EXACTAMENTE como San Miguel la terminó en el cielo. Si esto sucede, aquellas almas que permanezcan leales y fieles a Dios se unirán a él en el cielo, y aquellas que se aparten de Dios se unirán a Lucifer en el infierno.

Según la doctrina luciferina expuesta por Weishaupt y Pike, Lucifer, el más grande e inteligente de la hueste celestial, desafió el "derecho" de Dios a ejercer su autoridad sobre todo el universo alegando que sólo una dictadura totalitaria podía garantizar la paz y la prosperidad permanentes obligando a TODOS los seres inferiores a obedecer los edictos del Ser Supremo mediante un despotismo absoluto (satánico).

Además, la doctrina luciferina enseña a los adeptos de los grados más altos de las Logias del Gran Oriente y de los Consejos del Nuevo y Reformado Rito Palladiano de Pike que Dios tuvo dos hijos. Se refieren a Dios Creador como Adonai, o Adonay. Identifican a sus hijos como Satanás y San Miguel Arcángel. Afirman que Satanás aceptó la ideología luciferina porque la consideraba más práctica que el plan de su Padre para el dominio del universo. Los teólogos luciferinos afirman que Satanás es el hermano mayor de San Miguel. Admiten que San Miguel, al que llaman "el advenedizo" y "el advenedizo", provocó la expulsión de Lucifer del cielo. Pero la doctrina luciferina también afirma que, por este mismo acto, Lucifer fue elevado al rango de Dios de esa parte del Universo que comúnmente llamamos INFIERNO, y que por lo tanto es igual a Adonay. Los estudiantes nunca deben olvidar que las palabras son sólo un medio utilizado para explicar ciertas circunstancias o para designar a una persona, un lugar o una cosa. Cientos de tribus, razas y nacionalidades utilizan cientos de nombres diferentes para designar exactamente al mismo Dios, Diablo, persona, lugar o cosa. Por eso vamos a ver lo que significan REALMENTE algunas palabras de uso común cuando se consideran en relación con la M.R.M. UNIVERSO. Se refiere a todas las cosas existentes, incluyendo la tierra, los cuerpos celestes y todo lo que hay en el espacio. Por lo tanto, vemos que el Universo incluye el Cielo y el Infierno, así como esta tierra.

CIELO. La morada de Dios, de los seres sobrenaturales que llamamos ángeles, y de los espíritus de los justos que entran en el cielo después de que la muerte ha terminado su período de prueba aquí en la tierra, y/o en otros planetas.[3]

---

[3] Es interesante señalar que cuando el Papa Juan XXII era un joven sacerdote, escribió artículos en los que afirmaba su firme convicción de que las almas de TODOS los seres humanos no ven a Dios durante el juicio inmediato que tiene lugar tras su liberación por la muerte. Estos escritos resultaron ser la manzana de la discordia entre los teólogos de la Iglesia y, después de que el autor fuera nombrado Papa, convocó un concilio especial de los que consideraba los ancianos más doctos de la Iglesia. Ellos fallaron en su contra, y él aceptó su decisión porque nunca había hecho de sus creencias personales

Al estudiar la RMT, nunca debemos olvidar que la Tierra es una parte infinitesimal de la galaxia de planetas y estrellas que llamamos sistema solar. Es aún más importante recordar que el sistema solar es una parte infinitesimal del Universo. En una noche clara, podemos ver a simple vista miles de galaxias de sistemas solares mucho más grandes e importantes que el nuestro. Cada una tiene su propio sol, planetas y estrellas. Cada sol ejerce un control perfecto sobre los cuerpos que le están subordinados. Cuando nos damos cuenta de que hay millones de otros sistemas solares mucho más allá del alcance de nuestros ojos, muchos de ellos, según los científicos, más grandes que todo lo que podemos ver, entonces es posible empezar a darse cuenta de la grandeza del Creador de todos estos mundos, ya sean tierras como la nuestra o lo que llamamos mundos celestes.

Lo que tenemos que entender y recordar es que la palabra Cielo se refiere a la parte del universo donde los seres sobrenaturales que llamamos ángeles y los espíritus de aquellos que han PROBADO amar, honrar, obedecer y servir a Dios voluntariamente residen por toda la eternidad. El Cielo es un lugar de dicha, cuyos placeres y alegrías están más allá de la capacidad de comprensión de la mente humana. Cristo nos dijo: "La casa de mi Padre (el cielo) es un lugar donde hay muchas mansiones (mundos)". También nos dijo que dejó nuestro humilde hogar (la tierra) para prepararnos una casa.

Las Escrituras dedican mucho espacio a los acontecimientos relacionados con los cielos. Así pues, baste decir que las Escrituras y Jesucristo nos autorizan a afirmar aquí que existen siete cielos, cuyas dimensiones escapan también a la comprensión humana. Esto debería ser un pensamiento reconfortante para las personas que piensan, aunque no lo digan, de sus primeros asociados: "Si pensara que Himmie Jones va a ir al cielo, dejaría de intentar llegar". Estas personas no deben preocuparse. La creación de Dios y su plan para el dominio celestial son perfectos. No estarán hacinados; no tendrán que asociarse con personas incompatibles. Las condiciones serán felices, pacíficas, alegres y todas suficientes para nuestra naturaleza celestial.

---

el tema de una bula papal, ni había declarado que tal creencia fuera dogma y parte de la enseñanza de la Iglesia que presidía.

EL INFIERNO. Esta es la parte del Universo donde residen Lucifer y los ángeles que se apartaron de Dios en la época de la revolución celestial, así como aquellos que se apartaron de Dios durante su tiempo de prueba en esta tierra, y quizás en otras partes del Universo.[4]

Las Sagradas Escrituras nos dicen que Lucifer es un espíritu puro. Por lo tanto, es indestructible. Debe vivir por la eternidad. Las Escrituras también nos dicen que hay un juicio inmediatamente después de la muerte, y un juicio final.

Esto arroja mucha luz sobre la idea que el público en general tiene de la infalibilidad papal. Se considera que el Papa es infalible sólo cuando, tras consultar a todos sus consejeros, después de largos periodos de contemplación y oración, y tras pedir la asistencia espiritual del Espíritu Santo, toma una decisión definitiva sobre una cuestión de fe o moral. Esta decisión se convierte entonces en ley canónica y debe ser aceptada por todos aquellos que deseen seguir siendo miembros de la Iglesia Católica Romana. En los últimos años, una de estas declaraciones ha sido la creencia de que María, la madre de Jesucristo, fue llevada al cielo en cuerpo y alma y ahora ocupa el asiento del mayor de los ángeles que desertaron de Dios en el momento de la revolución celestial. Pero un católico puede seguir teniendo su propia opinión sobre si su alma ve a Dios inmediatamente después de la muerte, o cuando alcanza la perfección espiritual necesaria para merecer la visión beatífica.

Según el Libro del Apocalipsis, es después del Juicio Final cuando TODAS las criaturas creadas por Dios serán separadas en dos bandos.

---

[4] Los frenéticos esfuerzos que se están haciendo en este momento de la historia del mundo para conquistar el espacio tienen como objetivo principal descubrir si existen formas de vida similares a la nuestra en otros planetas. Los hombres satánicamente inspirados que dirigen esta búsqueda en las partes ocultas del universo de Dios están intentando hacer y descubrir cosas que Dios no pretendía que hiciéramos o descubriéramos antes de revelárnoslas. Uno tendría que usar su imaginación para interpretar la investigación actual de la energía atómica con fines destructivos como el trabajo de aquellos que creen en Dios en oposición a Lucifer. Parece bastante obvio que quienes dirigen y financian la investigación atómica con fondos públicos buscan conocimientos sobre el espacio exterior que no tienen intención de compartir con el público en general, a menos que sirva a sus propios planes totalitarios. Pero es reconfortante saber que hasta el diablo se ahorcaría si le dieran cuerda suficiente. Me parece que los que hacen el trabajo del diablo en esta Tierra están muy cerca del final de sus cuerdas, es decir, de las cuerdas con las que se ahorcarán.

Las llamadas "ovejas" irán al cielo, mientras que las "cabras" irán al infierno, donde Lucifer reinará por toda la eternidad.

Las Escrituras nos dicen que el Infierno será un lugar donde el gobierno totalitario de Lucifer dará lugar a un caos y confusión extremos. Se nos dice que todos odiarán a todos los demás, porque todos los habitantes del infierno se darán cuenta de que han sido engañados por Lucifer y sus agentes y se han apartado de Dios. Las llamas del infierno, que queman pero no consumen, consisten en el conocimiento de que los condenados han perdido el amor y las bendiciones, las alegrías y la compañía de Dios para toda la eternidad.

LIMBO Y PURGATORIO. Muchos profesantes de la religión cristiana no creen que existan lugares intermedios donde las almas puedan someterse a un nuevo período de prueba o purificación tras el final del período de prueba en esta tierra, con el fin de demostrar que merecen la visión beatífica. Tienen todo el derecho a tener su propia opinión al respecto. Mi propia opinión es que las Escrituras indican que hay otros mundos en los que los espíritus pasan por otros períodos de prueba para decidir su destino último y final. El hecho de que conocimiento absoluto sobre esto no haya sido revelado a los seres humanos es una bendición. Si todos supiéramos que existen lugares de parada intermedios antes de llegar al cielo o al infierno como destino final, quizá no nos esforzaríamos lo suficiente para ganarnos nuestra recompensa eterna mientras estamos en esta tierra. Parecería lógico asumir que aquellos que sirven a Dios tan perfectamente como es humanamente posible irán al cielo cuando mueran. Es igualmente lógico asumir que aquellos que sirven a Lucifer lo mejor que pueden mientras están en la tierra se unirán a él en el infierno cuando mueran. La inmensa mayoría de la gente parece incapaz de darse cuenta de que hay considerablemente más gente en esta tierra sirviendo a la causa luciferina que la que está tratando de implementar el plan de Dios para la dominación del universo en esta tierra.

LUCIFER Este más grande de todos los ángeles, creado por Dios, desafió el DERECHO de su Creador a ejercer la autoridad suprema sobre el Universo y todo lo que hay en él, pero sólo se le menciona una vez en las Sagradas Escrituras. Isaías 14:12 (Versión Reina Valera). Hay otros dos lugares donde parece razonable suponer que las palabras utilizadas se refieren a Lucifer. Se trata de Lucas 10:18 y Apocalipsis 9:1-11.

La falta de revelación en la Sagrada Escritura de por qué Lucifer desafió la supremacía de Dios, y el hecho de que en la Sagrada Escritura Lucifer se identifica con Satanás, lleva a la mayoría de la gente a creer que Lucifer y Satanás son un mismo ser sobrenatural. Un estudio de los escritos secretos de los hombres que, en diferentes períodos de la historia, han dirigido la M.R.M., prueba concluyentemente que los que dirigen la M.R.M. EN LO ALTO de la escala son luciferinos. Las cartas de instrucción que tratan de la doctrina y el dogma luciferinos han caído de vez en cuando en manos distintas de las previstas, mientras circulaban con fines instructivos entre los que dirigen EN LA CIMA y sus subordinados inmediatos. En mi humilde opinión, las revelaciones relativas a la doctrina y conspiración luciferinas son tan "actos de Dios" como las revelaciones e inspiraciones que hacen de las Sagradas Escrituras la Palabra inspirada y revelada de Dios. Creo que debido a que Dios (Adonay) es justo y misericordioso, quiso que todas Sus criaturas en esta tierra, a quienes Él colocó aquí para resolver su propio destino eterno, conocieran todos los detalles concernientes a las dos partes involucradas en obtener la posesión de nuestras almas por toda la eternidad.[5]

El estudio de la M.R.M. indica que es muy importante decidir si Lucifer y Satanás son el mismo ser sobrenatural. La investigación de las Sagradas Escrituras no nos permite decidir. Los teólogos más famosos que han vivido desde Cristo se han abstenido de pronunciarse sobre esta cuestión. Pero los hombres que dirigieron M.R.M. AT THE TOP son muy inflexibles en su creencia de que Lucifer es Dios, el igual de nuestro Dios (a quien los luciferinos llaman Adonay). Afirman que Lucifer es el 'poseedor de la luz', el 'Dios de la bondad', que lucha por

---

[5] Aunque reconozco que el Diablo (Lucifer) es el "Padre de la Mentira", como nos dijo Jesucristo, y que la Sinagoga de Satanás (S.O.S.), que dirige la conspiración luciferina en esta tierra, es un hijo del Diablo y un maestro en el arte del engaño.), que dirige la conspiración luciferina en esta tierra, son hijos del Diablo y maestros en el arte del engaño, sostengo, sin embargo, que gran parte de la verdad puede aprenderse de los escritos secretos de los hombres que fueron los sumos sacerdotes de la religión luciferina en su día, porque nunca pretendieron que sus declaraciones sobre este importantísimo tema cayeran en otras manos que no fueran las que ellos pretendían. Como demostraremos en otros capítulos, muchos hombres han encabezado los ejecutivos ceremoniales y dogmáticos de la Sinagoga de Satanás y de la religión luciferina desde la muerte de Weishaupt en 1830. Entre ellos están Moses Hofbrook y Albert Pike de los Estados Unidos de América, Mazzini y Lemmi de Italia y, más recientemente, Alister Crowley de Inglaterra.

la humanidad contra Adonay, el Dios de la oscuridad, del mal y de TODA maldad. Albert Pike, que elaboró un plan militar de las guerras y revoluciones que calculó que llevarían a la conspiración luciferina a su etapa final en esta tierra, declaró inequívocamente en sus cartas a los otros conspiradores que Satanás, aunque Príncipe de este mundo, es definitivamente inferior y subordinado a Lucifer.[6]

> SATÁN. Las Escrituras utilizan la palabra Satanás muy a menudo y nos hablan de sus intenciones y de sus obras malvadas. Es, como indica la palabra, el adversario de Dios. Satanás se asocia invariablemente con Lucifer. La mayoría de los cristianos aceptan que Lucifer y Satanás son el mismo ser sobrenatural, comúnmente conocido como el Diablo. Aquellos que han dirigido la conspiración luciferina en esta tierra han sido muy claros al declarar que Lucifer es Dios, y que Satanás es su "príncipe del mundo". Las Escrituras apoyan la creencia de de que hay otros cinco o más mundos sobre los que Lucifer ha colocado "Príncipes", y muchos otros, además de afirmar que Satanás es el hijo mayor de Dios (Adonay), y el hermano mayor de Jesucristo, también afirman que Jesucristo es una y la misma persona que San Miguel Arcángel. Afirman que cuando Dios decidió habitar esta tierra, Lucifer hizo de Satanás el "Príncipe de este mundo". Esta afirmación está parcialmente confirmada por las Escrituras, que se refieren a Satanás como el Príncipe de este mundo. Juan 14:30, 16:11, Ef. 2:2.

La doctrina luciferina enseña que Satanás, con la ayuda de agentes humanos, desarrolló tan bien la conspiración luciferina que Dios (Adonay) decidió enviar a San Miguel a la tierra en la forma de Jesucristo, para poner fin a la conspiración como lo hizo en el cielo.

Los que adoran a Satanás como el "Príncipe del mundo" y a Lucifer como el Dios del mundo celestial, afirman que Cristo fracasó en su misión terrenal. Afirman que cuando Cristo se negó a aceptar los avances de Satanás, su traición y muerte fueron arregladas de tal manera que los romanos actuaron como juez y verdugo del S.O.S., mientras que los sumos sacerdotes utilizaron la psicología de la turba para conseguir que los judíos rechazaran a Cristo como Mesías y luego asumieran la culpa de su crucifixión. El estudio de la historia deja meridianamente

---

[6] Pike y su liderazgo de la conspiración luciferina se tratan en detalle en otros capítulos.

claro que los que han dirigido la conspiración luciferina en esta tierra han provocado que el mayor número posible de judíos se alejaran de Dios, rechazaran a Jesucristo, y los han utilizado para servir a los propósitos de los sumos sacerdotes de la Sinagoga de Satanás, de la que el propio Cristo nos informó que está formada por "los que se llaman judíos, pero no lo son, y mienten".

La Sinagoga de Satanás odió a los judíos desde el principio porque Dios quería que ellos llevaran Su estandarte aquí en la tierra. El S.O.S. distorsionó el conocimiento de los judíos de los deseos de Dios cuando estaban en el cautiverio babilónico. Desde entonces, también han distorsionado el conocimiento de los gentiles de la voluntad de Cristo a este respecto. Fue porque la Sinagoga de Satanás odiaba a los judíos y los había tratado tan mal tratando de tomar el control de sus mentes mientras esclavizaban sus cuerpos, que Cristo nos dijo que su misión en esta tierra era liberar a los gentiles y a los judíos de la esclavitud de Satanás y sus agencias satánicas.

En mi opinión, los agentes Illuminati que difunden la propaganda y las mentiras de la Sinagoga de Sataris han ocultado deliberadamente al conocimiento general muchos elementos que probarían que fueron los miembros de la Sinagoga de Satanás quienes se aseguraron de que se cumplieran las profecías relativas a la traición y muerte de Cristo. Judas y los judíos no fueron más que instrumentos de los que se sirvieron para llevar a cabo su diabólico propósito, y luego para cubrir su propia culpa cargándola sobre los hombros de los judíos que, desgraciadamente, a causa de las mentiras y los engaños, se han visto obligados a llevar este manto de culpabilidad desde entonces.

Hay que admitir que la traición de Judas a Jesús fue real y desastrosa, entre otras cosas porque afectó a los esfuerzos de Cristo por convertir a los judíos y liberarlos de las ataduras a que los había sometido la Sinagoga de Satanás. Pero, ¿por qué tantos ministros ordenados de la religión de Cristo predican que Dios quiso que los judíos mataran a su Hijo, nuestro Señor y Salvador? ¿Por qué hacen creer a los miembros de su congregación que Cristo se entregó obedientemente a su destino para que se cumplieran las profecías de las Escrituras? El estudio de esta etapa de la historia me da una visión completamente diferente de lo que realmente sucedió.

Las Escrituras me dicen que Cristo sabía lo que iba a pasar. Él se ocupaba de los asuntos de su Padre durante el día, porque sabía que debido a su popularidad entre las masas, las autoridades no se atreverían a arrestarlo a la luz del día o en público. Las Escrituras dicen que Cristo se escondió por la noche. Esto demuestra que, a pesar de su conocimiento profético de lo que iba a suceder, no actuó en modo alguno para que se cumplieran las profecías.

Lo absolutamente opuesto a la creencia general parece ser la verdad. Cristo denunció las intenciones traicioneras de Judas, obviamente con la esperanza de que esto le disuadiera de cometer un crimen tan abominable, que le llevaría al suicidio y a la condenación eterna. Cristo condenó a Judas precisamente porque su traición resultaría desastrosa. Su carrera se vio truncada nada más comenzar su misión. Es interesante especular sobre lo que habría ocurrido en la historia desde entonces si Cristo hubiera vivido otros cincuenta años. Es extraño que los que sirven a la Sinagoga de Satanás parezcan vivir casi invariablemente hasta los ochenta años. Aquí tenemos el ejemplo más sorprendente de los que dirigen la conspiración luciferina haciendo que los seres humanos sirvan a sus diabólicos propósitos; Dios sabía lo que iba a suceder, pero no quería que sucediera.

Cristo sabía lo que iba a ocurrir, pero no quería que ocurriera. Incluso rezó a su Padre celestial en el huerto de Getsemaní y le suplicó que le salvara del destino que le esperaba, pero al mismo tiempo, Cristo hizo lo que muchos de nosotros hemos hecho desde entonces. Dijo: "No se haga mi voluntad, sino la tuya".

Creo que fue la Sinagoga de Satanás la que tramó, financió y dirigió la traición, juicio y crucifixión de Jesucristo, y la que utilizó a Judas como instrumento, e hizo que la turba judía asumiera la culpa de su pecado contra Dios y de su crimen contra la humanidad, para poder mantener el dominio que el propio Cristo nos dijo que vino a la tierra a romper.

Lo que ha hecho la Sinagoga de Satanás, aquellos que, como nos dijo Cristo, "son los que se llaman judíos, pero no lo son, y mienten", es permitirles utilizar a los judíos como herramientas, agentes y azotes desde entonces hasta ahora. Diga esta verdad a judíos y gentiles por igual, y tal vez el curso de la historia pueda cambiar más pronto que tarde. Lo que le sucedió a Cristo hace casi dos mil años ha sido celebrado como una victoria luciferina y satánica en cada Misa Negra y/o Adonacal desde entonces. Este ritual horrible y repugnante afirma que la Sinagoga de Satanás derrotó la misión de Cristo en la tierra llevándola a un final prematuro y repentino, cuando fueron capaces de organizar su traición, condena por cargos falsos y muerte. No he encontrado mención alguna de esta victoria judía en ninguno de los documentos que he estudiado y que tratan de este aspecto de la conspiración luciferina.

Los que están en la cima de la conspiración luciferina también han fomentado e incluso financiado el antisemitismo, y lo han utilizado para promover sus planes secretos y ambiciones diabólicas. Pero también han engañado a los gentiles para que sirvan a sus diabólicos propósitos exactamente de la misma manera. Es totalmente ridículo decir que la M.R.M. es un complot judío para dar a los judíos el control final del mundo, pues el estudio de la conspiración luciferina demuestra claramente que TODAS las formas de gobierno y religión han de ser destruidas en la fase final de la conspiración luciferina, de modo que cuando "ningún poder o astucia pueda impedírnoslo, nosotros (los sumos sacerdotes de la religión luciferina) coronaremos a nuestro jefe Rey-Despojo del mundo entero".

Según los escritos de quienes han dirigido la conspiración luciferina, su objetivo es esclavizar absolutamente a TODOS los seres humanos inferiores, física, mental y espiritualmente, y obligarlos a aceptar la ideología luciferina mediante la aplicación del despotismo satánico. Siendo esto un hecho, aquellos que afirman que la M.R.M. es una conspiración judía, católica, comunista, nazi, masónica o de otro tipo están diciendo tonterías, ya que la evidencia contenida en este libro demostrará CÓMO los conspiradores tienen la intención de destruir todas las formas de gobierno y religión.

La evidencia hasta ahora indica que aquellos que han dirigido secretamente la conspiración luciferina siempre se han hecho pasar por campeones de otra religión establecida. Tenemos al luciferino que dirigió el Sanedrín judío durante la misión de Cristo en la tierra; tenemos a Weishaupt, que enseñó el Derecho Canónico por el que se regían los esfuerzos misioneros cristianos en su época; tenemos a Albert Pike - que fue el jefe de la religión masónica (pues la masonería es una religión), en su época, etc.; tenemos al luciferino que dirigió el Sanedrín judío durante la misión de Cristo en la tierra.

> DIOS. El Ser Supremo, creador de los cielos y la tierra (Universo). A Dios se le conoce como Jehová, pero esta forma de dirigirse a Él sólo data de 1518. El nombre dado a Dios por la humanidad en tiempos pre-Mosaicos era Jahweh, a veces escrito Yahweh, que

significa Creador. El Dios Creador también es conocido como Elohim. Pero es interesante observar que después de que Moisés recibiera los mandamientos de Dios, el hecho de que prohibieran a cualquiera tomar el nombre de Dios en vano impulsó a los líderes religiosos de los judíos a sustituirlo por la palabra Adonai o Adonay. Esta es la palabra utilizada por los sumos sacerdotes del credo luciferino cuando pronuncian o definen un dogma.

PROTOCOLOS. Esta palabra se refiere al esquema original y escrito de un plan para lograr un objetivo específico. Los protocolos de la conspiración luciferina se escribieron tan pronto como los seres humanos dominaron el arte de plasmar sus pensamientos e intenciones sobre el futuro en pergamino u otro material adecuado, de modo que pudieran conservarse para información de quienes vinieran después. La conspiración luciferina (para evitar que la raza humana implemente el plan de Dios para la dominación del universo en esta tierra, de modo que una dictadura luciferina totalitaria pueda ser impuesta a TODOS los seres inferiores en las etapas finales) ha sido constantemente revisada y modernizada, PERO NUNCA HA CAMBIADO. Ha sido revisado y modernizado para que los que están a la cabeza de la conspiración puedan sacar el máximo provecho de la rápida evolución de las condiciones sociales, económicas, políticas y religiosas, así como de los avances de la ciencia aplicada. Los hombres que se niegan a dar crédito a Dios por su inteligencia superior se convierten invariablemente en satanistas y, como tales, sirven a los planes secretos y promueven las ambiciones diabólicas de quienes dirigen la conspiración luciferina.

Esta VERDAD está muy clara en los escritos de Adam Weishaupt y Albert Pike. Ellos afirman que cuando la conspiración luciferina sea finalmente impuesta sobre lo que quede de la raza humana, el dictador-rey será servido por un pequeño número de millonarios, economistas y científicos, cuya devoción a la causa luciferina haya sido probada, asistidos por un número suficiente de soldados y policías (¿la fuerza policial internacional de las Naciones Unidas?) para imponer la voluntad del dictador sobre las masas (Goyim). Todos los Goyim, sin excepción, deben ser reducidos a ganado humano mediante un proceso de integración a escala internacional. Una vez que la raza humana se haya transformado en un vasto conglomerado de humanidad, la reproducción se limitará a aquellos tipos y números que se consideren suficientes para satisfacer las necesidades del Estado (Dios). Para ello se utilizará la inseminación artificial. Menos del 1% de los hombres y el 30% de las mujeres serán seleccionados y utilizados para la reproducción.

El objetivo de este libro es sacar a la luz la conspiración diseñada para lograr estos diabólicos objetivos. Explicamos cómo se desarrolló la conspiración hasta que se encuentra ahora en su fase semifinal. Luego decimos lo que sucederá si la VERDAD sobre la existencia de la conspiración en curso contra Dios y la raza humana no se da a conocer ampliamente tan pronto como sea posible. Las Escrituras prometen que si damos a conocer la VERDAD a todos los pueblos de todas las naciones restantes, el (conocimiento de la) Verdad nos liberará de los lazos de Satanás con los que estamos cada vez más firmemente atados a lo largo de los años. Satanás sigue siendo el Príncipe de este mundo. Nuestra tarea es acortar el tiempo en que se cumplirán las profecías del Apocalipsis. Es nuestro deber atar a Satanás dando a conocer sus planes diabólicos, para que sea arrojado al infierno durante mil años (como se predice en el capítulo 20 del Apocalipsis), y así acelerar el día en que Satanás vuelva a romper sus ataduras y traiga el caos, la tribulación y otras abominaciones a los habitantes de esta tierra. Será entonces cuando Dios intervendrá en favor de los elegidos. Estas cosas no sucederán hasta que las personas que se consideran a sí mismas como los Elegidos demuestren que son sinceras. Para demostrar nuestra sinceridad, debemos, en mi humilde opinión, convertirnos en ACTORES de Su Santa Voluntad, y no sólo en OYENTES de Su Palabra. Creo que la acción masiva puede acortar los días de nuestra tribulación. Si los padres tenemos verdadero afecto paternal, debemos pensar también en el bienestar de las generaciones futuras.

El Apocalipsis nos dice que cuando Satanás escape del infierno, introducirá abominaciones como el mundo nunca ha conocido ni volverá a conocer. De este período, Marcos 13:20 dice que sin la intervención de Dios en favor de sus elegidos, "no habría carne que se salvase". San Mateo confirma lo que dice Marcos en el capítulo 24, versículos 3 a 32.

Como muchos otros que han tratado de averiguar quién causa las guerras y las revoluciones, y por qué, me he abierto camino a tientas a través de la niebla roja de la propaganda luciferina durante muchos años. He reunido miles de pruebas. He encontrado cientos de pistas por todo el mundo. En un momento u otro he culpado al capitalismo egoísta, al comunismo, al nazismo y al sionismo político. Otras personas a las que consulté estaban igualmente convencidas de que una u otra de estas fuerzas malignas era el PODER SECRETO que trabajaba entre bastidores para obligar a los gobiernos a adoptar políticas que acabarían forzándoles a guerras y revoluciones. Algunos culparon a la Iglesia

Católica Romana, otros a la Masonería, otros al Judaísmo, a los Federalistas Mundiales, a los Bilderbergers. Pero cuando utilicé la Santa Biblia, la Palabra inspirada de Dios, para verificar la verdad o falsedad de cada prueba, empecé a darme cuenta de la VERDAD. Esa verdad es que la revuelta luciferina contra el derecho de Dios a ejercer la autoridad suprema sobre todo el universo se trasladó a esta tierra en el Jardín del Edén. Ha estado creciendo desde entonces, hasta que ahora ha alcanzado su etapa semifinal. Los responsables de la conspiración han utilizado todos los trucos del libro para enfrentar a grupos de personas entre sí, dividiéndolos en bandos opuestos, armándolos y haciendo que se enfrenten por una cuestión u otra. Cuando pensé en cómo los enemigos de una guerra se aliaron en la siguiente, cómo los capitalistas financiaron las llamadas "revoluciones obreras", cómo los que se llaman judíos pero no lo son y mienten, sacrificaron a tantos hermanitos judíos como fue necesario para servir a sus propios fines diabólicos; cómo la propaganda diabólica dividió a millones de cristianos en ejércitos opuestos, y les hizo luchar y matarse entre sí por decenas de millones, sin que ninguno de los implicados tuviera la menor animadversión personal hacia el otro; entonces me convencí de que las Sagradas Escrituras son la Palabra inspirada de Dios, y de que Jesucristo vino a la tierra para advertirnos de la existencia de la conspiración luciferina. Vivió, sufrió y murió para dar a conocer las verdades que nos liberarán de las ataduras de Satanás para que podamos disfrutar de la felicidad eterna con su Padre celestial y el nuestro. Ahora depende de nosotros. Podemos aceptar o rechazar la verdad. (Juan 8:32)

Cómo M.R.M. fue transferido a la tierra

Hemos visto que los pueblos primitivos creían en un ser supremo al que llamamos Dios. Creían en un adversario maligno al que llamamos Satanás porque intentaba interferir en la creación de Dios y en sus criaturas que habitan la tierra. La Biblia nos dice que, mucho más tarde en la historia del mundo, los hebreos veían los cielos como cóncavos, sobre una tierra plana, sostenidos por pilares, construidos sobre cimientos. Creían que había siete cielos habitados por diversos grados de superhombres, el más alto, Aravoth, reservado a Dios (2 Sam. 22:8, Prov. 8:27-29). San Pablo nos dice que fue llevado al tercer cielo. (2 Cor. 12:2) Las Escrituras no nos dicen mucho sobre lo que ocurrió en el cielo después de que Lucifer y sus rebeldes compañeros fueran expulsados; tampoco nos dicen con certeza por qué Dios decidió crear esta tierra en la que los seres humanos deciden su destino eterno. Pero Dios nos ha dotado de una inteligencia que nos permite razonar por nosotros mismos. Si no lo hubiera hecho, no habríamos sido sometidos a una prueba que, evidentemente, tiene por objeto hacer que cada individuo *demuestre que* desea honesta y sinceramente amar a Dios y servirle *voluntariamente* por toda la eternidad.

Varios teólogos arrojan una luz interesante sobre este tema al referirse al hecho de que la causa de la revuelta de Lucifer contra Dios podría haber sido los celos despertados cuando Dios anunció su intención de crear seres humanos y darles la posibilidad y la oportunidad de desarrollarse hasta alcanzar los más altos rangos de seres celestiales. Pero parece más lógico suponer que Dios tomó la decisión de crear este mundo y poblarlo de seres humanos DESPUÉS de que San Miguel hubiera sofocado la revuelta luciferina.

Esta línea de razonamiento abre una línea de pensamiento que podría llevarnos a pensar que Dios es infinitamente misericordioso y justo, y que por ello creó el(los) mundo(s) y lo(s) pobló con seres humanos porque no consideró igualmente culpables a todos los que se habían unido a Lucifer en rebelión. No parece descabellado suponer que Dios decidió dar a los ángeles que consideraba que habían sido engañados para unirse a Lucifer otra oportunidad de decidir por sí mismos si deseaban aceptarle a Él como su Dios y autoridad suprema, o a Lucifer. Esta teoría podría explicar por qué existe una afinidad definida entre una entidad espiritual y cada cuerpo individual. Comúnmente llamamos a esta entidad el alma y la asociamos con nuestro ángel guardián personal.

Llevando esta teoría a su conclusión lógica, parecería razonable suponer que Dios quiso colocar a los seres humanos en la tierra mediante un método de nacimiento que les impidió tener conocimiento de otros mundos más allá de lo que Él decidió revelar a nuestros primeros padres personalmente, y a las generaciones futuras a través de Sus profetas y las Escrituras. Se nos dice que Él caminó con Adán y Eva en el Jardín del Edén, hablando con ellos y explicándoles Su Santa Voluntad y Su plan para el dominio del Universo que Él quería establecer en esta tierra, como se registra en el Génesis.

Dicho esto, nuestros primeros padres conocían de primera mano a Dios, sus deseos, planes e intenciones para ellos en el futuro.

Les prometió que si respetaban su voluntad y obedecían sus mandatos, se reunirían con él en el cielo, tras un período de prueba, y vivirían para siempre en perfecta felicidad. Las Escrituras confirman esa parte de la mitología del hombre primitivo que dice que Dios les facilitó la vida al satisfacer sus necesidades. Pero es posible, como afirman algunos teólogos, que la explicación correcta sea que Dios creó este mundo y lo pobló con seres humanos, en cuyos cuerpos "insufló" un alma, para darles la oportunidad de ocupar los lugares que quedaron vacantes en el cielo después de que Lucifer y los miembros de la milicia celestial que se unieron a su revuelta fueran arrojados al infierno. Enseñan que Dios crea un alma individual para cada cuerpo individual.

Si esto es así, también es probable que haya tantos mundos como coros de ángeles, y que cada mundo esté poblado por seres humanos cuya inteligencia sea comparable a la de los ángeles caídos a los que se supone que sustituyen en el Cielo. Si esto es así, no parece descabellado suponer que nuestro progreso espiritual, o nuestro deterioro, pueda ser gradual además de inmediato, tras la muerte de nuestros cuerpos mortales.

Millones de seres humanos creen en la reencarnación. Podría ser que esta creencia tenga su origen en el conocimiento de que el cielo de Dios se compone de siete niveles, que los ángeles de Dios se componen de muchos coros de diferentes grados y que los ángeles de menor grado pasan de un cielo a otro. Si esto es así, parecería que Dios pretendía que los seres humanos existieran en diferentes grados y que los que se encuentran en el plano inferior pudieran, mediante la aplicación, la diligencia y la atención a los asuntos espirituales, progresar a niveles superiores en la tierra y a grados superiores en el cielo. Esto es lo que realmente significa el individualismo robusto, y es este individualismo robusto lo que los enemigos de Dios están decididos a destruir. Es obvio que los seres humanos pueden deteriorarse espiritualmente, y de hecho lo hacen, hasta llegar a la etapa en que son engullidos por el infierno. Esta línea de pensamiento explicaría en parte las referencias al limbo, el purgatorio y el hecho de que Cristo, tras su resurrección, descendiera a una parte del infierno, donde liberó a las almas que esperaban la redención.

Si Dios creó a los seres humanos para llenar los vacíos creados por las apostasías de los espíritus caídos, es lógico suponer que quiere que demostremos definitivamente que deseamos conocerle, amarle y servirle voluntariamente por toda la eternidad. Si desarrollamos esta línea de pensamiento hasta su conclusión lógica, entonces es nuestra condición espiritual, cuando salgamos de la lucha que se libra en este mundo por las almas de los hombres, la que determinará si somos considerados "elegidos" o "condenados". La referencia en las Escrituras al juicio "inmediato" en el momento de la muerte y al juicio "final", cuando se hace una división definitiva del universo entre el Cielo y el Infierno, indicaría que existen lugares intermedios donde las almas pueden seguir siendo probadas hasta que hayan decidido definitivamente su destino eterno. Varios teólogos sostienen que los elegidos de la raza humana son absorbidos por la propia jerarquía de los ángeles, en las filas de los Querubines y Serafines, y en todas las demás órdenes. Los teólogos a los que me refiero creen que "los elegidos de la raza humana no serán meramente la franja exterior del mundo espiritual, sino que, por el contrario, serán las estrellas brillantes en cada uno de los planos espirituales". Esta línea de pensamiento parece estar apoyada por San Lucas en el capítulo 20, versículo 36: "Ya no pueden morir, porque son iguales a los ángeles y son hijos de Dios, puesto que son los hijos de la resurrección". Como dice el abad Anscar Vonier O.S.A. en su tratado sobre los ángeles: "No tratamos aquí directamente de demonología; nuestro propósito es más consolador. Cualquiera que sea la altura que un ángel caído haya ocupado en la escala del ser, es posible que la gracia de Dios eleve al hombre a esa altura, de modo que incluso el trono dejado vacante por el mismo Lucifer pueda convertirse en la herencia congénita de alguna alma santa". Continúa el docto abad: "Es posible que la gracia de Dios eleve al hombre a esa altura. Creo que sería mejor decir: 'La gracia de Dios, usada como Él quiere que sea usada, puede permitir al hombre elevarse a tal nivel de perfección espiritual que es posible que un alma humana ocupe los lugares dejados vacantes por el más grande de los ángeles caídos."

Toda "alma viviente" sabe que Dios nos ha dotado de inteligencia y del uso ilimitado de nuestra voluntad. Si Dios no hubiera tenido la intención de ponernos a prueba, no habría tenido sentido permitir que un "adversario" se opusiera a sus planes, ridiculizara sus deseos e intentara alejarnos de Dios para que fuéramos poseídos por Lucifer, el rey del Imperio Oscuro, al que comúnmente llamamos "Diablo". Un estudio de las opiniones expresadas por los primeros cristianos, y más tarde por teólogos católicos y no católicos, proporciona pruebas que apoyan el razonamiento anterior. Encontramos que muchos de ellos se refieren al hecho de que Lucifer y sus seguidores expresaron un deseo lujurioso de tener relaciones sexuales y controlar físicamente los cuerpos de los seres humanos que Dios había querido crear. Está claro que sólo fueron capaces de desarrollar tales deseos como resultado de su rebelión contra la autoridad suprema de Dios Creador, con el fin de obstaculizar su plan de que los seres humanos llenaran los vacíos que su rebelión había causado en el coro angélico.

Muchos de los primeros teólogos cristianos creían que los ángeles caídos deseaban a los habitantes de este mundo. San Agustín sostenía que la interpretación pervertida y depravada de las relaciones sexuales adoptada por la raza humana a instigación de Satanás era contraria al designio y la intención de Dios. La llamó concupiscencia. Por lo tanto, parece lógico suponer que si la "concupiscencia" es contraria a la voluntad de Dios, fue introducida por Satanás para promover la conspiración luciferina en esta tierra. Los puntos de vista anteriores se basan en la autoridad del Libro de Enoc. Pero estos puntos de vista han sido considerados "erróneos" por teólogos más modernos. Santo Tomás y el decreto del Concilio de Trento afirman que todos los ángeles (los que han permanecido leales y los que han desertado a Dios) siendo espíritus puros, es imposible que deseen o tengan relaciones sexuales con seres humanos.

Por otro lado, hay pruebas en los registros de exorcismos, realizados por ministros ordenados de la religión cristiana, de que las víctimas liberadas después de haber sido poseídas por demonios, afirmaban haber sido poseídas sexualmente de forma física.

Sea como fuere, sabemos que Dios creó esta tierra. La habitó con seres humanos. Se nos dice que estamos hechos a su imagen y semejanza. Puesto que hay muchos grados de forma corporal, la semejanza de un ser humano con Dios debe estar necesariamente vinculada a su entidad espiritual, que llamamos alma. Las Escrituras apoyan esta conjetura. Nos dicen que hasta que nuestros primeros padres se apartaron de Dios y eligieron aceptar el consejo de Satanás, sus cuerpos brillaban como el sol porque estaban iluminados por la luz de la gracia santificante. Esta iluminación espiritual desapareció cuando nuestros padres cometieron lo que llamamos "pecado original". Pero sea como fuere, está definitivamente establecido que nuestros cuerpos mortales tienen sus entidades espirituales. Creer lo contrario es ser ateo.

Hemos llegado al punto en la historia del mundo en que el adversario de Dios se llama Satanás. Él hizo que Eva se alejara de Dios. Luego persuadió a Adán para que se uniera a ella en la rebelión. Sin insistir en el punto de CÓMO Satanás engañó a Eva para que se alejara de Dios, debe ser obvio para la mayoría de las personas pensantes que la perversión del sexo ciertamente jugó un papel en este engaño.

Por perversión del sexo entendemos que Satanás enseñó a Eva a utilizar las relaciones sexuales para satisfacer la pasión animal y los deseos carnales. Un estudio de esta fase de la conspiración luciferina indicaría que Dios pretendía que las relaciones sexuales fueran una unión santa entre un hombre y su esposa, contraída con el propósito de crear otro ser humano en el que Dios pudiera insuflar un alma porque quería tener la oportunidad de llenar uno de los lugares que quedaban vacantes en el Cielo como resultado de la rebelión luciferina. Esta línea de pensamiento de debe tener algún mérito, de lo contrario no habría tal conflicto de opiniones con respecto al uso de anticonceptivos y los llamados nacimientos planificados. Si este punto de vista no tiene ningún mérito, ¿cómo es que aquellos que trabajan para impedir que el plan de Dios para el dominio de la Creación se establezca en esta Tierra están secretamente decididos a sustituir el plan de Dios para la reproducción de la raza humana por la inseminación artificial practicada internacionalmente?

Las enseñanzas de Cristo y muchas citas bíblicas nos dicen que Dios ha hecho a los seres humanos superiores a los ángeles porque les ha dado el poder de reproducirse según su voluntad. El despilfarro de la semilla humana es condenado repetidamente. Todo ser humano sensato sabe que, puesto que Dios es Dios, es decir, el Ser Supremo, Creador del Cielo y de la Tierra (el Universo), podría, si lo hubiera deseado, haber impedido que Lucifer interfiriera en su plan de crear los mundos terrestres y los seres humanos. Sin querer ser presuntuoso, parece razonable suponer que Dios obtiene Su placer de Su maravillosa creación gracias al amor y la fidelidad que le demuestran aquellos, ángeles y humanos por igual, que permanecen leales, fieles y sinceros, a pesar de todas las maquinaciones diabólicas del Diablo y sus ángeles, que vagan por este mundo (y probablemente por otros), buscando la ruina de las almas inmortales.

Para entender estas cosas, necesitamos entender los hechos acerca de la "custodia del Espíritu". La palabra "tutela" se usa para significar "custodia" y/o "instrucción". La custodia del Espíritu es una ordenanza divina. Permite que el hombre sea influenciado por espíritus buenos y malos que tienen el poder de introducir "pensamientos" en nuestras mentes. Las tentaciones son lo que llamamos pensamientos "malos". La tentación por espíritus malignos no es una "ordenanza divina". Es el resultado de lo que los teólogos llaman "la providencia permisiva de Dios". Si el género humano no estuviera sujeto a influencias "malas" y "buenas", no habría razón para que Dios nos diera intelecto y libre albedrío. El intelecto nos permite analizar los pensamientos que nos vienen a la mente. Tomamos una decisión. Luego, haciendo uso de nuestro libre albedrío, hacemos que nuestro cuerpo ponga en práctica la decisión de la mente.

La pregunta más frecuente que se hace la gente de todas las clases sociales sobre este tema tan importante es: "Si Dios es BUENO, ¿por qué permite el mal? Si Dios ama a la raza humana, ¿POR QUÉ permite que incluso personas inocentes sufran las tribulaciones de guerras, revoluciones, enfermedades, etc.?

La experiencia de dos guerras y tres revoluciones me ha enseñado la respuesta a estas preguntas. PRIMERO - Creo que es la intención de Dios llenar los vacíos en el cielo resultantes de la caída de ángeles de muchos grados de Gracia con seres, incluyendo seres humanos, que PRUEBAN positiva y definitivamente por la naturaleza de sus oraciones y obras, la forma en que enfrentan la tentación y la forma en que resisten bajo condiciones de estrés físico, mental y espiritual, que, independientemente de lo que les suceda en esta tierra, siempre desean, con un deseo ardiente y constante, amar y servir a Dios VOLUNTARIAMENTE por toda la eternidad. Esta creencia está justificada en Mateo 10:28; Lucas 12:4; II Reyes 7:4; Salmo 44:22, etc.

Baso esta explicación en la convicción de que Dios, como Creador de todo el Universo, sólo puede obtener su felicidad del amor, la lealtad, la devoción y el servicio que sus criaturas le prestan VOLUNTARIAMENTE. Quiere que le demostremos que hemos tomado definitiva e irrevocablemente esta decisión antes de permitirnos entrar en el Reino de los Cielos. En otras palabras, nosotros mismos decidimos nuestro destino eterno.

El texto de San Pablo, 1 Cor. VI, 3, dice: "¿No sabéis que juzgaremos a los ángeles? ¿Cuánto más las cosas de este mundo? Deduzco que los seres humanos que salgan de esta prueba terrena "con los colores de Dios" serán elegidos para juzgar a los ángeles caídos que han utilizado sus poderes para inspirarnos malos pensamientos y engañarnos para que hagamos cosas malas. El hecho de que los elegidos rechacen la tentación y se nieguen a ser engañados, aunque los agentes del diablo realicen grandes maravillas, demuestra que han conquistado el dominio espiritual sobre las fuerzas del mal. Se les permitirá ejercer este dominio en el Día del Juicio.

En 1918, mientras ayudaba a despejar los escombros de un ataque aéreo alemán en West Hartlepool, Inglaterra, para rescatar a un bebé cuyos llantos provenían del oscuro interior del edificio derrumbado, aprendí la respuesta a la segunda parte de la pregunta. Mientras trabajábamos en, oí gritar a la angustiada madre: "Si Dios es TODO BUENO, ¿cómo puede permitir semejante mal? ¿Por qué me castiga así? He intentado amarle y servirle".

Mientras trabajaba, me llegó la respuesta. Media hora más tarde, llegamos al bebé. Estaba vivo e ileso. Estaba tumbado junto a la abuela en un colchón en el suelo, dentro de un armario construido para cerrar el espacio bajo la escalera que llevaba de la planta baja a los dormitorios de arriba. La abuela estaba muerta.

Cuando pusieron al bebé en brazos de su madre, le pregunté si podía acompañarlo. Unos amigos cercanos le habían ofrecido cobijo. Ella me dio permiso.

Mientras tomaba una taza de té (cuyo suministro es una necesidad absoluta en momentos de alegría o tristeza entre los ingleses), la madre estrechó a su hijo contra su pecho y murmuró: "Oh Dios, perdóname. ¿Cómo he podido dudar de tu infinita bondad?". Le puse la mano en el brazo y le dije: "Dios no quiere que nosotros, sus criaturas, suframos la abominación de la guerra. Las guerras son un castigo que la humanidad se inflige a sí misma porque la mayoría se ha negado obstinada y constantemente a hacer Su Voluntad, a obedecer Sus Mandamientos y a poner en práctica Su plan de dominación del Universo en esta tierra". Nos castigamos a nosotros mismos porque permitimos que Satanás siga siendo "Príncipe de este mundo".

Creo sinceramente que este razonamiento es la VERDAD. El incidente que relato aquí tuvo lugar en abril de 1918. Ha habido otra guerra mundial y muchas revoluciones desde entonces. La M.R.M. es dirigida desde lo alto por la Sinagoga de Satanás para promover los planes secretos de los sumos sacerdotes del credo luciferino. Son ellos, los seres humanos, diabólicamente inspirados por las fuerzas espirituales de las tinieblas, quienes fomentan guerras y revoluciones, y al hacerlo confirman las palabras pronunciadas por el propio Cristo cuando dijo del S.O.S.: "Sois hijos del diablo, cuyos deseos cumpliréis. Él fue un asesino desde el principio", etc. Sí, el Diablo era y sigue siendo un asesino. Las guerras y las revoluciones son sus medios para cometer asesinatos en masa. En mi opinión, cometemos un terrible pecado cuando pensamos que Dios quiere guerras, revoluciones y otras formas de abominaciones. Dios no quería que nuestros primeros padres se alejaran de él. Lo hicieron por su propia voluntad y acuerdo. Dios no quería que los seres humanos de terminaran su existencia terrenal con la muerte de sus cuerpos mortales. Cuando Adán y Eva pecaron, perdieron la gracia santificante. Esto condujo automáticamente a la muerte de sus cuerpos mortales, en *contra* de la voluntad e intención original de Dios.

Las mismas conclusiones se aplican a las enfermedades físicas y mentales. Cuando los seres humanos comían carne, pescado, aves, fruta, frutos secos, semillas y verduras como Dios manda, vivían con buena salud y llegaban a la vejez. Si morían de forma natural, morían de vejez, es decir, del desgaste gradual de los órganos vitales del cuerpo.

Sólo cuando la humanidad se apartó de la voluntad de Dios en materia de alimentación y sustituyó ésta por "el brebaje del diablo", compuesto por alimentos, bebidas y drogas que satisfacen la gula, el apetito carnal, y despiertan pensamientos lujuriosos y deseos sensuales, los afectos de la carne acortaron nuestra esperanza de vida y causaron enfermedades físicas y sufrimiento mental. No se fíen de mi palabra. Las Escrituras nos dicen: "La paga del pecado es muerte" (Romanos 6:23).

¿Por qué los que conspiran para subyugarnos nos obligan a comer alimentos desnaturalizados en esta época, si no es para debilitarnos mental y físicamente

Hay otro hecho que concierne a la transferencia del M.R.M. a esta tierra en el Jardín del Edén. El Diablo, Lucifer, Satanás, o cualquier otra designación que usted desee dar al poder secreto del mal en esta tierra, que constituye el "Adversario" de la voluntad de Dios, ocupó esta tierra ANTES de que Dios creara a Adán y Eva. Satanás estaba allí y listo para tentar a Eva, y a través de ella, a Adán, mientras ambos estaban todavía en un estado de inocencia y disfrutando de la Presencia y Amistad de Dios. El pecado del hombre ha fortalecido el dominio del diablo sobre este mundo. Él no lo creó. Por regla general, los teólogos lo consideran un "misterio irresoluble". Me gustaría señalar que este hecho indica que este mundo era, y sigue siendo, parte de la sección del universo controlada por Lucifer, la parte que llamamos Infierno. Parece haber mucha verdad en un viejo dicho que se remonta a la antigüedad: "Es el infierno en la Tierra". Los seres humanos aún tienen la posibilidad de encontrar a Dios, si así lo desean, pero la gran mayoría de ellos no parece hacer mucho al respecto. La siguiente pregunta es: "¿Son Lucifer y Satanás un mismo ser sobrenatural?". Por razones que escapan a mi comprensión, la idea aceptada por la mayoría de los teólogos es que Lucifer y Satanás son uno y el mismo. Sin embargo, estos mismos teólogos están de acuerdo en que hay pruebas para creer que hay varios principados en el infierno, cada uno encabezado por un ser sobrenatural subordinado a Lucifer. ¿Es irrazonable suponer que Satanás es un ser diferente que desertó de Dios en el momento de la revuelta celestial liderada por Lucifer? ¿Es irrazonable suponer que hay algún grado de VERDAD en las enseñanzas y doctrinas de quienes exponen la ideología luciferina en esta tierra? Incluso suponiendo que un ángel, por ser un espíritu puro, independientemente de si es "bueno" o "malo", no está sujeto a límites geográficos y puede usar su influencia para el "bien" o el "mal" en una docena de lugares diferentes en menos tiempo del que se tarda en decirlo, sigue pareciendo razonable suponer que Lucifer es el "rey" de toda esa parte del universo que llamamos infierno, y que Satanás es uno de sus príncipes. ¿No se refiere Cristo mismo a Satanás como "Príncipe de este mundo"? Las condiciones de esta tierra parecen indicar que forma parte del infierno y no del cielo.

Si este mundo *forma* parte del infierno, es razonable suponer que la decisión que tomamos aquí es definitiva. Esto puede explicar por qué visitó esta parte del infierno como visitó otra parte del infierno antes de su resurrección. Nos ha redimido, pero que aceptemos su redención o la rechacemos depende de nosotros.

Sea como fuere, el hecho es que las doctrinas luciferinas hacen caso omiso de lo que dicen las Sagradas Escrituras sobre este importante tema. Cristo dejó muy claro que Lucifer es el "Padre de la mentira" y que Satanás utiliza la mentira y el engaño para lograr *sus* diabólicos objetivos. ¿Es irrazonable asumir que Lucifer inspiró a aquellos que dirigieron su conspiración aquí en la tierra a decir sólo una pequeña parte de la verdad? Si esta línea de pensamiento no es lógica, entonces ¿de dónde viene el viejo dicho de que "media verdad es más peligrosa que toda una mentira"

Si Lucifer estaba en el pináculo de los cielos más altos, y no era rival para Dios mismo en términos de belleza, poder y gloria, y si la mitología luciferina del hijo mayor de Dios y el hermano mayor de San Miguel se basa en la verdad, entonces las muchas y variadas evidencias relativas a la transferencia de la conspiración luciferina a esta tierra, dadas anteriormente, caen en su lugar, y proporcionan una imagen excepcionalmente clara de esta fase de la conspiración.

Hay volúmenes y volúmenes de escritos que indican y/o prueban que los Francmasones aprenden que el origen de su sociedad secreta se remonta a la época de la construcción de las pirámides. Hay otros tantos volúmenes que prueban que los seguidores de las Logias y Consejos del Gran Oriente del Nuevo y Reformado Rito Palladiano aprenden que su forma de masonería se ha perpetuado desde la caída de Eva. Afirman que su seducción por Satanás engendró a Caín y que Caín fundó la Sinagoga de Satanás. Es esta enseñanza la que obliga a los miembros de los grados inferiores del Gran Oriente y del Rito Paladiano a convertirse en satanistas.

Es una extraña coincidencia que la mayoría de los hombres que protestan vigorosamente que son 100% para Dios y se niegan a aceptar la idea de que Satanás es diferente y subordinado a Lucifer, son apoyados en esta opinión por aquellos que reconocen abiertamente su lealtad a Satanás. Se probará que sólo cuando un satanista confirmado del Gran Oriente o del Rito Palladiano es iniciado en el Alto Sacerdocio del Credo Luciferino, se le dice EL SECRETO COMPLETO, y se le pide que acepte su Credo, que dice: "*Lucifer es Dios igual a Adonai* (Adonay) y la adoración de Satanás es *por lo tanto herejía*."

El general Albert Pike está considerado como la mayor autoridad moderna en materia de luciferianismo. Como jefe del Rito Palladiano, escribió una carta de instrucción fechada el 14 de julio de 1885 y la envió a los jefes de los veintiséis concilios de todo el mundo. En esta carta, no sólo confirma la creencia de que Satanás está subordinado a Lucifer, sino que afirma que Lucifer es Dios, igual a Adonay, y añade que Lucifer es el Dios de la LUZ, el Dios del BIEN, que lucha por la humanidad contra Adonay, el Dios de las Tinieblas y de todo Mal.

Pike fue tan apreciado por la prensa estadounidense que la mayoría de los francmasones lo consideran uno de sus colegas más ilustres y uno de los mayores patriotas de Estados Unidos. Pero las investigaciones revelan que Pike llevaba una doble vida. En secreto, era un adorador de Lucifer. Entre 1859 y 1889, ascendió hasta convertirse en el jefe de los sumos sacerdotes del credo luciferino.

A los masones de los grados inferiores se les enseña a creer en diferentes afirmaciones sobre el origen de su sociedad secreta. El hecho es que cuando son iniciados en un grado superior, los que conducen la iniciación les dicen algo muy diferente, diciéndoles que a medida que avanzan a través de los grados superiores, son admitidos a penetrar más y más profundamente en los misterios del Oficio. Ni un solo francmasón entre mil sospecha que muy por encima del Rito Escocés de la Masonería Azul, y fuera del alcance de todos excepto de aquellos cuidadosamente seleccionados para ser admitidos en las Logias del Gran Oriente y en los Consejos del Nuevo y Reformado Rito Palladiano de Pike, se practica el Satanismo. En estas sociedades secretas, Satanás es adorado como Dios y "Príncipe de este mundo". Pero por encima de estas sociedades satánicas, miembros especialmente seleccionados de la Sinagoga son iniciados en el SECRETO COMPLETO, que es la VERDAD final tal como se ilustra en el Credo Luciferino, como acabamos de explicar.

El lector se preguntará: "¿Por qué tanto secreto?". La respuesta es que estos seres humanos, que se han vendido literalmente al Diablo, saben que el éxito final de su diabólica conspiración contra Dios y su raza humana depende de su capacidad para mantener en secreto su identidad y su VERDADERA razón de ser. Este libro se publica para exponer su secreto y despertar a la opinión pública con el fin de poner fin a esta conspiración, y así cumplir las profecías contenidas en el Apocalipsis, que dicen que Satanás será encadenado y enviado de nuevo al Infierno y que permanecerá allí durante mil años.

En las logias internacionales del Gran Oriente y del Nuevo Rito Paladiano de Pike, se exige a los adeptos que acepten como VERDAD que la masonería se originó con Caín. Se les dice que Satanás, a quien llaman Ebilis, otorgó a la raza humana el mayor beneficio posible cuando frustró el complot de Dios (Adonay) para ocultar a nuestros primeros padres el conocimiento del comportamiento sexual y el secreto de la procreación. Se dice a los iniciados que Ebilis inició a Eva en los placeres de las relaciones sexuales y le enseñó el secreto de la procreación, haciéndola así a ella y a Adán iguales en poder a Dios. También se dice a los iniciados que, tras la relación sexual, Eva dio a luz a Caín, que lanzó el movimiento (la masonería) e implantó la ideología luciferina tanto aquí como en la parte del mundo celeste sobre la que reina Lucifer. Así pues, mientras que a los miembros de los grados inferiores del Rito Escocés se les enseña que Hiram es el padre de la masonería, a los que son admitidos en el grado superior se les enseña de otro modo.[7]

Un estudio del movimiento y la doctrina maniqueos nos dice que, para impedir el plan de Dios de hacer de Adán y Eva los primeros padres de su raza humana, Satanás sedujo a Eva y la poseyó, y que *también fue* el padre de *la primera hija de* Caín y *Eva*. La doctrina maniquea enseña que Caín se "casó" con su hermana y que la descendencia de esta unión (incesto) ha perpetuado el satanismo desde entonces. Sin querer abundar en el tema, es interesante señalar que las Escrituras registran que el 'matrimonio' de Caín fue algo muy desagradable para Dios. Caín

---

[7] Si desea más información sobre esta fase concreta de la conspiración, le invitamos a leer las obras citadas en otro lugar, en particular *el Drame Maçonnique* de Copin-Albancelli, etc.

también asesinó a su hermano Abel y Cristo, en su tiempo, fustigó a los miembros de la Sinagoga de Satanás en estos términos

> "Vosotros sois hijos de vuestro padre el diablo; haréis su voluntad. Es homicida desde el principio, y no permanece en la verdad, porque no hay verdad en él." (Juan 8:44)

"La serpiente" es el nombre por el que se conoce a Satanás en las Sagradas Escrituras (Ap. 20:2; Números 21:9). La serpiente es el símbolo del satanismo en las sociedades secretas que le rinden culto como príncipe del mundo. Las Escrituras se refieren a Eva y a "la semilla de la serpiente" (Gn. 3:1-16). Así que podemos preguntarnos: "¿De dónde procede la semilla de la serpiente?

Pablo dijo, en 2 Cor. que *Eva* había sido *inmoral* con la Serpiente, (Lucifer, Diablo, Satanás) - (Lucifer significa el Brillante y Resplandeciente). Aquí está el origen de la semilla de la serpiente. En Gen. 3:15, Dios dice: "Pondré enemistad entre ti y la mujer, y entre tu simiente y la simiente suya". Al decir esto a la Serpiente (Lucifer, Diablo, Satanás), Dios declaró que Lucifer tendría una semilla (tan física como física sería la semilla de Eva). En Génesis 3:16, Dios le dijo a Eva: "Y tu deseo será para tu marido", ¡lo que indica claramente que *su deseo era antes para otro!* En Cor. 11:2-3, Pablo habló aquí de "castidad", para presentar a los corintios como una virgen CASTIGADA a Cristo. En el versículo siguiente Pablo dice: "Pero me temo que, como la serpiente engañó a Eva con su astucia, así también ella será engañada de alguna manera".

¡Pablo está diciendo aquí que Eva no se presentó a Adán como una virgen *CASTIDAD!* Recuerda que sólo hay una manera de que una virgen pierda su castidad. En Gn. 4:1, Eva pensó que Caín era su simiente prometida, pero más tarde reconoció que se había equivocado y que Set (no Caín) era su simiente prometida, cuando dijo (Gn. 4:25) "Porque Dios me ha dado otra simiente en lugar de Abel, a quien mató Caín."

Caín y Abel eran gemelos (Gn. 4:3-4) porque llegaron a la mayoría de edad al mismo tiempo y presentaron sus ofrendas el mismo día. Abel era hijo de Adán, pero Caín era hijo de Lucifer. Lucifer y sus descendientes han sido asesinos a lo largo de los siglos, y Cristo los acusó de matar a todos los profetas desde Abel hasta su época (Mt.

23:35). Lucifer engendró una descendencia, como Dios había predicho (1 Juan 3:12). "No como Caín, que era de aquel inicuo.

La lujuria es el deseo sexual fuera de la ley natural de Dios. Por eso Cristo mismo parece haber confirmado que Satanás era lujurioso y que era el padre de la Sinagoga de Satanás, como enseñan y creen los satanistas. Los satanistas siempre han utilizado la corrupción sexual y las depravaciones y perversiones sexuales para obtener el control de los hombres y mujeres que deseaban utilizar para llevar adelante los planes secretos de su diabólica conspiración. El satanismo hace un dios del sexo. Adoran el cuerpo humano por sus capacidades sexuales. Cuando los hombres y las mujeres demuestran que no ceden a todas las demás formas de tentación diabólica, a menudo caen en relaciones ilícitas y perversiones. ¿Acaso no cometió David crímenes sexuales atroces, incluido el incesto

Entonces Cristo también nos dijo que el padre de la sinagoga de Satanás era un asesino desde el principio. ¿Quién más podría ser Satanás? ¿No incitó a su hijo Caín a matar a su propio hermano Abel? ¿Acaso el asesinato no ha sido el oficio de los que forman la Sinagoga de Satanás desde entonces? ¿Qué son la revolución y la guerra sino asesinatos a gran escala

Otro hecho importante sobre el uso del incesto para fundar la Sinagoga de Satanás en esta tierra es la práctica de los reyes paganos, que adoraban al Diablo. Para perpetuar su línea de sucesión, insistían en que sus hijos se casaran con sus propias hermanas. Pero independientemente de lo que es "correcto" o "incorrecto", el hecho es que cuando Cristo comenzó su misión, nos dijo que la conspiración luciferina había llegado a la etapa en que Satanás, como Príncipe de este mundo, había ganado el control de todos los de las altas esferas.

Las palabras de Gn. 4:15 parecen indicar que después de que Adán y Eva se alejaran de Dios, Dios quiso que sucediera lo que ha sucedido desde entonces. Dijo: "El que mate a Caín será vengado siete veces". Parece que tras la defección de nuestros primeros padres, Dios insistió en que aquellos que verdaderamente deseaban amarle y servirle voluntariamente por toda la eternidad, por respeto a sus infinitas perfecciones, demostraran su sinceridad. Sin el "Adversario" y la Sinagoga de Satanás, no habría verdadera prueba. Las Sagradas Escrituras nos dan suficiente información para que podamos decidir por nosotros mismos el camino que queremos seguir.

El satanismo enseña que Jesucristo es uno con San Miguel y que es el hermano menor de Satanás.

El satanismo también afirma que Dios envió a San Miguel a la Tierra, en la forma de Jesucristo, para poner fin a la conspiración luciferina aquí, como ya había hecho antes en el cielo. Tanto los satanistas como los seguidores de Lucifer se jactan de que Cristo fracasó en su misión. Hacen de la reacción a su derrota la parte principal de la celebración de la "Misa Negra". Pike revisó y modernizó la "Misa Negra" y llamó a su invento la "Misa Adónica".

La palabra "Adonaicidio" significa la muerte o el fin de Dios. La muerte de Dios es el objetivo primordial del Nietzscheanismo.[8]

Parecería que desde que comenzó la enemistad entre Satanás y San Miguel en el cielo y Cristo, estando en la tierra, rechazó las ofertas de Satanás de unirse a él en rebelión contra la supremacía absoluta de Dios, la enemistad ha continuado de tal manera que el cristianismo ha estado, y sigue estando, impregnado de células luciferinas y/o satánicas.

Desde que Cristo eligió a sus primeros apóstoles, estos agentes siempre han ocultado su verdadera identidad mientras trabajaban diligentemente desde dentro. Hoy se les puede encontrar disfrazados de "modernistas", debilitando a las diversas denominaciones para que estén listas para colapsar cuando los que dirigen la conspiración EN LA CUMBRE decidan que ha llegado el momento del cataclismo social final. Pike explicó lo que está destinado a suceder en una carta que escribió a su director (Mazzini) de la M.R.M. el 15 de agosto de 1871. Esta carta se cita en otro lugar. Está catalogada en la biblioteca del British Museum, Londres, Inglaterra[9] y ha sido citada por decenas de autoridades y estudiosos de la M.R.M., entre ellos el Cardenal Rodríguez de Chile. (Véase la página 118 de *The Mysteries of Freemasonry Unveiled*, 1925. Traducción inglesa, 1957). El hecho de que la conspiración luciferina exista y haya tenido una continuidad ininterrumpida desde su mismo comienzo, ya sea en el mundo celestial o en el Jardín del Edén, prueba

---

[8] Véanse las páginas 346-7 de *Satanás*, de Sheed and Ward, Nueva York, 1951.
[9] El Conservador de Manuscritos ha informado recientemente al autor de que esta carta NO está catalogada en la Biblioteca del Museo Británico. Parece extraño que un hombre de la talla del Cardenal Rodríguez pueda decir que fue en 1925.

que es sobrenatural en su origen y dirección. Nada concebido en una mente humana podría ser tan perfecto, tan diabólico, tan titánico en sus dimensiones o tan absolutamente destructivo como la conspiración luciferina que ahora llamamos Movimiento Revolucionario Mundial (MRM).

Cada vez que los líderes eclesiásticos y/o cívicos han intentado exponer el satanismo como la inversión de los planes y leyes de Dios y la antítesis de la religión cristiana, el Agentur de los Sumos Sacerdotes del Credo Luciferino, que están detrás de las escenas de todos los gobiernos, tanto seculares como eclesiásticos, han tenido éxito hasta ahora en convertir la exposición planeada en una caza de brujas real y factual. Para evitar que los verdaderos satanistas y devotos luciferinos sean desenmascarados y castigados, la Sinagoga de Satán y los Sumos Sacerdotes del Credo Luciferino, que controlan el S.O.S., siempre se las han arreglado para poner en manos de los investigadores un gran número de sustitutos, que han proporcionado a los verdugos suficientes víctimas para satisfacer los indignados sentimientos de los Príncipes, tanto religiosos como laicos, y la sed de sangre de las turbas enfurecidas. Hasta hace poco, estos sustitutos eran acusados de ser brujas y/o hechiceros que adoraban al Diablo. Los creyentes en Dios serán los siguientes.

Entre 1486 y 1675, se tomaron treinta y dos medidas eclesiásticas contra el satanismo y, entre 1532 y 1682, 149 brujas y/o hechiceros fueron quemados, 78 desterrados de su país y 124 castigados de diversas formas. Estas medidas y castigos afectaron a los americanos. Se les acusó de ser satanistas y de fomentar la conspiración luciferina contra el cristianismo. La atención pública se centró así en víctimas sin importancia, la mayoría de las cuales habían sido acusadas o traicionadas por altos funcionarios que mantenían en secreto su propia identidad en la conspiración luciferina.[10]

Las Escrituras y los escritos de hombres inspirados desde el advenimiento de Cristo están llenos de incidentes de posesión demoníaca de individuos, pero con la excepción de la Colecta, leída por los sacerdotes que celebran Misa el 17° Domingo después de Pentecostés, no se puede encontrar nada muy específico sobre

---

[10] Véanse las páginas 346-7 de Satanás, de Sheed and Ward, Nueva York, 1951.

"Diabolica Contagis" -contagio diabólico- o sobre la influencia del Diablo sobre las masas humanas. Esto es bastante extraordinario, porque si las guerras y las revoluciones son, como yo sostengo, la fuerza destructiva utilizada por aquellos que dirigen la M.R.M. para eliminar todas las otras formas de gobierno y religión, entonces la influencia del Diablo sobre los "Goyim" (masas humanas) es mucho más poderosa, seductora y engañosa que la posesión de un individuo.

No se puede negar lógicamente que el Diablo, a través de sus agentes terrenales, puede influir e influye en el pensamiento de las masas para producir resultados masivos malignos, incluyendo guerras y revoluciones. Nos referimos a la forma en que los poderes secretos del mal utilizan la propaganda y la psicología de masas para promover sus objetivos diabólicos.

Luciferismo

Para darnos cuenta de que la M.R.M. es una continuación de la revolución celestial, necesitamos entender a Lucifer; lo que Lucifer hizo en el cielo, y POR QUÉ, ANTES de que él y/o Satanás alejaran a nuestros primeros padres de Dios.

Siendo la más alta, brillante e inteligente de las criaturas de Dios, también tenía libre albedrío. Podía querer permanecer leal, fiel y obediente a Dios, y aceptar a Dios (Adonay) como la autoridad suprema sobre todo el universo, o podía desafiar este "derecho".

Lucifer, en el Cielo, estaba junto a Dios. Era inteligente, por lo que es obvio que no podía envidiarle. Santo Tomás dijo: "Sólo un necio puede envidiar lo que está tan por encima de él que es imposible de alcanzar". ¡Lucifer no es tonto

El orgullo de Lucifer en sus atributos angélicos, es decir, su función, carácter y personalidad, podría haberle llevado a querer estar en su propio orden como Dios está en el orden divino. En otras palabras, el orgullo de Lucifer en sus propias perfecciones podría haberle llevado a querer convertirse en la cabeza de su propio orden en lugar de permanecer sujeto a Dios, sea cual sea el estado de exaltación al que había sido elevado por Dios. Este razonamiento no implica que Lucifer fuera tan tonto como para querer destronar a Dios. Simplemente deseaba reinar por derecho propio sobre una parte del universo. Hoy en día, muchos seres humanos padecen el mismo tipo de ego excesivo. Podríamos hablar de un deseo irresistible de independencia o autosuficiencia absolutas. Tomás, Escoto y Suárez coinciden en que el pecado cometido por Lucifer es "el pecado de soberbia", pero no se ponen de acuerdo sobre en qué consiste exactamente su pecado de soberbia.

Mis estudios me han convencido de que el pecado de orgullo de Lucifer fue su determinación de romper con Dios y establecer su propia dinastía. Estoy respaldado en mi convicción por la autoridad bíblica y la historia - Lucifer consiguió lo que quería liderando la revuelta celestial. Persuadió a grandes multitudes de ángeles de diferentes niveles para que se unieran a él. Entre ellos se encontraba un tercio de los ángeles más altos, brillantes e inteligentes de la hueste celestial.

Lucifer fue expulsado del Cielo y llevado al Infierno, y eso es exactamente lo que quería que ocurriera. Desde entonces, ha estado tratando de alejar a tantas personas como sea posible de Dios, para que caigan bajo su dominio. Solo conocemos sus actividades en esta tierra, y lo llamamos el Movimiento Revolucionario Mundial.

Al escribir mis tres últimos libros (dudo que me dé tiempo a escribir más), he querido arrojar luz sobre la RM y el S.O.S., un tema de tal importancia que afecta a la vida de todo ser humano y a su alma inmortal. Muchos sacerdotes y ministros han expresado su aprecio por mis motivos.

Por otra parte, hay sacerdotes y ministros que, cuando sus feligreses les han pedido opinión sobre los capítulos ocultos de la historia bíblica y secular expuestos y explicados *en Peones en el juego y Niebla roja sobre América,* han dicho: "Lo que escribe roza la herejía". Lo que no mencionan es la gran VERDAD expuesta por los más grandes teólogos y filósofos de la Iglesia de Cristo, a saber, que "TODA VERDAD roza la herejía". Lo que realmente importa es que, al exponer la VERDAD, no crucemos la línea definida en las Escrituras. Cuando los ministros y/o sacerdotes cierran la puerta a un "espíritu" que busca profundizar en el conocimiento de la VERDAD, están sirviendo a los propósitos del diablo. Isai. 28:7; Mic. 3:11; Mall 2:7.

Un ministro presbiteriano de Ottawa declaró que mis escritos eran "tonterías absolutas". Un ministro de Owen Sound publicó un panfleto en el que afirmaba que yo era antisemita y propagaba herejías modernas. Estos hombres y muchos otros, tanto gentiles como judíos, hicieron todo lo posible por involucrarme en disputas y litigios. Su intención al hacerlo era probablemente hacerme perder el tiempo hasta el punto de obstaculizar seriamente mi determinación de arrojar tanta luz como fuera posible sobre este tema antes de que mi propia luz se extinguiera.

En caso de que el lector se encuentre con este tipo de críticas, me gustaría recordarle que los conocimientos de los ministros y sacerdotes están sujetos a las restricciones impuestas por los planes de estudios establecidos por quienes controlan los seminarios de una determinada confesión. Mis estudios, a lo largo de cuarenta años, nunca han cesado. Nunca he permitido que mi mente esté sujeta a limitaciones. Creo que Dios así lo quiso. Creo que lo que escribo es la VERDAD. Los lectores deben considerar los hechos ocultos de la historia que se detallan en mis escritos, para formar sus propias opiniones y tomar sus propias decisiones.

Los planes de estudios de muchos seminarios están muy limitados por la sencilla razón de que incluso los teólogos de las mismas denominaciones han estado, y siguen estando, abiertamente divididos sobre muchas cuestiones relacionadas con la caída de los ángeles.

Sin embargo, Scot y Suárez coinciden en que ninguno de los ángeles, incluido Lucifer, se arrepintió jamás de su defección a Dios. Ambos coinciden en que el arrepentimiento era una posibilidad para ellos, y que Dios les dio el tiempo y la oportunidad de arrepentirse, pero que durante este tiempo Lucifer y sus seguidores cometieron otros pecados. Santo Tomás discrepa de estas opiniones.

No es de extrañar que teólogos y filósofos discrepen. Sólo Dios y el diablo saben de qué lado están. Mateo 7:15 nos advierte sobre los "falsos profetas vestidos de ovejas". Ya en tiempos de Jeremías se denunciaba a los sacerdotes por su infidelidad (Jeremías 1:18). Hoy en día, muchos sacerdotes y ministros enseñan porque los contratan. Enseñan lo que quienes los contratan dicen que deben enseñar (Mal. 2:8). La palabra "contratar" usada en esta conexión puede significar más que "recibir un salario por servicios". Puede significar hacer servicio y dar obediencia ilimitada a un poder terrenal con la esperanza de obtener recompensas terrenales y sobrenaturales.

En 1943-1944, como oficial de instrucción de la División de la Reserva Naval Canadiense, di conferencias a oficiales y hombres sobre el tema de la "disciplina y la obediencia". Escandalicé a algunos comandantes de división al decir a sus subordinados que ningún oficial u hombre estaba obligado a obedecer una orden contraria a los mandamientos de Dios, es decir, a la ley natural o a la dignidad del hombre. Muchas de las atrocidades más horribles cometidas en nombre de Dios contra la raza humana por satanistas fueron cometidas por hombres inocentes que obedecían órdenes. ¡Qué conveniente! Si se requiere que los subordinados obedezcan TODAS las órdenes, entonces todo lo que tienen que hacer los S.O.S. (que controlan a todos en las altas esferas) es asegurarse de que se den órdenes de hacer cosas que sirvan a los propósitos del Diablo.

Los cristianos en las órdenes sagradas nunca deben olvidar que, independientemente de cualquier consideración, incluido el juramento de obediencia que prestan a la autoridad superior, su primera lealtad, como la de un soldado o un marinero, es a Dios. Ningún juramento puede obligarles a cometer un pecado. Guardar silencio, o no decir toda la verdad sobre la M.R.M., es un pecado contra Dios y un crimen contra las criaturas de Dios. "Decir la verdad y avergonzar (confundir) al diablo" debería ser el lema de todo cristiano militante. Esta verdad fue subrayada repetidamente por el difunto Papa Pío XII, cuando dijo a los párrocos que eran responsables del bienestar secular y espiritual de sus congregaciones y que debían guiar a los miembros de sus rebaños en asuntos sociales, económicos y políticos. Lo dejó claro cuando, en 1957, pidió a todos los fieles católicos que rezaran por la "Iglesia silenciosa". La palabra "Iglesia", tal como él la utilizaba, significa "el cuerpo de los creyentes cristianos; la organización o el poder eclesiástico, por oposición al Estado". Que nadie le diga lo contrario. Si lo hacen, están mintiendo. Si mienten, están sirviendo a la causa del diablo.

La conspiración luciferina no podría haberse desarrollado desde la muerte de nuestro Señor hasta su etapa semifinal si aquellos que decían ser clérigos cristianos, devotos de Dios, no hubieran pecado contra Él guardando "silencio" sobre un tema tan importante.

Permítanme recordar a mis lectores que NINGUNA autoridad eclesiástica, católica o no, ha cuestionado la verdad de lo que he dicho sobre este tema. Cientos de sacerdotes y ministros ordenados han admitido que les convencí de la VERDAD. La mayoría de ellos se disculpan por no haberme ayudado abiertamente diciendo "estoy bajo disciplina".

Me temo que Dios no aceptará esto como excusa válida. Dios ha renunciado a toda forma de disciplina obligatoria. Según el plan de Dios para el dominio del universo, somos libres de amarle y servirle por nuestra propia voluntad, o ir al infierno a nuestra manera. Es hora de dejar de poner excusas y demostrar a Dios que queremos amarle y servirle por toda la eternidad.[11]

---

[11] Me parece justificado hacer una observación adicional para proteger a mis lectores de quienes me calumnian a mí y a mi trabajo. Además de estar mentalmente limitados por el plan de estudios de sus escuelas y universidades, los que me calumnian han sido educados en una atmósfera de seguridad social. En la mayoría de los casos, su educación, o adoctrinamiento, ha sido pagada por multimillonarios que han creado supuestas fundaciones benéficas para poder dictar el plan de estudios de los centros educativos que han financiado. Se ha demostrado que estos millonarios pertenecen a los cárteles financieros internacionales que han financiado AMBOS bandos en todas las guerras y revoluciones de los dos últimos siglos. Es lógico suponer que, en estas condiciones, los planes de estudio de los centros educativos que financian no tienen como objetivo dar a conocer la verdad de Dios, sino limitar el conocimiento de la verdad, para que la conspiración luciferina pueda desarrollarse hasta sus últimos objetivos.
Mis calumniadores nunca tuvieron que preocuparse de dónde vendría su próxima comida. Fueron mimados y alentados a desarrollar enormes egos sobre su conocimiento e importancia. Puede que pasaran algunas penurias, pero siempre supieron que se les cuidaría si permanecían obedientes a quienes sus benefactores colocaban por encima de ellos.
Mi vida era completamente diferente. Mi padre murió en un grave accidente cuando yo tenía cuarenta años. A los trece años, tuve que valerme por mí mismo. A los quince ya estaba en el mar, trabajando una media de doce horas diarias. Llegué a ser maestro marino y comandante de la marina canadiense. Escribí lo suficiente como para que me publicaran diez libros de no ficción, incluidos en bibliotecas de referencia de todo el mundo.
Hice todo esto gracias a la gracia de Dios y a mi aplicación a una causa dedicada. Estaba decidido a averiguar, si era posible, por qué los seres humanos no pueden vivir en paz. Es justo mencionar que rechacé ofertas de fama y fortuna, porque tales ofertas siempre venían con ataduras que me habrían impedido seguir buscando y publicando LA VERDAD. Lo único que pido a Dios es que me permita vivir lo suficiente para transmitir a otros lo que he aprendido sobre WR.M.
Mientras mis traductores dormían en camas calientes y vivían cómodos y seguros, cuidadosamente protegidos del peligro, yo luchaba en los mares tormentosos y vivía una vida que me ponía en estrecho contacto con todo lo malo. Estuve íntimamente relacionado con bolcheviques, nihilistas y proselitistas nazis. A pesar de ello, quise ayudar a los necesitados y quise ser un "buen samaritano". Por la gracia de Dios, nunca me convencieron de que al unirme a una supuesta organización reformista estaría haciendo la voluntad de Dios. No entiendo cómo la jerarquía de muchas religiones abraza a hombres que han trabajado abiertamente dentro de la M.R.M. durante años, simplemente porque afirman haber cambiado sus corazones y mentes. Los glorifican y los convierten en profesores universitarios. Pero, que yo sepa, ninguno de ellos ha arrojado luz sobre el "Poder Secreto" que ellos deben saber que está detrás de los diversos movimientos subversivos que conforman la WR.M. Si Mazzini sintió este control secreto, seguramente ellos también lo habrán sentido. Pero si lo hicieron, nunca lo dicen.

Por su propia naturaleza, la revuelta luciferina debe necesariamente estar diseñada para provocar la destrucción de TODAS las demás formas de gobierno y religión, para que, en la fase final de la conspiración, la ideología luciferina pueda ser impuesta a lo que queda de la raza humana por el despotismo satánico. Esto es lo que hoy llamamos "dictadura totalitaria".

Está claro que es mucho más fácil para un grupo pequeño pero poderoso subyugar a un individuo, un grupo, una organización, un gobierno o una religión que subyugar a docenas o incluso cientos de individuos.

Por eso la Sinagoga de Satán introdujo el "internacionalismo". El difunto William Lyon Mackenzie King, Primer Ministro de Canadá durante casi un cuarto del siglo XX, vendió esta idea a la familia Rockefeller a principios del siglo XX, cuando era Ministro de Trabajo del gobierno canadiense. Al igual que Albert Pike, que trabajaba en secreto para establecer un gobierno mundial único y una religión mundial única (luciferianismo), Mackenzie King hizo lo mismo. Se especializó en controlar la autoridad internacional de los sindicatos, porque si los de arriba eran agentes de la Sinagoga de Satán, los sindicatos podían ser utilizados para fomentar guerras y revoluciones que llevaran a la destrucción de gobiernos y religiones. Entonces, después de que el trabajo organizado haya sido utilizado para atizar el conflicto entre el capital y el trabajo y causar el caos económico y el malestar, podría a su vez ser subyugado en la fase final de la conspiración. Es obvio que una organización internacional controlada en su cúspide por los agentes secretos de la Sinagoga de Satán puede ser controlada más fácilmente que cientos de sindicatos y gremios independientes. ¿Alguien cree que los matones, ex convictos y licenciados en economía que controlan los sindicatos de en la cúpula no son agentes de los Illuminati, también conocidos como la Sinagoga de Satán

El mismo principio que Mackenzie King utilizó para organizar el trabajo está siendo utilizado por los que dirigen la M.R.M. EN LA

No nombro a mis traductores porque no creo que sea caritativo hacerlo. Sin embargo, estoy convencido de que algunos de mis lectores llamarán su atención sobre este libro. Entonces, si tienen un poco de sentido común, aceptarán la verdad y se reconciliarán con Dios.

CIMA para obtener el control de todas las demás áreas de la actividad humana, incluyendo la ciencia, las profesiones, la política, los negocios, la industria, el gobierno y la religión. Así vemos que antes de la organización de la Sociedad de Naciones (tras el fin de la Primera Guerra Mundial), la política de los que dirigen la M.R.M. AT THE TOP había sido dividir y destruir todos los gobiernos poderosos, religiones, organizaciones industriales, financieras, capitalistas y sindicales, etc. para que, en el caos resultante, los afectados aceptaran gradualmente la "idea del internacionalismo".

La Segunda Guerra Mundial fue fomentada y combatida con el objetivo de suavizar el nacionalismo y el rudo individualismo. Se creó la Organización de las Naciones Unidas (en terrenos proporcionados por los Rockefeller, de los que Mackenzie King fue empleado de 1914 a 1919). La ONU pretendía dar un aire de respetabilidad al internacionalismo, que el comunismo y el nazismo habían desacreditado. La Sinagoga de Satán controla las Naciones Unidas como controlaba la Sociedad de Naciones. Mirando hacia atrás, podemos ver cómo este "Poder Secreto" ha controlado cada grupo, organización, movimiento y gobierno fuerte y poderoso entre bastidores, por medio de "Especialistas", "Expertos" y "Asesores", a quienes han entrenado y colocado en posiciones clave, utilizando el poder y la influencia conferidos por su control del ORO. Cada desarrollo de la conspiración Luciferina ha conducido a la etapa en la que el mundo se encuentra hoy. Su progresión se remonta a la época en que Cristo nos dijo en términos inequívocos que la Sinagoga de Satanás controlaba a TODOS los de las altas esferas.

Cristo dijo la VERDAD. PERO NO DIJO, NI IMPLICÓ, QUE TODOS los que ocupaban los lugares altos se dieran cuenta de que estaban controlados por la "Sinagoga de Satanás". Por eso Cristo nos mostró, por la naturaleza, modo y lugar de su nacimiento, por su vida temprana de sumisión a la autoridad legal y paterna; por la forma en que eligió a sus apóstoles - humildes trabajadores - y por sus enseñanzas durante los últimos tres años de su vida, que si queremos liberarnos de los lazos que nos atan cada día con más fuerza a la "Sinagoga de Satanás", debemos empezar desde abajo, desde las bases, para dar a conocer la VERDAD sobre la existencia continuada de la conspiración luciferina, a TODAS las naciones, lo más rápidamente posible.

Es la perfecta sabiduría de Cristo la que justifica que los cristianos crean en él como "Hijo de Dios". El hecho de que los cristianos no acepten la

Verdad que él enseñó y no sigan sus consejos ilustra exactamente la inteligencia, la astucia y la falta de escrúpulos de esos demonios encarnados que, inspirados por Lucifer, forman la "Sinagoga de Satanás" (S.O.S.). Sólo la S.O.S. sobrenaturalmente inspirada podría haber impedido que la raza humana pusiera en práctica el plan de Dios para la dominación de la Creación en esta tierra. En lugar de ello, hemos permitido que los que dirigen el M.R.M. ABOVE promuevan los planes secretos y las ambiciones diabólicas de los sumos sacerdotes del credo luciferino.

Cristo nos dio el Padre Nuestro para que, repitiéndolo cada día, tuviéramos impresas en nuestra mente las verdades anteriores. Es obvio que si establecemos el reino de Dios en la tierra, se hará su voluntad aquí como en el cielo. Cuando Cristo dijo a los que le perseguían: "Mi reino no es de este mundo", no dijo, ni dio a entender, que no fuera nuestro deber introducir los planes de Dios para el dominio del universo en nuestras propias formas de gobierno.

El plan de Dios requiere que los líderes religiosos, verdaderos hombres de Dios, aconsejen a nuestros líderes temporales y eviten que se desvíen del camino verdadero y estrecho. Esta es la relación que Dios quiso que existiera entre la Iglesia y el Estado.

En lugar de hombres santos, hemos permitido que el S.O.S. coloque a hombres malvados en control de TODOS aquellos en posiciones altas.

Nuestra Tierra es una patata muy, muy pequeña comparada con las galaxias de cuerpos celestes, soles, estrellas y planetas que componen el Universo. Las Sagradas Escrituras nos dicen que el Universo está ahora dividido en dos partes. Una es el Paraíso, reservado para aquellos que demuestran que quieren amar y servir a Dios voluntariamente por toda la eternidad; la otra es el Infierno, reservado para aquellos que se apartan de Dios. El Apocalipsis nos dice exactamente cómo y cuándo esta división será definitiva. Entonces sólo habrá Cielo e Infierno, y durarán toda la eternidad.

Debería ser obvio para todos los que reflexionan que la razón por la que Cristo nos dijo que empezáramos desde abajo y trabajáramos hacia arriba, utilizando hombres y mujeres cuyas mentes no hayan sido puestas bajo el control de la Sinagoga de Satanás (por la propaganda introducida en nuestros centros educativos y TODOS los demás canales de información pública), es porque Él sabía que TODOS los que están en las "altas esferas" no se dan cuenta de que están siendo controlados por los agentes de la "Sinagoga de Satanás". Sin embargo, los agentes del Diablo mantienen a la raza humana tan ocupada rascándose la vida, o persiguiendo la riqueza y los placeres carnales, que la gran mayoría nunca tiene tiempo para orar y meditar. Nuestros líderes, ya sean seculares o religiosos, nunca parecen tener tiempo para otra cosa que no sean los problemas del mundo... y los agentes del Diablo ven que están ocupados con problemas que conciernen al mundo y a la carne, con exclusión de todo interés y valor espiritual.

Pero como la gran mayoría de los que ocupan los ALTOS puestos son elegidos por el pueblo, es lógico decir que mientras el pueblo no sea subyugado, es posible que un público ilustrado y plenamente informado cree tal fuerza de opinión pública, que esta fuerza pueda afectar seriamente incluso a los que ocupan los más altos puestos en la política, el gobierno, la economía, la industria, la ciencia y la religión. En mi humilde opinión, esto es lo que Cristo quiso decir cuando nos dijo "Id y enseñad la Verdad a todos los pueblos de todas las naciones". Cristo nos prometió que si lo hacíamos, "la Verdad nos haría libres". Estas son las razones por las que los que dirigen la conspiración luciferina en la cumbre mantienen en secreto sus verdaderas intenciones, a saber, esclavizar a la gente física, mental y espiritualmente. Rodean deliberadamente la VERDAD con una espesa niebla de mentiras, que llamamos propaganda.

Al tratar esta fase de la M.R.M., es esencial demostrar que la Sinagoga de Satanás no permite que ni siquiera aquellos que elige para dirijan la M.R.M. a sospechar que están siendo utilizados como "herramientas" para acercar la conspiración luciferina a su objetivo final.

Gussepi (a veces llamado Guiseppe de Joseph) Mazzini fue presentado al pueblo por la prensa controlada como un gran patriota italiano, al igual que Mackenzie King de Canadá y el General Albert Pike de los Estados Unidos, y muchos otros que resultaron ser hipócritas. Estos hombres pretendían servir a Dios, a su país y a la humanidad, cuando en realidad fomentaban a sabiendas los planes secretos de Lucifer. La evidencia documental muestra que desde 1834 hasta su muerte en 1872, Mazzini dirigió la M.R.M. en todo el mundo. Utilizó como cuartel general revolucionario las Logias del Gran Oriente, establecidas a finales del siglo XVIII por Weishaupt, y los Consejos del Nuevo y

Reformado Rito Palladiano de Pike, establecidos en la segunda mitad del siglo XIX en todos los países del mundo.

Mazzini mantenía una estrecha relación con un tal Dr. Breidenstine. Tras la muerte de Mazzini en 1872, salió a la luz una carta que había escrito a Breidenstine. Su contenido ilustra perfectamente lo que quiero decir cuando afirmo que ni siquiera los directores de la M.R.M. no tienen derecho a saber que están llevando a cabo los planes secretos de la conspiración luciferina, a menos que hayan convencido a los que constituyen la Sinagoga de Satanás de que han desertado final y completamente de Dios y que son aptos y están listos para la iniciación en el SECRETO COMPLETO El estudio de la vida "secreta" de Mazzini demuestra que de hecho aceptó a Satanás como "Príncipe del Mundo". Lo adoraba como tal. Como jefe de la M.R.M. fue admitido en la Sinagoga de Satanás, pero incluso como miembro de este grupo su carta a Breidenstine muestra que no había sido iniciado en el SECRETO TOTAL, que es que Lucifer es Dios, igual a Adonay (nuestro Dios) y que el objetivo último de la W.. R.M. es llevar al mundo al estado de mente.R.M. es establecer, de una forma u otra, un gobierno mundial único, cuyos poderes los sumos sacerdotes del credo luciferino pretenden usurpar para luego poder imponer una dictadura totalitaria luciferina a los pueblos de este mundo. En la carta mencionada, Mazzini escribió,

> "Formamos una asociación de hermanos en todas las partes del mundo. Deseamos romper todos los yugos. Pero hay uno que no podemos ver, que apenas podemos sentir, pero que pesa sobre nosotros. ¿De dónde viene? ¿De dónde viene? Nadie lo sabe, o al menos nadie lo dice. Esta asociación es secreta, incluso para nosotros, los veteranos de las sociedades secretas".

El hecho de que el SECRETO COMPLETO sea conocido por muy pocas personas es de suma importancia. Significa que mientras haya tiempo, la VERDAD debe darse a conocer. Demostré la verdad de esta afirmación dando a conocer a los líderes comunistas de Canadá en 1956 el hecho de que, de acuerdo con el plan de Pike para la etapa final de la conspiración luciferina, el comunismo debe ser llevado a destruirse a sí mismo, junto con el cristianismo, en el mayor cataclismo social que el mundo haya conocido jamás, provocado para este propósito específico por aquellos que dirigen la conspiración luciferina EN LA CIMA. Esta información causó la mayor escisión en la Internacional Comunista desde que Lenin usurpó el poder para los Illuminati en 1917. En 1956-

57, la división en el Partido Comunista fue noticia en todo el mundo y explicó POR QUÉ Molotov, Malenkov y otros fueron derrocados. La misma información fue dada a los líderes religiosos de la mayoría de las denominaciones cristianas, pero por lo que sabemos todavía se niegan a aceptar estas advertencias como VERDAD.

Cuando Mazzini murió en 1872, Pike eligió a Adriano Lemmi, otro patriota italiano autodenominado, para sucederle como director de la M.R.M. También era un satanista convencido. Antes de la muerte de Mazzini, Pike había establecido en Roma la junta supervisora o ejecutiva de la sección de Acción Política de la M.R.M..

Cuando Pike hizo su elección, se produjo una situación extraña. Lemmi era un satanista tan convencido que insistía en que todos los miembros del Nuevo y Reformado Rito Paladiano de Pike adoraran a Satán como "Príncipe de este mundo" y como su Dios. Incluso llegó a pedir a su amigo, el Hermano Carducci, que compusiera un himno a su Majestad Satánica titulado "El Espejo de Dios", que Lemmi ordenó que se cantara en todos los banquetes del Rito Palladiano, para gran disgusto de Pike. La situación se desarrolló hasta el punto de que Pike, para poner fin al asunto de una vez por todas, publicó una "carta de instrucciones": Pike, como Sumo Pontífice del Credo Luciferino, hizo esta declaración muy profunda y, desde un punto de vista cristiano, "profana". La dirigió a los jefes de los 26 concilios de su (de Pike) Nuevo y Reformado Rito Palladiano, establecido en cinco continentes como sede secreta de los que él había elegido para dirigir TODOS los aspectos y fases de la M.R.M., La carta de Pike dice en parte lo siguiente: (Citamos de la página 587 del libro de A.C. DeRive sobre el tema, *Woman and Child in Universal French Masonry*.

> Lo que tenemos que decir a la "multitud" es que adoramos a Dios, pero es al Dios que adoramos sin superstición.... La religión masónica debe ser, por todos nosotros iniciados de los altos grados, mantenida en la pureza de la doctrina luciferina... si Lucifer no fuera Dios, ¿lo calumniarían Adonay y sus sacerdotes, cuyas acciones prueban su crueldad, su perfidia y su odio a los hombres, su barbarie y su repulsión por la ciencia

> "Sí, Lucifer es Dios. Y, por desgracia, Adonay también es Dios. Porque la ley eterna es que no hay luz sin sombra, ni belleza sin fealdad, ni blanco sin negro, pues lo absoluto sólo puede existir en forma de dos Dioses.... LA DOCTRINA DEL SATANISMO ES

POR LO TANTO UNA HEREJÍA (énfasis añadido), y la verdadera y pura religión filosófica es la creencia en Lucifer, el igual de Adonay. Pero Lucifer, el Dios de la Luz y del Bien, lucha por la humanidad contra Adonay, el Dios de la Oscuridad y del Mal".

Quisiéramos señalar que la carta de Pike, de la que se ha extraído la cita anterior, fue traducida al francés por De Rive y luego traducida de nuevo al inglés. Habiendo estudiado este asunto desde muchos ángulos, creo que la palabra "multitud" debería haberse traducido como "Goyim" o "Masas". También creo que el traductor utilizó las palabras "religión masónica" cuando debería haber dicho "religión tal y como se practica en las Logias del Gran Oriente y en los Consejos del Nuevo y Reformado Rito Palladiano". El uso de la palabra "masónica" puede inducir a error, ya que un estudio de la literatura contemporánea de la época muestra que el jefe de la masonería británica había advertido a los Grandes Maestres de las Logias Masónicas inglesas que ellos y sus miembros no debían, bajo ninguna circunstancia o pretexto, afiliarse o asociarse con los masones del Gran Oriente, y mucho menos con el Nuevo y Reformado Rito Palladiano de Pike.

Dom Paul Benoit, reconocido como una autoridad en la materia, y autor de *La Cité Antichrétienne* (2 partes), y *La France Maçonnerie* (2 vols.), dice en la página 449 ss Vol. I. De FM,

> "El Rito Reformado Palladiano tiene una práctica y propósito fundamental, la adoración de Lucifer. Está imbuido de toda la impiedad e infamia de la magia negra. Después de ser plantado en los Estados Unidos (por Pike), invadió Europa y está haciendo progresos aterradores cada año. Todo su ceremonial está lleno... de blasfemias contra Dios y contra nuestro Señor Jesucristo".

Tal es la astucia, la astucia y el engaño de los que dirigen la conspiración luciferina que no sólo toleran, sino que promueven el satanismo en todos los niveles, excepto en el más alto. Dirigen a sus agentes para hacer creer al público que la masonería, el judaísmo, el catolicismo romano, el comunismo, el nazismo y todas las demás organizaciones con objetivos internacionales dirigen en secreto la M.R.M., mientras que las pruebas documentales y los acontecimientos de la historia demuestran que la Sinagoga de Satanás, controlada en su cúspide por los sumos sacerdotes del credo luciferino, utiliza todos los movimientos siempre que puede para promover sus propios planes y ambiciones diabólicos y secretos.

Lemmi, mientras dirigía la masonería del Gran Oriente en Italia y Francia, también pertenecía al Rito Paladiano Nuevo y Reformado de Pike. Antes de ser iniciado en el FULL SECRET por Pike, Lemmi intentó provocar la destrucción del Vaticano mediante sus campañas anticlericales.

Tras su iniciación, que se dice que fue dirigida personalmente por Pike, su actitud y sus actividades cambiaron repentinamente. Aunque seguía siendo exteriormente anticlerical y antivaticano, ya no abogaba por el derrocamiento violento del Vaticano por la fuerza. Pike hizo con Lemmi lo que Karl Rothschild había tenido que hacer poco más de una década antes con otros satanistas cuando éstos habían suscitado tal odio antivaticano que los gobiernos de Francia e Italia estuvieron a punto de destruirlo. Karl Rothschild, un iniciado del Pleno Secreto, intervino para desempeñar el papel de "pacificador" entre el Vaticano y sus enemigos. Se cuenta que su intervención "salvó" al Vaticano y convirtió a Karl Rothschild en "amigo" y "consejero de confianza" del Papa. Reorganizó los asuntos del Tesoro y del Estado.

Pero la historia ha demostrado que Karl Rothschild no era amigo del Vaticano. Dos guerras mundiales, instigadas por su familia de prestamistas y sus afiliados internacionales que dirigen el M.R.M., vieron a los cristianos de todas las denominaciones divididos en campos opuestos, obligados a luchar y matarse unos a otros por decenas de millones. Esto se hizo para que el plan de Pike para el cataclismo social final pudiera realizarse más rápidamente. El comunismo se hizo más fuerte a medida que el cristianismo se debilitaba, hasta que ahora, como exigía el plan de Pike, el comunismo ha oscurecido toda la tierra.

Sería inexacto negar que ha habido papas "malos", al igual que ha habido reyes "malos", pero vale la pena señalar que los papas y reyes "malos" no eran peores que algunos otros gobernantes de la cristiandad, cuando se convirtieron en presidentes de repúblicas. El luciferianismo exige que TODAS las autoridades temporales y espirituales sean destruidas debido a su supuesta maldad. Puesto que la lucha en la que estamos inmersos es contra las fuerzas espirituales de las tinieblas, es lógico que haya personas buenas y malas en todos los ámbitos de la vida, en todos los niveles de gobierno y en todas las religiones. Es típico de todos los que sirven a la causa del Diablo que siempre utilicen la crítica destructiva de los que están en la autoridad, con el fin de socavar la confianza y la lealtad del individuo en las restantes instituciones del gobierno y la religión. Esta política ayuda a los que dirigen la M.R.M.

a debilitar primero y destruir después TODOS los gobiernos y religiones restantes. No olvidemos nunca que el cristianismo no tiene nada de malo. Mucho de lo que se ha hecho en nombre del Cristianismo ha sido hecho por hombres que, a sabiendas o sin saberlo, han promovido los planes secretos de la conspiración Luciferina. Lo que debemos hacer es limpiar y fortalecer el cristianismo como Dios quiere.

Las observaciones anteriores se publican para explicar cómo es que los satanistas siempre han atacado a los Papas y al Vaticano, y han abogado por su destrucción, mientras que los sumos sacerdotes del credo luciferino siempre han intervenido para impedírselo. La intervención de los que controlan la Sinagoga de Satán EN LA CUMBRE no se hizo por amor o respeto al Papa Vaticano. Intervinieron porque, habiendo sido iniciados en el SECRETO TOTAL, sabían que cuando su conspiración llegue a su etapa final, después de que todos los poderes temporales hayan sido reducidos en fuerza hasta que ya no sean potencias mundiales, cuando un pueblo cansado y exhausto ha sido reducido a tal estado físico y mental que está convencido de que SÓLO un Gobierno Mundial puede poner fin a las revoluciones y las guerras, y darles la paz, deben utilizar la confrontación entre el Comunismo y el Cristianismo para destruir también TODAS las instituciones religiosas restantes.

El general Albert Pike reveló cómo debía hacerse en la carta que escribió a Mazzini el 15 de agosto de 1871. La sección que trata de esta fase particular de la conspiración dice lo siguiente,

> "Desataremos a los Nihilistas y a los Ateos, y provocaremos un formidable cataclismo social que, en todo su horror, mostrará claramente a las naciones (pueblos de diferentes nacionalidades), los efectos del ateísmo absoluto, el origen del salvajismo y de la agitación más sangrienta. Entonces, en todas partes, los ciudadanos obligados a defenderse de la minoría mundial o de los revolucionarios, exterminarán a estos destructores de la civilización, y la multitud, desilusionada del cristianismo, cuyas mentes deístas estarán desde ese momento sin brújula (dirección), ansiosa de un ideal, pero sin saber hacia dónde dirigir su adoración, recibirá la VERDADERA LUZ, a través de la manifestación universal de la doctrina pura de Lucifer, finalmente hecha pública, manifestación que resultará del movimiento reaccionario general que seguirá a la destrucción del Cristianismo y del ateísmo, ambos derrotados y exterminados al mismo tiempo."

Pedimos al lector que estudie cada palabra de este documento diabólicamente inspirado. Según el plan militar de Pike, elaborado entre 1859 y 1871, tres guerras mundiales y tres grandes revoluciones debían permitir a los sumos sacerdotes del credo luciferino usurpar el poder mundial. Dos guerras mundiales se desarrollaron según el plan. Las revoluciones rusa y china tuvieron éxito. El comunismo se ha fortalecido y el cristianismo se ha debilitado. La Tercera Guerra Mundial se está gestando. Si se permite que estalle, todas las naciones restantes se debilitarán aún más, y el Islam y el sionismo político serán destruidos como potencias mundiales. El lector no debe olvidar que el mundo árabe está formado por millones de personas, muchas de las cuales son cristianas, muchas de las cuales son judías, muchas de las cuales son mahometanas, pero todas ellas suscriben la creencia en el mismo Dios al que los cristianos adoran como Creador del Universo. El Corán de la fe mahometana es prácticamente idéntico a la Biblia, salvo que la religión mahometana, aunque acepta a Jesucristo como el MÁS GRANDE de los profetas de Dios antes de Mahoma, no permite a sus miembros creer en la divinidad de Cristo.

Lo que queremos decir es lo siguiente: Los que están en la cima de la conspiración luciferina saben muy bien que antes de que puedan provocar el cataclismo social final, primero deben provocar la destrucción del Islam como potencia mundial, porque si el Islam no fuera destruido, sin duda se alinearía con el cristianismo en caso de guerra total con el comunismo. En ese caso, el equilibrio de poder lo mantendría el cristianismo, aliado con el mahometismo, y sería muy improbable que ambos bandos se conquistaran y exterminaran mutuamente.

Es de la mayor importancia que estos hechos, que explican las intrigas y argucias políticas que actualmente tienen lugar en el Cercano, Medio y Lejano Oriente, sean llevados a la atención de TODOS los líderes políticos y religiosos para que puedan tomar medidas para evitar que se implementen las etapas finales de la conspiración luciferina y que se cumpla la predicción del capítulo 20 del Apocalipsis, de que Satanás será atado por mil años.

Los acontecimientos del último medio siglo indican que nos acercamos rápidamente a ese período de la historia del mundo en el que, sin la intervención de Dios, "ninguna carne sobreviviría" (Mateo 24:22, Marcos 13:20). Es importante que la opinión pública conozca el destino diabólico que se prepara para toda la humanidad. No puedo estar de acuerdo con algunos clérigos de varias confesiones, con los que he discutido largamente este asunto, que dicen,

> "Es mejor dejar a la gente en la oscuridad sobre su destino. Decirles la verdad sólo les alarmaría y les causaría pánico".

Incluso algunos obispos, que se supone que son pastores de sus rebaños, tienen esas opiniones. Está más allá de mi comprensión. Son como médicos que recomiendan drogar a una persona que suponen moribunda a la primera señal de dolor. Si se dice toda la VERDAD al público en general, el conocimiento de la VERDAD sin duda llevará a la gran mayoría de las personas a preocuparse por salvar sus almas inmortales. El conocimiento de la VERDAD sobre la conspiración de inspiración diabólica les despertará; acabará con el letargo y la indiferencia.

Como nos dijo Cristo, la VERDAD nos liberará (espiritualmente) de las ataduras que las fuerzas espirituales de las tinieblas nos imponen cada día más. ¿Qué importa que los demonios encarnados maten nuestros cuerpos si impedimos que nos engañen y nos hagan perder nuestras almas inmortales? (Mateo 10:28; Lucas 12:4).

La VERDAD es que si tiene lugar la Tercera Guerra Mundial, Estados Unidos será la única potencia mundial que quede al final de la guerra. O TODOS los pueblos tendrán que reconocer este poder, o exigirán y requerirán un gobierno mundial. Y lo obtendrán si se permite que la conspiración luciferina se desarrolle hasta su conclusión prevista. Entonces, bajo los auspicios de las Naciones Unidas o alguna organización similar, un rey títere será designado como gobernante mundial, y estará secretamente bajo la influencia y dirección de los agentes de la Sinagoga de Satanás, que habrán sido designados, no elegidos, para ser sus "especialistas", "expertos" y "asesores".

Los sumos sacerdotes del credo luciferino saben que no pueden usurpar el poder mundial hasta que los Estados Unidos se arruinen como última potencia mundial, por lo que los que dirigen la M.R.M. HIGHER up están haciendo arreglos para que los Estados Unidos, como dijo Lenin, "caigan en nuestras manos como fruta demasiado madura". Así es como los acontecimientos que se desarrollan hoy indican que se está planeando la subyugación de los Estados Unidos.

El plan de Pike requiere que el cataclismo social final entre las masas controladas por el comunismo ateo y los que profesan el cristianismo se luche a escala nacional e internacional. Esta es la razón, y la única razón, por la que el Comunismo es tolerado, mientras se mantiene bajo control, en las últimas naciones llamadas libres del mundo. He servido en altos niveles del gobierno y en las fuerzas navales, en posiciones que me han permitido darme cuenta de que el Comunismo en Canadá y en los Estados Unidos es tolerado, y es controlado y contenido, para que su malvada fuerza destructiva pueda ser utilizada a nivel nacional, así como a nivel internacional, cuando el cataclismo social final sea provocado por aquellos que dirigen el W.RM. En la cima he estado tratando de llamar la atención de los ministros sobre esta gran verdad desde 1944, cuando formaba parte del personal del Cuartel General de la Armada en Ottawa. El difunto Honorable Angus McDonald era entonces Secretario de Estado para la Marina.

El almirante J.C. Jones era Jefe del Estado Mayor Marítimo. Convencí a estos dos líderes empresariales de la VERDAD de lo que estaba ocurriendo EN LOS CORREDORES de los gobiernos de Canadá y Estados Unidos. Recibí instrucciones en la dirección de presentar estos hechos en forma de informes para que pudieran ser presentados al Gabinete canadiense. Sé que estos asuntos fueron presentados al Gabinete, pero Mackenzie King los desestimó de plano. El coronel Ralston, ministro del Ejército, y el mayor "Chubby" Power, ministro de la Fuerza Aérea, estaban tan disgustados con Mackenzie King por la forma en que ejercía su poder autocrático que ambos dimitieron de su gobierno, a pesar de que era tiempo de guerra. El Ministro de Marina me lo dijo personalmente,

> "Carr, el gabinete está lleno de la gente que deseas denunciar. Tengo la intención de permanecer en el barco (la marina) hasta que ganemos la guerra. Entonces dimitiré de la política federal. Lo que está ocurriendo es más de lo que puedo soportar...."

Cuando pedí la baja en mayo de 1945 (tras la caída de Alemania), para poder empezar a escribir Peones en el juego y Niebla roja sobre América, el almirante Jones me estrechó la mano al despedirnos y me dijo: "Le deseo suerte con sus nuevos libros. La publicación de LA VERDAD, tal como usted nos la ha explicado al Ministro y a mí, podría hacer más para evitar la Tercera Guerra Mundial que cualquier plan de defensa basado en armas". Ambos fallecieron repentinamente poco después.

En 1955, se necesitaron seis veces más miembros del RCM y del F.B.I. para "contener" el comunismo en Canadá y Estados Unidos que en 1945. En 1956, el Ministro de Justicia canadiense pidió al Parlamento que aumentara su presupuesto en varios millones de dólares alegando que ahora se necesitaban seis agentes del RCM para vigilar a los comunistas, mientras que diez años antes sólo se había necesitado uno. Esta es una ilustración perfecta del doble lenguaje utilizado por los hombres implicados en la M.R.M.. El ministro dijo: "Para vigilar a los comunistas".

Lo que debería haber dicho es: "Mantengan el comunismo bajo control hasta que llegue el momento de usarlo".

Conocí personalmente al inspector John Leopold que, durante muchos años, dirigió el Departamento Antisubversivo de la Real Policía Montada de Canadá. La R.C.M.P. y el F.B.I. podían detener a todos los comunistas de Canadá y Estados Unidos en las veinticuatro horas siguientes a la orden dada por los jefes de los respectivos Departamentos de Justicia, siempre que los comunistas no hubieran sido informados previamente. No es exagerado decir que John Leopold tenía a uno de sus agentes durmiendo con los líderes comunistas todas las noches.

Pero no se dio la orden de destruir el arma más destructiva que poseían los líderes de la conspiración luciferina, por medios legales, y John Leopold se retiró del RC.M.P. como un hombre destrozado, agotado física, mental y, siento decirlo, espiritualmente, por pura frustración.

El poder de Estados Unidos sólo puede destruirse desde dentro. La lucha interna que ahora se está fomentando entre ciudadanos de diferentes razas, colores y credos no es tanto el resultado de acciones agresivas por parte de diferentes grupos como el resultado de sentencias que han sido aprobadas por el Tribunal Supremo. Su propósito era crear problemas y malestar donde no los había.

Digo con gravedad, plenamente consciente de la seriedad de lo que digo, que si se permite que llegue el día en que los controlados por el comunismo ateo sean arrojados a las gargantas de los que profesan el cristianismo, a escala internacional, por algún problema "real o inventado", entonces los comunistas de cada una de las restantes naciones llamadas libres serán liberados de las riendas con las que ahora están contenidos y, como Pike se jactó ante Mazzini, el pueblo experimentará el peor cataclismo social que el mundo haya conocido jamás. Lo que digo se basa en pruebas documentales respaldadas por hechos históricos, acontecimientos que han sucedido desde que se elaboraron los planes. Todo lo que Weishaupt planeó entre 1770 y 1776 para promover la conspiración luciferina se ha desarrollado EXACTAMENTE como él pretendía. Todo lo que Pike planeó entre 1859 y 1871 sucedió EXACTAMENTE como lo predijo. Ahora estamos al borde de la Tercera Guerra Mundial y a punto de entrar en la primera fase de la conspiración. Más importante aún, las Escrituras confirman lo que estoy diciendo. Todo lo que necesita hacer para convencerse de esta VERDAD es leer Mateo 24:1-35, Marcos 13:1-30 y Lucas 21:25-33.

¿Qué abominaciones podría concebir la mente humana peores que las que, sabemos por experiencia, se producen cuando los seres humanos se enzarzan en una guerra civil? ¿Qué podría ser peor que el uso de armas atómicas y gas nervioso? Parece que los seres humanos se convierten en demonios encarnados cuando están en guerra, especialmente en guerra civil, porque practican entre sí todas las abominaciones que Dante, en su *Infierno*, describe como practicadas en el Infierno.

Doctrina luciferina

El dogma luciferino y las doctrinas expuestas por Pike y otros que en un momento u otro han sido sumos sacerdotes de la caña luciferina pueden resumirse en pocas palabras. Enseñan la "inversión" de los mandamientos de Dios. Enseñan exactamente lo contrario de lo que las Sagradas Escrituras nos dicen que era el plan de Dios para el dominio del Universo antes de que Lucifer dirigiera la revuelta celestial. ¿Cómo sabemos que esta es la VERDAD

La respuesta es sencilla. En varias ocasiones, documentos de la mayor importancia han caído en manos distintas de las previstas, al ser distribuidos por los Sumos Sacerdotes del Credo Luciferino a quienes habían elegido para dirigir las Logias del Gran Oriente y los Consejos del Nuevo y Reformado Rito Paladiano, que han sido las sedes secretas de la M.R.M. en todo el mundo. Yo llamo a estos incidentes "Actos de Dios".

Los registros de las logias y consejos del Gran Oriente del Rito Paladiano Nuevo y Reformado entre 1784 y 1924 arrojaron documentos y otras pruebas que demuestran de forma concluyente la existencia continuada de la conspiración luciferina para la dominación definitiva del mundo. Los registros llevados a cabo por el gobierno bávaro en 1784-1785 produjeron documentos que fueron publicados bajo *el* título *"Los Escritos Originales de la Orden y Secta de los Illuminati"*.

Las redadas llevadas a cabo por la policía por orden del gobierno húngaro en 1919, después de que Bela Kun usurpara el poder y fuera depuesto, son típicas de lo que queremos decir.

Se pueden encontrar más pruebas del complot luciferino para destruir TODOS los gobiernos restantes y las religiones existentes en el libro *"Proofs of a Conspiracy to Destroy All Governments and Religions in Europe"* (*Pruebas de una conspiración para destruir todos los gobiernos y religiones de Europa)* escrito por el profesor John Robison de la Universidad de Edimburgo en 1797. El profesor Robison había sido contactado por Weishaupt y sus principales Iluministas y se le pidió que les ayudara a infiltrar las ideas luciferinas, disfrazadas de Iluminismo y Progreso, en los establecimientos educativos y logias de la Francmasonería en Inglaterra y Escocia. Se le pidió que recorriera Europa y, como 32°. Masón del Rito Escocés, le presentaron a los principales iluministas que habían establecido logias del Gran Oriente por toda Europa. John Robison sospechaba que había algo detrás del Iluminismo tal y como se lo habían explicado, pero se guardó sus sospechas para sí mismo. Le dieron una copia de la edición revisada y modernizada de Zwack de la antigua conspiración de Weishaupt para que la estudiara y comentara.

Cuando estalló la Revolución Francesa en 1789 como parte del programa revolucionario de los conspiradores, el profesor Robison decidió publicar la información que poseía para respaldar lo que el gobierno bávaro había revelado en 1786.[12]

Las investigaciones de decenas de historiadores han descubierto más pruebas en archivos nacionales y universitarios. No faltan pruebas documentales y de otro tipo que demuestran nuestro punto de vista.

Lo verdaderamente asombroso de la conspiración luciferina es la forma en que quienes la dirigen a lo largo de los siglos han conseguido que los dirigentes de la Iglesia y del Estado desestimen las pruebas, incluso cuando se las han presentado hombres cuyas vidas han demostrado su honradez, integridad y voluntad de servir a Dios. El hecho de que los que dirigen la conspiración luciferina sean capaces de controlar a personas en altos puestos de la política y la religión no hace más que confirmar las palabras de nuestro Señor y Salvador Jesucristo. Ilustra de la manera más clara posible las características sobrenaturales de la conspiración. Prueba que seres sobrenaturales, "Ángeles", tanto "Buenos" como "Malvados", ejercen gran influencia sobre los seres humanos durante el período de prueba que atravesamos en la tierra. Esto prueba que las artimañas, engaños, mentiras y decepciones de los "Ángeles Caídos" a menudo afectan negativamente los consejos

---

[12] Como estos acontecimientos ya se han tratado con detalle en *Peones en el juego*, no entraremos en detalles aquí.

(inspiraciones) de los "Ángeles Buenos". Prueba que nuestra naturaleza humana, a causa de la caída de nuestros primeros padres, se inclina más hacia el "mal" que hacia el "bien", hasta que renacemos espiritualmente.

No queremos insistir en este aspecto de la M.R.M., pero sí queremos facilitar al hombre de la calle la comprensión de lo que está ocurriendo. Los cabecillas de la conspiración se las han arreglado para mantener su existencia tan secreta que la ignorancia pública les permite desarrollar su complot hasta el fin previsto, y alejar a millones de almas de Dios.

Ese es el credo luciferino:

1. Donde Dios pide a un ser humano que PRUEBE que desea amarle y servirle voluntariamente por toda la eternidad, por respeto a sus infinitas perfecciones, Lucifer dice: "Esclavizaré a la raza humana bajo una dictadura totalitaria, la privaré de sus libertades físicas y mentales, y negaré así su capacidad de utilizar su intelecto y su libre albedrío como Dios manda". (Esta es la razón de ser de la Organización Mundial de la Salud y de la Organización Mundial de la Salud Mental de las Naciones Unidas, dos movimientos internacionales lanzados por el Dr. Brock Chisholm de Canadá).

2. Mientras que los mandamientos de Dios dejan claro lo que Él considera pecaminoso, los luciferinos y sus agentes enseñan la inversión de los mandamientos de Dios. Pike y otros sumos sacerdotes del credo luciferino declaran: "Todo lo que Dios ha dado a conocer como desagradable para Él, es agradable para Lucifer."

3. El plan de Dios para la creación exigía que todo fuera diferente. No hay dos hojas iguales. No hay dos copos de nieve iguales. La ideología luciferina exige la enregimentación, para que todo se centralice y se haga lo más parecido posible. La integración es el ejemplo más típico de cómo se pone en práctica esta teoría. Integración no significa simplemente que el público deba aceptar el principio de que las personas de diferentes razas, colores y creencias deben disfrutar de los mismos privilegios y consideraciones que los blancos de. Integración significa: "Reunir las partes para formar un todo" (es decir, "constituir y completar un todo").

3. La ideología luciferina exige que la raza humana se integre de forma absoluta, de modo que rojos, negros, amarillos y blancos se mezclen en

un vasto conglomerado de humanidad sin rasgos distintivos, culturas, características raciales u otras particularidades. (Hombre UNESCO) 4. El plan de Dios requiere que haya muchos mundos. Las Escrituras hablan del séptimo cielo (2 Sam. 22:8; Prov. 8:27-29; 2 Cor. 12:2). Nombran los diferentes coros de ángeles, su naturaleza, su función y sus características.[13] Nos dicen que incluso en cada coro, cada ángel es superior o inferior a otro. Se nos dice que es posible que los que están en los coros más bajos asciendan a un estatus más alto por sus méritos, o que caigan por la escalera debido a su falta de méritos.

La ideología luciferina exige que sólo haya dos clases...

1. Los que gobiernan, es decir, los "poseedores de la luz" - seres superinteligentes,,[14][15] y,

2. A los que esclavizan. Donde Dios permite, alienta y recompensa la iniciativa individual, el luciferianismo no la tolera en ninguna de sus formas.

5. Dios insiste en que para asegurar la paz y la felicidad perfectas en el Cielo, cada alma que Él escoja como uno de Sus elegidos debe haber probado que desea honesta y sinceramente, sin reserva o revocación, amar y servir a Dios voluntariamente por reverencia a Sus perfecciones infinitas, por TODA la eternidad. Es para producir PRUEBA de este deseo que nosotros los seres humanos somos tan minuciosamente probados. Dios no tiene la intención de que haya una segunda revuelta en el Cielo. El luciferianismo, en cambio, dice que la paz permanente será asegurada por el Rey-Despojo, ejerciendo un despotismo absoluto sobre sus súbditos. Esto es lo que dicen los Protocolos Luciferinos: La dictadura totalitaria luciferina, una vez establecida en esta tierra, tendrá a su cabeza un Rey-Despota, cuya voluntad será impuesta por el despotismo satánico.

---

[13] Hay 22 pasajes en las Escrituras que tratan de su naturaleza.

[14] Por eso Weishaupt llamó a su organización los Illuminati.

[15] Pike a Mazzini, 15 de agosto de 1871.

6. Mientras que el plan de Dios preveía que el "Amor" fuera la fuerza creadora y la "Caridad" la fuerza dominante en la Naturaleza, el Credo Luciferino dice que la "Lujuria" será la fuerza creadora y el "Derecho o Poder" la fuerza dominante.

7. Mientras que Dios ha ordenado que cada clase de sus criaturas en esta tierra crezca y se multiplique, cada una según su especie, la ideología luciferina exige que en la etapa final de la conspiración, sólo el cuerpo gobernante tenga la "libertad de disfrutar de los placeres - las "lujurias" de la carne, y el "derecho" de satisfacer sus deseos carnales. Todos los demás deben ser transformados en ganado humano y reducidos a la esclavitud física, mental y espiritual, para garantizar la paz permanente y la seguridad social.

La procreación se limitará estrictamente a los tipos y números determinados científicamente como suficientes para satisfacer las necesidades del Estado (Dios). Según Bertrand Russell, en las páginas 49-51 de su libro *The Impact of Science on Society (El impacto de la ciencia en la sociedad)*, menos del 5% de los varones y el 30% de las hembras serán seleccionados entre los Goyim para ser utilizados en la reproducción, y ésta será por inseminación artificial practicada a escala internacional. Las investigaciones han demostrado que actualmente se están realizando experimentos en Canadá y Estados Unidos para determinar si el esperma de los hombres no puede conservarse y mantenerse fértil indefinidamente, como el esperma recogido de los toros de carreras.

Descubrimientos recientes han hecho posible conservar indefinidamente el semen de toro congelándolo rápidamente a una temperatura de unos 130° bajo cero. Ya se han creado enormes bancos que almacenan varios millones de muestras de semen calibrado. Los pedidos recibidos de un tipo o cepa determinados pueden enviarse por avión a cualquier parte del mundo. Se están creando bancos más pequeños en lugares apropiados para satisfacer las necesidades de los estados ganaderos. Esto *no es ficción, sino un hecho*.[16]

---

[16] El autor vio estos bancos de esperma congelado y se le informó de su uso y finalidad actuales. También se le informó del plan para eliminar el número de seres humanos

8. Según el plan de Dios, la reproducción de la especie humana estaba, y está, destinada a ser la función más santa y sagrada realizada por un hombre y una mujer, unidos en una sola carne durante la duración de sus vidas mortales. Según el plan de Dios, la razón principal para mantener relaciones sexuales es procrear otro cuerpo humano en el que Dios pueda insuflar un alma a la que Él desee dar la oportunidad de aprender a conocerle y amarle, y de querer servirle voluntariamente por toda la eternidad.

Los teólogos admiten que, al darnos la capacidad de reproducirnos "según su voluntad", Dios nos ha otorgado poderes de los que ni siquiera gozan los ángeles. Todos ellos son seres creados, ya sean "buenos" o "malos". Los poderes que Dios ha dado a los seres humanos han despertado los celos de los ángeles que se unieron a Lucifer. Por eso Lucifer y/o Satanás decidieron "estropear" el plan de Dios para la procreación de la raza humana. Esta es la razón por la que las mujeres tenían que someterse a la purificación después del nacimiento de un niño, desde que tenemos memoria. Por eso se instituyó el bautismo como sacramento. Por eso las mujeres tienen que cubrirse la cabeza en la iglesia. Debido a que Satanás ha distorsionado el plan de Dios, los seres humanos descendientes de Adán y Eva son hijos de la carne hasta que renacen espiritualmente.

9. El plan de Dios es que todos los seres humanos amen y sean caritativos con su prójimo. La palabra "prójimo", tal como la utiliza Cristo, significa "una persona que no hará daño a otra, sino que se esforzará por hacerle un servicio, aunque el destinatario sea un extraño". Según la doctrina luciferina, para imponer el poder absoluto mediante el despotismo satánico, los elegidos para gobernar deben demostrar primero que son totalmente desprovistos de sentimientos humanos. Según la declaración de Albert Pike, esta eliminación de las emociones humanas debe ser llevada a cabo por hombres seleccionados para gobernar hasta tal punto que ni siquiera sientan amor, simpatía o cualquier tipo de sentimiento hacia los miembros del sexo opuesto. Pike decidió que las mujeres iniciadas en las logias de adopción debían convertirse en propiedad común. Declaró que los miembros del Rito

---

tullidos y enfermos utilizando métodos de procreación similares a los practicados por los ganaderos mejor informados.

Palladiano debían utilizarlas con frecuencia y desapasionadamente, pero sólo para satisfacer sus impulsos sexuales, sin permitir que el amor o el sentimiento, "que llevan por mal camino a tantos corazones humanos", se entrometieran en sus relaciones sexuales. De este modo", dice, "los hombres encadenarán a las mujeres al tiempo que consiguen un control absoluto sobre sus propias debilidades humanas". Así vemos que lo que Dios considera "bueno", Lucifer lo considera "malo". Lo que Dios considera "fuerza de carácter", los luciferinos lo consideran "debilidad de carácter".

10. El plan de Dios exige que los seres humanos cuiden de los enfermos, los discapacitados, los encarcelados y los ancianos.

La ideología luciferina insiste en que TODOS los Goyim que se vuelvan incapaces o no aptos para servir eficazmente al Estado deben ser destruidos. *Este principio diabólico se hace aceptable en las mentes de seres humanos inocentes presentándolo como "muerte piadosa"*, cuyo nombre científico es eutanasia.

11. El plan de Dios para la sociedad civilizada se basa en el principio de que dos seres humanos del sexo opuesto deben formar un hogar y criar una familia. Los luciferinos afirman que la destrucción de la familia y del hogar es absolutamente esencial para el éxito de su conspiración.

12. El plan de Dios requería que los padres mantuvieran a sus hijos y los educaran en la Santa Voluntad de Dios y en los hechos de la vida. Los luciferinos afirman que el Estado debe regular los nacimientos y educar a los hijos de la reproducción selectiva planificada. Insisten en que SÓLO el Estado tiene derecho a "educar" (perdonen el uso de esa palabra por parte de estos demonios con forma humana) a quienes desean poner al servicio del Estado.

13. El plan de Dios es elevar la dignidad del hombre hasta que alcance un alto grado de perfección espiritual. Las Escrituras nos dicen que podemos calificar para los más altos asientos vacantes en el Cielo.

El luciferianismo insiste en que todo ser humano debe ser reducido al nivel más bajo posible. Fue para promover esta diabólica teoría que los "niveladores" de Cromwell clavaron el cuchillo en la herida.

Hoy se ha llegado al extremo de que las mujeres han exigido el "derecho" a adoptar los mismos códigos inmorales que los hombres; el derecho a fumar, a hacer cualquier cosa que no las eleve por encima de la inmundicia, la suciedad y el estiércol de la decadente naturaleza humana. Dios hace de la castidad una virtud; Lucifer dice que debemos ser promiscuos para demostrar nuestra divinidad. Cristo demostró, por su devoción, amor y respeto a su madre terrenal María, que Dios quiso que la maternidad fuera la más grande de todas las vocaciones. La relación de Cristo con su madre terrena, y el amor y la devoción de María por su Hijo, deberían mostrarnos que, a pesar de la caída de Eva, Dios sigue queriendo que las mujeres sean seres de belleza, encanto y gracia, llenos de amor, caridad y afecto. Él quiere que las mujeres sean verdaderas madres, no sólo incubadoras humanas que conciben accidentalmente debido a un error humano. El luciferianismo se empeña en rebajar a la mujer a la cuneta, al nivel del estado natural de las bestias inferiores de la creación.

14. Dios ha provisto todo lo que necesitamos para nuestro uso y beneficio. Él ha ordenado que usemos TODAS las cosas con moderación. La ideología luciferina dice, pero no pretende decir, que el hombre debe ser una ley para sí mismo y hacer lo que le plazca.

15. El plan de la creación de Dios colocó todo lo que Él creó en perfecto equilibrio. Los que desarrollan la conspiración luciferina hasta su objetivo final hacen todo lo posible por desequilibrar la creación de Dios, y la humanidad paga el precio de los "pecados de presunción" cometidos por los luciferinos.

Podríamos seguir demostrando que el luciferianismo es diametralmente opuesto al plan de Dios para el reino de la creación. Lo que esperamos haber demostrado es lo siguiente: La ideología luciferina ha sido desarrollada para seducir a hombres que se ven a sí mismos como gigantes intelectuales. Lucifer sabe que su ideología totalitaria es errónea. Cuando ocupaba el trono más alto del cielo y estaba subordinado sólo a Dios, su orgullo le convenció de que si establecía su propio reino y lo gobernaba con absoluto despotismo, todos los aspectos y fases de su dominación deberían funcionar pacífica, eficiente y económicamente.

Utilizó sus poderes sobrenaturales para forzar la mano de Dios Todopoderoso. Como Dios sólo se complace con aquellas de sus criaturas a las que les gusta servirle voluntariamente, por respeto a sus perfecciones infinitas, tuvo que dejar que Lucifer fuera a su condenación eterna o cambiar el principio sobre el que había establecido su gobierno.

No cabe duda de que Lucifer se dio cuenta de su enorme error. Pero su "orgullo" no le permitió admitirlo. ¿Cuántos seres humanos actúan hoy como Lucifer en este sentido? Los Hitler, los Mussolini, los Roosevelt, los Rockefeller, los Rothschild, los Churchill, todos los que difunden el luciferianismo desde sus asientos en la cumbre de nuestra civilización. ¿Cuántos de nuestros inferiores los imitan y los siguen? Nos están llevando, como Lucifer llevó a tantos miembros de la hueste celestial, ¡a nuestra destrucción

Ahora que he estudiado este tema durante tanto tiempo y desde tantos ángulos, no me cuesta entender cómo la capacidad sobrenatural de Lucifer para AMAR a Dios, su Creador, se convirtió en una capacidad igual para ODIAR a Dios, a todas las criaturas de Dios y a toda Su maravillosa creación. No me cuesta entender que después de que Lucifer pusiera en práctica su ideología totalitaria en su Reino de Tinieblas, al que llamamos Infierno, y descubriera que lo que él consideraba PERFECTO en teoría no funcionaba como él pretendía en la práctica, su decepción hizo que su odio se intensificara hasta alcanzar dimensiones astronómicas más allá de la comprensión de la mente humana.

Ya no tengo ninguna dificultad en aceptar la definición del infierno que se da en el Apocalipsis. De hecho, puedo entender fácilmente que después del Juicio Final, cada ángel caído y cada alma humana que haya sido engañada por Lucifer y sus otros príncipes de las tinieblas para alejarse de Dios, necesariamente deberá odiar no sólo a Lucifer y a sus príncipes gobernantes, sino también a sí mismo y a sus vecinos. Si es cierto que el egoísta y estúpido FIERTE ha conducido a la inmensa mayoría de los habitantes del Infierno a su propia condenación, no es difícil comprender POR QUÉ las condiciones de vida en el Infierno son las del Odio, el caos y la confusión absolutos. Si es verdad que los habitantes del infierno están allí porque han aceptado y practicado la inversión de los mandamientos de Dios, no debería ser difícil para una persona de inteligencia media comprender que todas las abominaciones, las que dirigió la conspiración luciferina introducida en nuestra tierra, se practican en el infierno y continuarán por toda la eternidad.

No hay duda de que nuestro mundo ha sido transformado por fuerzas demoníacas en un "pequeño infierno". Debido a nuestra ciega y obstinada negativa a aceptar la ley de Dios e implementar Su plan en esta tierra, las condiciones han sido suficientemente malas, y no hay duda de que si permanecemos ciegos a la VERDAD, y obstinados en nuestra negativa a PROBAR nuestro deseo de amar y servir a Dios voluntariamente por toda la eternidad, entonces las condiciones deben necesariamente deteriorarse hasta que, como dice la Biblia, lleguen al punto en que, de no ser por la intervención de Dios, ninguna carne podría sobrevivir. Mateo 24:22; Marcos 13:20.

No es la voluntad ni la intención de Dios que las condiciones aquí y en el infierno sean como son. Existen debido al orgullo egoísta e insensato de Lucifer y a su determinación de ser autosuficiente. Se apartó de Dios. Se llevó a multitudes con él. Es lógico suponer que una vez que se dio cuenta de su error, su odio alcanzó tales proporciones que estaba decidido a continuar su venganza contra Dios engañando a sus criaturas. Dios quiso llenar los vacíos dejados por Lucifer y sus ángeles. A Lucifer no le importa lo que les ocurra a aquellos a los que engaña, ni siquiera lo que les espera. ¡Esta total falta de interés por nada es la verdadera desesperación

Artistas, predicadores, autores y otros han retratado el Infierno y a sus habitantes de una forma tan exagerada que, en lugar de animar a la gente a creer en él, han llevado a millones de personas, sobre todo en los dos últimos siglos, a desacreditar su propia existencia. Estos supuestos intelectuales han servido bien a la causa luciferina, porque cuando se rechaza a Dios, automáticamente se rechaza la idea del Cielo y del Infierno.

Satanismo antes y después del advenimiento de Cristo

Mi propia experiencia fue que fui incapaz de reunir los miles de datos y pruebas que había recopilado desde 1918 sobre el Movimiento Revolucionario Mundial (M.R.M.) hasta que, por "accidente", cogí una Biblia en 1943 y empecé a hojearla porque, ahora me avergüenza admitirlo, estaba muerto de aburrimiento en la cama de un hospital sin ninguna otra literatura a mano que no hubiera leído ya.

Desde aquel día, estoy convencido de que lo que la inmensa mayoría de la gente llama "accidentes" o simples coincidencias son en realidad "actos de Dios". No voy tan lejos como para decir que el Creador de este universo nos hace personalmente cosas que, si las tenemos en cuenta, afectarán gravemente a nuestras vidas, pero sí creo que quiere que sucedan esas cosas y que sus ángeles, que están asociados a este mundo nuestro, llevan a cabo su voluntad divina.

En fin. Mientras leía la Biblia, no pude evitar darme cuenta de que muchas de las afirmaciones parecían tener una relación directa con acontecimientos históricos y cosas que estaban sucediendo en el siglo XX. Esto despertó mi interés. Un estudio más profundo me convenció de que la Biblia contenía la "llave" para desentrañar el misterio que rodea lo que tantos escritores del pasado han llamado el *Poder Secreto* que gobierna entre bastidores de TODOS los gobiernos y los lleva a adoptar políticas que en última instancia conducen a su propia destrucción. Así que empecé a buscar en la Biblia una explicación de los acontecimientos humanos que se me habían hecho familiares, pero de los que no podía entender la "CAUSA" o la "RAZÓN". Es a partir de esta explicación que explicaré el "Satanismo" tal como yo lo veo.

El satanismo es el manual de acción que pone en práctica la conspiración luciferina en esta tierra. El Antiguo Testamento, reducido a su mayor simplicidad, es ni más ni menos que la "Historia del

Satanismo". En él se nos cuenta cómo se desarrolló desde la caída de nuestros primeros padres hasta el advenimiento de Cristo, que vino a liberarnos de los lazos del satanismo al que la raza humana estaba cada vez más firmemente unida generación tras generación. Las Sagradas Escrituras se refieren a Satanás sesenta y siete veces y a Cristo sólo sesenta y tres. Pero lo que más nos preocupa es el hecho de que las Escrituras nos dicen, y prueban, que "Satanás es el Príncipe de este mundo" (Juan XII:31; XIV:30; XVI:II). Puesto que Satanás es el "Adversario" de Dios y de sus criaturas humanas, debe, como "Príncipe de este mundo", estar vinculado a la M.R.M..

La palabra "Mundo" tiene ciertamente diferentes connotaciones. Puede definirse en sentido "favorable" o "neutro" y utilizarse para significar "La tierra donde habitan los hombres" o por metonimia "los hombres mismos". (Juan I. 9-10; III. 16,17,19;)G. 27. etc.)

La palabra "Mundo" también puede utilizarse, en sentido desfavorable, para significar "El reino del mal en la tierra". Los que constituyen el "reino del mal" son la Sinagoga de Satanás. Lo que inspiran, hacen y han hecho es diametralmente opuesto a la VOLUNTAD DE DIOS; ponen una barrera entre este mundo y Cristo y sus seguidores. Para ilustrar esto, Juan informa que Cristo dijo: "Yo no soy de este mundo.... Yo no ruego por este mundo... él me odia". Y a sus discípulos: "Vosotros no sois para el mundo... el mundo os odia", y así sucesivamente. (Juan VIII. 23; XVII. 9; VII. 7; XV 19; etc.; cf. I Juan III. 13,14).

Por lo tanto, podemos entender que, desde el advenimiento de Jesucristo, el satanismo ha librado una guerra perpetua para impedir que los hijos de Dios en esta tierra pongan en práctica el plan de Dios para la dominación de todo el universo en esta tierra. Al impedirnos poner en práctica el plan de Dios y al impedirnos vivir el "modo de vida" que Cristo nos enseñó y que se resume en las palabras del "Padre Nuestro", el satanismo impide a las masas hacer la voluntad de Dios en la tierra como se hace en el Cielo.

Esto nos lleva a la interpretación del Padre Nuestro. El preámbulo y la parte central no necesitan explicación, pero las palabras "No nos dejes caer en la tentación, y líbranos del mal" sí la necesitan. ¿Cómo es posible que Dios "conduzca" a los miembros de la raza humana a la tentación? Él puede y permite que seamos tentados por aquellos que lideran o sirven al satanismo. Las Escrituras nos dicen que Dios no permitirá que seamos tentados más allá de nuestras fuerzas para resistir. Así que la tentación nos permite PROBAR si estamos "a favor" o "en contra" de Dios.

Como la inmensa mayoría de los cristianos, he repetido el Padrenuestro todos los días desde que sé hablar.

Pero nunca estudié las palabras hasta que caí de espaldas con la columna vertebral fracturada en 1943. Después de estudiar las palabras en su relación con el satanismo y la M.R.M., llegué a la conclusión de que las palabras habrían tenido una mejor relación si la interpretación inglesa hubiera sido "And let us not be led into temptation; but deliver us from the Evil One (Satan)" (Y no nos dejemos llevar a la tentación; mas líbranos del Maligno (Satanás)). (Y no nos dejemos llevar a la tentación; mas líbranos del Maligno (Satanás)). Me complació descubrir, mucho tiempo después, que los padres griegos del cristianismo primitivo, los antiguos padres romanos y varias liturgias eran firmes partidarios de utilizar el masculino en lugar del neutro para las palabras "A malo". La importancia de esto radica en que si dijéramos "Pero líbranos del Maligno (Satanás)", significaría automáticamente que Cristo considera al Satanismo como el autor de TODAS las tentaciones y males (pecados) que podemos cometer y, al mismo tiempo, como el director de todos los males que nos pueden hacer para alejarnos de la Fe en Dios.

Estos pensamientos me llevaron a investigar más, y encontré en el Nuevo Testamento y en los textos de los "Padres del Desierto" que Satanás y los de la Sinagoga de Satanás ejercen una dirección o superintendencia general sobre TODOS los males, temporales y espirituales, que se cometen o sufren en este mundo.

En apoyo de esta interesantísima revelación -en lo que a M.R.M. se refiere- encontramos que "El que comete pecado es del diablo" (1 Juan III. 8) y según los Evangelios y las Epístolas de San Juan y San Pablo, es el imperio de Satanás el que Cristo vino a derrocar, y Satanás y sus agentes (agenturs) son la raíz y la causa de todo el mal, tanto espiritual como temporal, que asola a la humanidad. Mucho más cerca de nosotros, San Agustín apoya este razonamiento cuando compara lo que ocurre en el mundo con "la ciudad del pecado, el diablo, nacido del rechazo de Dios (por nuestros primeros padres) por estar en eterna oposición a la 'ciudad de Dios'". Santo Tomás no está del todo de acuerdo con esta interpretación precisa y exacta, por lo que, como suele ocurrir, se trata una vez más de que cada uno haga lo que quiera.

Pero cuando estudiamos la M.R.M. en su relación con el satanismo tal como se practica en esta tierra, es importante recordar que si Satanás, o sus agentes en forma humana, pueden influir e influyen en las decisiones de los individuos para que cometan pecado, es lógico que los seres humanos individuales así influidos puedan extender y extiendan el poder maligno de Satanás sobre el colectivo. Por lo tanto, descubrí que mi razonamiento se basaba en una premisa sólida cuando afirmé en *Peones en el juego* y *La niebla roja sobre América* que los individuos que, a sabiendas o sin saberlo, sirven a la causa del satanismo son responsables de agitar la disensión que les permite dividir a las masas en bandos opuestos en cuestiones políticas, raciales, sociales, económicas, religiosas y de otro tipo, para que luego puedan ser armados e inducidos a librar guerras y revoluciones, en una escala cada vez mayor, de modo que, si se permite que esta política destructiva continúe, debe conducir a la destrucción final de TODAS las formas restantes de gobierno y religión, y así dejar el campo abierto para aquellos que constituyen la Sinagoga de Satanás, para imponer la dictadura totalitaria luciferina sobre lo que queda de la raza humana.

Esto nos lleva a otra cuestión muy importante. Podríamos preguntarnos, como hacen tantos sacerdotes y ministros,

> "Si las puertas del infierno no prevalecerán contra la Iglesia de Cristo, y si Dios arrojará a Satanás y a sus seguidores al infierno después del Juicio Final, ¿de qué hay que preocuparse

En mi humilde opinión, no hay necesidad de "preocuparse", pero aún queda mucho por hacer antes de que este bendito acontecimiento tenga lugar, con el fin de salvar el mayor número posible de almas del engaño y la defección a Dios.

Podemos demostrar, como individuos, que deseamos honesta y sinceramente amar y servir a Dios voluntariamente por toda la eternidad. Debemos trabajar incansablemente para que otras almas se unan a nosotros en este deseo. En otras palabras, debemos convertirnos, como Cristo nos ordenó, en verdaderos soldados de Jesucristo y enemigos activos de la Sinagoga de Satanás. Si mentiras y engaños son el stock en el comercio de las fuerzas del mal, debemos avergonzar al Diablo y confundir sus trucos, diciendo la VERDAD tan lejos, amplia y rápidamente como sea posible. Si el asesinato individual y el asesinato en masa (guerras y revoluciones) son los medios por los que las fuerzas satánicas eliminan todos los obstáculos a su usurpación de la dominación absoluta del mundo, debemos utilizar todos los medios legales para evitar guerras y revoluciones.

¿Por qué trabaja el satanismo para instaurar un gobierno mundial único y usurpar sus poderes

Hoy, el poder de la Sinagoga de Satanás no es ni general, ni completo, ni absoluto. Las Fuerzas del Mal conspiran para que su poder sea absoluto a fin de esclavizar absolutamente lo que queda de la raza humana, cuerpo, mente y alma. El satanismo no hace las cosas a medias. Cuando se trata de utilizar la mentira y el engaño para ganar nuestras almas inmortales a Lucifer, operan según el principio de "el ganador se lo lleva todo".

Las Escrituras en Apocalipsis nos dicen exactamente cuales seran los resultados finales. Pero la Sinagoga de Satanás no acepta las Escrituras como la palabra inspirada de Dios. Por lo tanto, aquellos que sirven a la Sinagoga de Satanás continuarán desarrollando la conspiración Luciferina en la creencia de que serán capaces de establecer una dictadura totalitaria. Ellos creen que si pueden usurpar el poder mundial, pueden establecer el control físico sobre nuestros cuerpos. Creen que este control físico les permitirá obtener también el control mental (Psicopolítica).

Ellos creen que el control mental les permitira borrar todo conocimiento de Dios de la mente humana y asi darle a Lucifer el control de nuestras almas por toda la eternidad.

Esto nos lleva al punto que revela lo que significa la frase (utilizada tan a menudo por los autores comunistas, o debería decir autores satanistas que escriben para promover los movimientos comunistas y otros movimientos subversivos), "la batalla que se libra es por la mente de los hombres". Esto prueba que el objetivo último de la M.R.M. no es materialista, como generalmente se supone, sino espiritual, lo que tan pocos autores e historiadores parecen haber sospechado.

Este razonamiento nos lleva a comprender que las palabras "Movimiento Revolucionario Mundial" no son más que palabras engañosas utilizadas por los satanistas para ocultar la existencia de la conspiración luciferina permanente. Hacen creer a la inmensa mayoría de las personas, ministros ordenados y laicos cristianos por igual, que el comunismo es la raíz de todos los males existentes, que es ateo y materialista, y que el control del poder temporal es el objetivo final. Esta MEDIA VERDAD es la mentira más grande jamás difundida por aquellos que sirven al Padre de las Mentiras. La VERDAD está revelada en Efesios 6:10-17 que nos dice, entre otras cosas, que "nuestra lucha no es contra sangre y carne, sino contra principados y potestades, contra los gobernadores de este mundo tenebroso y contra las fuerzas ESPIRITUALES de maldad de lo alto". La otra mitad de la verdad oculta al público en general es el hecho de que la Sinagoga de Satanás controla y utiliza la fuerza destructiva del Comunismo para promover sus planes secretos de dominación mundial. Los Principados y Potestades son secciones de la Hueste Celestial de la cual Lucifer ha reclutado indudablemente muchos seguidores.

El Amo Mundial de las Tinieblas es la Sinagoga de Satanás que se inspira en "las fuerzas espirituales de maldad en las alturas" para poner en práctica la conspiración luciferina en curso. Esto nos permite comprender exactamente a qué nos enfrentamos. A medida que pasamos por nuestro tiempo de prueba en esta tierra, nos enfrentamos:

1. Los sumos sacerdotes del credo luciferino. Vamos a demostrar que los seres humanos que han estado a la cabeza del sacerdocio reconocen que tenían el poder de contactar y consultar a los miembros del mundo celestial que se habían unido a Lucifer en su revuelta contra la supremacía absoluta de Dios.

2. La Sinagoga de Satán, que puso en práctica la conspiración luciferina.

3. Sociedades secretas que creen y practican el satanismo y cuyos miembros son los "Agentur" que sirven a la Sinagoga de Satán.

4. Todos aquellos que, a causa de las mentiras de aquellos que son los "gobernantes del mundo de estas tinieblas", se han alejado de Dios y siguen un modo de vida "destructivo", en contraposición al modo de vida "constructivo" que Cristo nos enseñó y que es la Santa Voluntad de Dios.

Ahora vamos a estudiar el satanismo tal como se practica en este mundo. La inmensa mayoría de las personas, debido a la forma en que han sido enseñadas, no pueden hacerse a la idea de que el satanismo se practica realmente en esta tierra. Hagamos a estas buenas personas una pregunta muy simple: "¿Cómo podría Satanás ser el Príncipe de este mundo si no tuviera un gobierno y los medios para engañar a millones y millones de seres humanos para que le sirvan y persigan sus intenciones

No parecen capaces de darse cuenta de que Cristo vino a la tierra para desenmascarar la existencia de la conspiración luciferina permanente dirigida en esta tierra por Satanás, y por aquellos que le sirven que son, en realidad, demonios con forma humana. Cristo fue muy claro al respecto cuando dijo a sus Apóstoles: "¿Acaso no os elegí a vosotros doce? "¿Acaso no os elegí a los doce? Y uno de vosotros es un demonio". (Juan 6, 70) Y en la Última Cena, ¿no leemos: "El demonio ya había puesto en el corazón de Judas, hijo de Simón Iscariote, el deseo de traicionarle", y un poco más adelante: "Una vez dado el bocado, Satanás entró en él; y Jesús le dijo: "Vuelve pronto a tu tarea". Judas fue utilizado por la Sinagoga de Satanás y no por el pueblo judío, y al aceptar las treinta monedas de plata, abrió la puerta de su corazón y entró Satanás.

Es entonces interesante observar las palabras usadas por Cristo en su arresto. Dijo: "Pero es vuestra hora y (la hora de) la potestad de las tinieblas". (Satanás y/o Lucifer) - (Lucas 22:53).

Me resultó muy difícil entender si estamos en la etapa de la conspiración luciferina en la que Satanás está a punto de ser atado por mil años, o si Satanás fue atado por mil años, como se menciona en el Apocalipsis, en el momento de y por la muerte de Jesucristo. Como ya he señalado, las palabras "día" y "años" tienen más de un significado, por lo que las palabras "mil años" podrían significar simplemente "un período, o un largo período de tiempo", como se expresa en el dicho común "Ni en mil años".

Si las palabras "mil años" significan "un período de tiempo", entonces la Escritura nos está diciendo que nos estamos acercando rápidamente al momento en que Dios intervendrá en favor de sus elegidos. Esto significa que el Día del Juicio también se acerca rápidamente.

Podemos considerar que la muerte y la resurrección triunfante de nuestro Señor significan que "ya se ha dictado sentencia contra este mundo (el principado de Satanás); ahora es preciso expulsar al Príncipe de este mundo (Satanás)". (Juan 12:31 etc.) Y aunque los que aceptan la doctrina luciferina no están de acuerdo, las Escrituras nos aseguran que Cristo tuvo éxito en su misión. Llegamos entonces a una cosa extraordinaria de la Biblia. La parte que debería haber declarado y explicado la victoria de Cristo sobre Satanás como Príncipe de este mundo parece haber sido mal manejada. Me refiero a Colosenses 2:14. Traductores como Douay, Westminster, Knox -como mostrarán las versiones autorizadas y revisadas- dan significados diferentes y algo contradictorios a las palabras originales, que creo que interpretan mejor la VERDAD como San Pablo pretendía que se entendiera. Hablando del triunfo de Cristo sobre las fuerzas del mal que gobernaban este mundo hasta su advenimiento, corrigió las falsas enseñanzas de los que enseñaban educación y religión; denunció las leyes y decretos que se oponían a la Ley de Dios y/o a las Leyes de la Naturaleza; levantó la cortina tras la que la Sinagoga de Satanás dirigía la conspiración luciferina, y denunció las mentiras y engaños que utilizaban para alejar a los seres humanos de Dios. Él 'clavó la verdad en la Cruz' para que todos los que quisieran verla lo hicieran. El reverendo Bernard Flemming, en un artículo titulado "El adversario", da la siguiente traducción de Colosenses 2-14: "Cristo... ha borrado la Escritura que había contra nosotros, con sus decretos; ha acabado con ella, clavándola en la cruz; ha despojado a los principados y potestades, deshonrándolos abiertamente, y los ha conducido triunfantes a través de la cruz".

Nuestra tarea es convencer al público en general de que el satanismo es una fuerza muy real y activa en esta tierra, cuyo objetivo es tratar de frustrar el plan de Dios para el reino de la creación en esta tierra.

Tratamos de probar que Cristo derrotó la conspiración luciferina aquí como lo hizo en el Cielo. Presentamos pruebas de que estamos viviendo en el período de la historia mundial cuando Satanás ha roto o ha sido liberado de los lazos con los que Cristo lo había atado durante "mil años". Ahora está utilizando la Sinagoga de Satanás para provocar guerras, revoluciones y otras abominaciones que, si no son detenidas por la intervención de Dios en favor de sus elegidos, destruirían toda carne. Las bombas atómicas y H, el gas nervioso y otras armas secretas desarrolladas recientemente por quienes investigan la guerra química y bacteriológica, han permitido a una mente diabólica controlada por

Satanás lanzarnos al cataclismo social final planeado por Pike con sólo pulsar un botón. A esto lo llamamos "guerra de botones".

Y para asegurar a mis lectores que los que dan testimonio de la VERDAD, tal como Dios la ha revelado en las Sagradas Escrituras, y tal como Cristo nos la ha explicado, están entre los elegidos, citaremos Apoc. 12:9-12: "El gran dragón, la serpiente de la edad primitiva, fue arrojado a la tierra; el que llamamos diablo o Satanás, el engañador del mundo entero, fue arrojado a la tierra, y sus ángeles con él. Entonces oímos una voz que clamaba en el cielo; ha llegado el momento; ahora estamos salvados y fortalecidos, Nuestro Señor reina, y el poder pertenece a Cristo, su ungido; el acusador de nuestros hermanos ha sido derrocado. Día y noche los acusaba ante Dios; pero gracias a la sangre del Cordero y a la verdad de la que daban testimonio, triunfaron sobre él, manteniéndose firmes hasta que la muerte se los llevó. Alégrate por esto, Cielo, y todos los que habitáis en el Cielo".

El hecho de que el Reino de Satanás en este mundo esté envuelto en la oscuridad (secreto) como lo está el Reino Luciferino en el mundo celestial, y el hecho de que los Sumos Sacerdotes del Credo Luciferino, y los miembros de la Sinagoga de Satanás, oculten su identidad y verdadero propósito a las masas; y el hecho de que adoren a Satanás y celebren sus ceremonias de inspiración diabólica en las cámaras secretas de las Logias del Gran Oriente y de los Consejos del Nuevo y Reformado Rito Paladiano, no les resta en absoluto poder e influencia sobre los asuntos de este mundo y sus habitantes. Por el contrario, el hecho de que los que están en la cúspide de la conspiración luciferina puedan mantener y mantengan en secreto su identidad y su intención última de esclavizar lo que queda de la raza humana, cuerpo, mente y alma, contribuye al éxito de sus diabólicos planes.

El hecho de que Cristo expusiera y condenara a la Sinagoga de Satanás, su existencia, su influencia maligna y su propósito en este mundo nunca ha sido negado por teólogos y líderes religiosos. Pero tal es el poder de Satanás que ha impedido que se produzca en la mente humana una impresión real y realista. Al hombre medio se le ha enseñado a considerar al Diablo como la criatura más horrible imaginable; se le ha enseñado a creer que el Infierno es un abismo o pozo lleno de fuego y azufre en el que Lucifer, sus ángeles caídos y las almas humanas perdidas se cuecen a fuego lento y chisporrotean por toda la eternidad sin consumirse jamás. Esta enseñanza engañosa sobre la naturaleza del infierno, Lucifer y sus ángeles caídos ha llevado a multitudes de personas lejos de Dios y al infierno mismo, donde han sido engañados haciéndoles creer que es un mito.

A pesar de que los Padres de la Iglesia cristiana primitiva eran plenamente conscientes de la enemistad que existía entre Cristo y Satanás, y sabían que el satanismo seguiría trabajando en las tinieblas y utilizando mentiras y engaños para alejar a los seres humanos de Dios a fin de que sus almas se condenaran, no parecían capaces de hacer llegar a las masas la VERDAD sobre este asunto tan importante. Enseñaban las "grandezas y perfecciones" de Dios y la "bondad y mansedumbre" de Jesucristo. Hablaron de la maldad de Satanás y el Diablo, pero no hicieron ningún intento de explicar cómo las fuerzas del mal en esta tierra han operado desde la caída de nuestros primeros padres. Así, el satanismo, disfrazado de mil maneras y operando bajo cien nombres diferentes, se hizo más y más fuerte sin que el público en general supiera lo que realmente acechaba entre bastidores y quién estaba detrás de todos los males que tenían que sufrir.

Aunque no deseamos detenernos en el asunto, hay pruebas que indican que con la muerte y resurrección de Jesucristo, Satanás fue arrojado al infierno y permaneció allí atado en su papel de príncipe de este mundo durante mil años. Creemos, según el Credo de los Apóstoles, que Cristo descendió a los infiernos inmediatamente después de la muerte de su cuerpo mortal. ¿No fue para que Satanás quedara fuera de combate y para liberar las almas de los justos que habían sido retenidas en esa parte del infierno llamada limbo hasta que Cristo las hubiera redimido

Por otra parte, la conspiración luciferina parece haber sido muy mal dirigida en esta tierra entre el momento en que Cristo nos dejó y el año 1000 DC. El cristianismo había prosperado. Progresaba, la Iglesia y el Estado intentaban llevarse bien. La Iglesia estaba aconsejando a los gobernantes sobre el plan de Dios para la gestión del universo, y los gobernantes parecían estar tratando de poner en práctica ese plan. El paganismo estaba muriendo a la luz de las Escrituras. Pero al final de los mil años, el satanismo estalló de nuevo con toda su fuerza y furia diabólicas, y Satanás se convirtió de nuevo en el Príncipe de este mundo. Él y sus agentes se aseguraron de que los hombres "buenos" se dirigieran al infierno con buenas intenciones que nunca se pusieron en práctica. Dividieron la religión cristiana en mil fragmentos. Hicieron que la Iglesia y el Estado se enfrentaran. Hicieron que la raza humana empezara a dividirse y a luchar, hasta que los dirigentes de la Iglesia y del Estado parecieron ponerse de acuerdo en una cosa: el satanismo era la raíz de TODO EL MAL infligido al mundo y a sus habitantes.

El satanismo era tan aparentemente la causa de todos los males que en el siglo XIII el Papa estableció la Inquisición con la esperanza de que los inquisidores fueran capaces de erradicar el mal. El sumo sacerdote del credo luciferino debió de morirse de risa. Se sentaron a observar cómo los príncipes de la Iglesia cristiana y los reyes de los países cristianos atormentaban a los seres humanos con las mismas torturas que a los condenados, y llevaban a cabo esta diabólica tarea en el dulce y santo nombre de Jesucristo. Lo único que hizo la Inquisición fue torturar y matar a cientos de seres humanos que, de no haberse alejado de Dios antes de caer en manos de los inquisidores, casi con toda seguridad habrían perdido su fe en Él antes de que la muerte pusiera fin a su sufrimiento, ya que sus torturas fueron infligidas en nombre de Dios.

¿Puede alguien en su sano juicio creer que Dios quiera que sus sacerdotes cometan atrocidades como la Inquisición

La Inquisición fue de inspiración demoníaca. Sirvió a la causa luciferina en la medida en que permitió a los satanistas apartar a miles de personas de la Iglesia de Cristo. La Inquisición permitió a los enemigos de Cristo dividir la Iglesia de Cristo en dos; permitió al satanismo dividir el poder unido de la Iglesia y el Estado. Fue la raíz de lo que condujo a la Reforma y, desde la Reforma en adelante, permitió al satanismo dividir la religión cristiana en más de 400 denominaciones diferentes. La Inquisición permitió a los líderes de la M.R.M. EN LA CIMA poner en práctica su principio de "divide primero, conquista después".

Qué diferencia habría habido si, en lugar de perseguir a unos pocos miles de personas acusadas de herejía y/o brujería, los líderes de la Iglesia y el Estado hubieran unido sus fuerzas y enseñado a las masas la VERDAD sobre el satanismo, su dirección diabólica y su propósito. Si las masas hubieran sido informadas por sus sacerdotes y líderes de que el propósito de la conspiración luciferina era esclavizar a toda la raza humana, cuerpo y espíritu, para que sus almas inmortales pudieran ser arruinadas, el satanismo habría terminado inmediatamente. Un público perfectamente informado no podía ser llevado de un mal a otro. Un pueblo perfectamente informado no podría haber sido arrastrado a guerras y revoluciones.

Pero el poder y la astucia del Diablo son tales que los que le sirven han llevado a los dirigentes de la Iglesia y del Estado a torturar y matar a los declarados culpables de satanismo en lugar de hacer públicos los detalles de la conspiración luciferina y privar así a los agentes del Diablo de la oportunidad de engañar a un pueblo crédulo e ignorante.

En el siglo XVI, el satanismo había adquirido tal dominio sobre el pensamiento y las acciones de los dirigentes mundiales que, entre 1484 y 1682, se adoptaron treinta y dos medidas eclesiásticas y doce medidas civiles contra el satanismo.

El poder de los que están en la cúspide de la conspiración luciferina puede apreciarse plenamente cuando se señala que, a pesar del conocimiento y la conciencia de los líderes de la Cristiandad, tanto eclesiásticos como seculares, la Sinagoga de Satán fue capaz de limitar la inquisición a los individuos acusados de brujería o hechicería. Así, entre 1532 y 1682, 400 personas fueron acusadas de practicar el satanismo en todo el mundo cristiano, incluso en Némesis, Carolina, en Estados Unidos. No sabían más sobre el satanismo, tal como se practica y dirige ARRIBA, que sus jueces y verdugos.

En 1776, la Sinagoga de Satán estaba formada por hombres de gran intelecto -gigantes mentales- que, debido a su adquisición de riqueza o a sus logros en las finanzas, la ciencia, la literatura, las artes y la industria, se habían convertido literalmente en "TAN ORGULLOSOS como Lucifer", a quien adoraban en secreto como a su Dios. Estos malvados magnates controlaban el satanismo desde arriba. Tramaban la mejor manera de utilizar a las masas para poner la dominación definitiva del mundo en sus manos o en las de sus sucesores luciferinos. Mientras que los satanistas individuales, incluyendo brujas y hechiceros, estaban ocupados arrastrando a víctimas débiles de mente y sin carácter al infierno, los verdaderos líderes del satanismo estaban conspirando para obtener el control masivo de los cuerpos y las mentes de la raza humana para que pudieran ser privados de sus dones de intelecto y libre albedrío dados por Dios.

Los que dirigían la conspiración arrojaron muchas liebres a los sabuesos de la justicia para que fueran tras una sola liebre y pasaran por alto al verdadero enemigo en masa. Los conspiradores sacrificaron a tantos judíos y gentiles como fue necesario para salvaguardar su propia identidad y ocultar sus diabólicos objetivos. Los poderes del mal empujaron incluso a las autoridades eclesiásticas y civiles a implicarse en la persecución y el enjuiciamiento de niños inocentes. Estos casos han desprestigiado a las autoridades civiles y eclesiásticas. Fomentaron los planes secretos de los conspiradores para destruir todas las formas de gobierno y religión.

El poder del satanismo es tal que se extiende no sólo a los gobiernos cívicos sino también, por desgracia, a los gobiernos religiosos. Se extiende a las sociedades secretas, la industria, las finanzas, la ciencia, las profesiones liberales, etc. Permaneciendo invisible, ejerce un control apenas perceptible pero absolutamente dominante, como muy bien decía Mazzini.

El satanismo también controla todo lo que es malo en este mundo: todo lo que sirve a los objetivos negativos del diablo. Por ejemplo, el tráfico de drogas. Sólo se persigue a los traficantes, nunca a los que lo controlan desde arriba. Los satanistas no podrían controlar el tráfico y el comercio ilegales y utilizar ese control para esclavizar a miles de víctimas y chantajear a otros miles de personas influyentes si el tráfico y el comercio no se hicieran ilegales en primer lugar.

Lo que intentamos decir es que si nunca se hubiera aprobado la legislación destinada a proteger a la humanidad contra los poderes del mal, unos pocos individuos que carecen de autocontrol sufrirían las consecuencias de sus excesos.

Pero una vez que la legislación tipifica como delito la venta o posesión de una mercancía, la Sinagoga de Satán puede formar sindicatos que operan para frustrar los objetivos de la justicia mientras obtienen millones de dólares de beneficio para sí mismos. De esta manera extienden su poder de individuos a organizaciones, corporaciones y gobiernos. Sé que algunos lectores pensarán que es terrible decir esto, pero la legislación prohibitiva va en contra del plan de Dios.

Todo lo que Él ha creado puede utilizarse en nuestro beneficio. Si abusamos de lo que Él nos ha dado, pagamos el precio. Es un hecho que nadie ha sido nunca, ni será nunca, obligado por ley a entrar en el cielo. La legislación nunca ha impedido que un satanista vaya al infierno.

La prohibición ha permitido a la Sinagoga de Satanás establecer un gobierno dentro de un gobierno. La Sinagoga de Satanás ha establecido un reino en el inframundo. Ha permitido a aquellos que dirigen la

M.R.M. en la cima ganar miles de millones de dólares mientras consolidan su control sobre la sociedad y el inframundo en cada ciudad importante. Hoy, tal como predijeron los Protocolos, los príncipes de los bajos fondos son los señores de la sociedad. Los antiguos líderes de las bandas poseen ahora fabulosos resorts y palacios de juego legalizados en los santuarios donde los S.O.S. pretenden esconderse en caso de guerra y/o revolución. Ellos determinan el ritmo y las modas de la llamada sociedad. El procedimiento adecuado debería ser que la autoridad competente detuviera y retuviera, e intentara curar, a los individuos que pecan contra Dios en la medida en que sus acciones resulten peligrosas o dañinas para la sociedad.

Si Dios no hubiera prohibido a Adán y Eva comer del fruto del árbol de la vida, no habrían podido pecar. Pero Dios permitió que Adán y Eva pecaran para que pudieran demostrar que deseaban sinceramente amarle y servirle voluntariamente por toda la eternidad. Su crimen fue castigado con la muerte. Satanás indujo a Eva a pecar porque ella le creyó cuando le prometió enseñarle el secreto de la procreación y hacerla igual en poder a su Creador. Eva aprendió a procrear, pero Dios demostró que sólo Él podía crear criaturas que vivieran eternamente. Por eso nosotros, los hijos de Adán y Eva, debemos morir. Por eso tenemos que nacer de nuevo del Espíritu antes de poder reunirnos con Dios.

Sociedades secretas y movimientos subversivos

Nesta Webster ha publicado un libro titulado *Secret Societies and Subversive Movements (Sociedades secretas y movimientos subversivos)* para mostrar cómo se utilizaron para hacer avanzar el Movimiento de Resistencia Mundial (WRM). No lleva su tema más allá de sus características materialistas y temporales.

Ha arrojado luz sobre la vida secreta de Adam Weishaupt. Le acusa de ser el autor de los Escritos Originales de la Orden y Secta de los Illuminati y el fundador de los Illuminati. No puedo estar de acuerdo con estas afirmaciones.

Mis estudios e investigaciones me han convencido de que Weishaupt se limitó a revisar y modernizar los Protocolos de la Conspiración Luciferina para que la Sinagoga de Satán pudiera aprovechar plenamente los progresos de las ciencias aplicadas y la rápida evolución de las condiciones sociales, políticas, económicas y religiosas. ¡No es el creador del Iluminismo

Los Illuminati significan simplemente "Poseedores de la Luz", al igual que la palabra "Protocolos" significa "un borrador escrito original de un plan diseñado para alcanzar un objetivo definido". Los Illuminati han existido desde que Caín se apartó de Dios. Los Protocolos fueron escritos tan pronto como el hombre dominó el arte de expresar sus pensamientos y registrar sus planes para el futuro escribiendo en medios que pudieran ser preservados. Los Protocolos fueron escritos mucho antes de que nadie oyera hablar de Sion.

A la edad de 28 años, Adam Weishaupt era catedrático de Derecho Canónico en la Universidad de Ingolstadt. Era un gigante mental que gozaba de gran respeto en los círculos educativos. Debido a que fue entrenado por los jesuitas, muchos no católicos afirman que los jesuitas son "el poder secreto" que implementa el plan del Papa de Roma para conquistar la dominación mundial definitiva. Siguiendo esta línea de razonamiento, los enemigos de la Iglesia Católica Romana afirman que es esta institución religiosa la que es "el misterio, Babilonia la grande, la madre de las rameras y de las abominaciones de la tierra". (Ap. 17:5)

Mis estudios me han convencido de que el iluminismo, bajo el nombre de "perfeccionismo", se practicaba en el seno de la Orden de los Jesuitas mucho antes de que Weishaupt se apartara de Dios y se convirtiera en luciferino. Tanto el iluminismo como el perfeccionismo se lanzaron para animar a los seres humanos a llegar a ser lo más perfectos posible. Hay un viejo dicho que dice que "el camino al infierno está pavimentado con las buenas intenciones de aquellos que no las ponen en práctica".

La orden de los jesuitas fue la mayor orden de enseñanza en los siglos XVII y XVIII. La Sinagoga de Satanás se infiltró naturalmente en la orden con sus agentes, como lo hace en todos los niveles de la sociedad. Estos agentes ocultaron su verdadera identidad. Fueron lo suficientemente astutos como para no criticar abiertamente el programa jesuita. Se limitaron a aconsejar a quienes establecían el plan de estudios que no enseñaran demasiado sobre la existencia de la conspiración luciferina ni dijeran a los alumnos cómo y por qué se dirigía.

Para que los católicos no se vuelvan hostiles por lo que revelo sobre este aspecto de la conspiración que llamamos "la conspiración del silencio", deseo recordarles que incluso los papas han atribuido el rápido desarrollo del satanismo a la forma en que los sacerdotes descuidaron informar a sus feligreses sobre este tema tan importante.

La bula "Summis Desiderantes" del Papa Inocencio VIII, publicada el 6 de diciembre de 1484, ha sido considerada durante mucho tiempo como la declaración de guerra papal contra la brujería, que no es más que otra palabra para referirse al satanismo. Es difícil entender por qué los ministros ordenados de las religiones cristianas no llaman a las cosas por su nombre cuando hablan del satanismo y de su objetivo final. ¿Será porque ellos también están controlados desde arriba por satanistas que insisten en que utilicen las palabras "brujería" y "hechiceros"? Pero cuando estudiamos detenidamente lo que ha dicho este Papa, descubrimos que no ha añadido nada nuevo sobre el satanismo. Ciertamente, no ha tomado ninguna decisión dogmática. Me apoyan en esta opinión Emile Brouette en su "Seizième siècle et le satanisme", y una docena de otros sacerdotes y autores católicos. En primer lugar, esta bula papal nos recuerda que la cura de almas debe ser la preocupación constante de los pastores. El Papa expresa su dolor por el hecho de que la negligencia de los pastores haya llevado a muchos fieles de las diócesis renanas a abandonar su religión y a aceptar el satanismo, incluidas las relaciones carnales con demonios. La segunda parte trata en detalle la brujería; la tercera autoriza a los inquisidores, Sprenger e Institoris, a perseguir a los infractores con "el rigor de la justicia eclesiástica". Este documento dista mucho de los decretos del Papa Juan XXII.

Dado que Weishaupt desempeñó un papel tan importante en la modernización de la conspiración luciferina, merece la pena ofrecer al lector algunos elementos que le permitan comprender cómo y por qué un joven y brillante científico pudo verse inducido a distanciarse de Dios y a vender literalmente su alma al diablo.

Nacido en 1748, Adam Weishaupt se convirtió en profesor de Derecho en la Universidad de Ingolstadt, en Baviera (Alemania), en 1776. Se especializó en derecho canónico, la ley que pretende mantener al cristianismo en el camino recto y estrecho de la VERDAD.

Fue adorado por falsos amigos. Fue inculcado por supuestos intelectuales y modernistas: le enseñaron a aceptar "ideas liberales realistas". Luego Satanás, bajo la forma de su propia cuñada, se apoderó de él. O él la seducía a ella o ella lo seducía a él. Esta perversión sexual fue su perdición. Las cartas de su correspondencia muestran que estaba tan angustiado cuando descubrió que su cuñada estaba embarazada que hizo un llamamiento frenético a sus supuestos amigos. Les rogaba que le ayudaran a abortar antes de que el nacimiento del niño le avergonzara.

Las cartas de Weishaupt demuestran que era literalmente tan orgulloso como Lucifer. No estaba arrepentido porque había pecado contra Dios, traicionado a su hermano y roto su voto de castidad. Sus cartas demuestran que su pánico se debía a su miedo a que la exposición le hiciera caer del pináculo del aprendizaje al que había sido elevado a tan temprana edad.

Weishaupt descubrió que tenía muchos "amigos". Pero los que respondieron a su frenética petición de ayuda le hicieron pagar un alto precio. Bajo la apariencia de amistad, le presentaron a un especialista médico; le proporcionaron todo el dinero que necesitaba: Los caminos del diablo... ¡primero la depravación sexual, luego el oro! A continuación, le pusieron bajo la influencia de la flamante Casa Rothschild. Se le encomendó la tarea de revisar y modernizar los centenarios "Protocolos" luciferinos. Su orgullo se infló aún más cuando se le pidió, o sugirió, que organizara a los Illuminati para poner en práctica la versión revisada de la conspiración luciferina.

Weishaupt escribió muchos libros y panfletos sobre los Illuminati y el "Nuevo Orden", el engañoso nombre dado por los modernistas al "totalitarismo", que no es más que otro nombre para el luciferianismo. En su "Código del Iluminismo", da instrucciones detalladas que deben seguir los reclutadores encargados de incorporar a los Illuminati a hombres cultos, ricos e influyentes. La gente a menudo se pregunta por qué los abogados dominan la política. Se lo explicaremos. Weishaupt dijo a sus reclutadores que el éxito del movimiento (conspiración) dependía de su capacidad para lograr la "conquista" de profesionales, abogados en particular, que fueran oratorios, astutos y activos. Citando sus propias palabras, Weishaupt dijo a los que instruía:

> "Esta gente (los abogados) son auténticos demonios, muy difíciles de manipular; pero su conquista siempre es buena cuando se puede conseguir.

Recomendó como siguiente paso en su lista de conquistas, "maestros, profesores universitarios y superiores de seminarios siempre que sea posible". ¿No explica esto el control que las fuerzas del mal han obtenido ahora sobre nuestras instituciones educativas, incluyendo nuestros seminarios? Cuando a los estudiantes que se preparan para el ministerio de la religión cristiana se les puede negar la VERDAD, y los ministros ordenados, que están aprendiendo la VERDAD, pueden ser obligados por sus superiores a permanecer en silencio, el Diablo ha hecho enormes progresos en el desarrollo de la conspiración luciferina hacia su objetivo final.

Para demostrar que la mentira y el engaño son el pan de cada día de los agentes Illuminati, Weishaupt dijo a sus reclutadores: "If there is a man of great reputation, make him believe that he is one of us": "Si hay un hombre de gran reputación, por su propio mérito, hazle creer que es uno de los nuestros".

Este consejo se siguió en el caso del general George Washington. Después de la introducción del Iluminismo en América, los Iluministas afirmaron que él era un Francmasón del más alto grado. Se ha demostrado que esta afirmación es mentira. Los Iluministas afirmaron, pero nunca probaron, que incluso Papas habían sido iniciados en su Orden.

Lamentablemente, pero hay que admitirlo, hay amplia evidencia que indica que un número de sacerdotes y ministros de las denominaciones cristianas están siendo iniciados actualmente en los Illuminati, las Logias de la Masonería del Gran Oriente o el Nuevo y Reformado Rito Palladiano de Pike. En una carta que recibí el 11 de noviembre de 1958, un miembro de la jerarquía católica romana admite francamente que ha notado cosas entre sus asociados que indican que esta afirmación es un hecho.

Weishaupt también escribió "*La Causa*". En él subraya la importancia de conquistar a los funcionarios para poder utilizarlos para monopolizar las funciones públicas y centralizar los gobiernos. ¿No es esto lo que está ocurriendo hoy en día en lo que queda de las llamadas naciones libres

Incluso reyes y príncipes eran considerados objetivos privilegiados por Weishaupt. Cuando Mazzini se hizo cargo del programa de guerras y revoluciones de Weishaupt en 1834, bajo el nombre de "Director de Acción Política", reiteró las palabras de Weishaupt a este respecto, y citamos: "La ayuda de los influyentes es una necesidad indispensable para llevar a cabo la reforma en un país feudal". En la jerga de los dirigentes de la M.R.M., la palabra "reforma" significa "sumisión". En la actualidad, el príncipe Bernhard de Holanda y el príncipe Felipe de Inglaterra participan activamente en los Bilderbergers y otros grupos internacionales.

Hoy en día, la versión revisada y modernizada de la conspiración luciferina de Weishaupt está siendo perseguida por los intelectuales que ejercen una influencia decisiva en el Grupo Bilderberger, el Movimiento Federalista Mundial y el Consejo de Relaciones Exteriores en el Edificio Henry Pratt de Nueva York. Estos grupos de presión están obligando a los restantes gobiernos nacionales y a sus representantes en las Naciones Unidas a promover la idea de un "GOBIERNO MUNDIAL ÚNICO", cuyos poderes pretenden usurpar los luciferinos, no los comunistas ni los sionistas políticos.

Para que los buenos cristianos puedan juzgar mejor cuáles de sus consejeros espirituales son verdaderos soldados de Jesucristo y cuáles son lobos con piel de oveja, demostraremos que la infiltración del satanismo en el clero de TODAS las religiones y órdenes religiosas no es ni inusual ni moderna.

En 1500, el Papa Alejandro VI escribió al Prior de Klosterneuburg e Institoris solicitando información sobre el progreso de la brujería (satanismo) en Bohemia y Moravia. Esta carta es importante porque Alemania y Bohemia habían sido durante mucho tiempo la sede del satanismo y lo siguieron siendo hasta la muerte de Weishaupt en 1830.

El satanismo renació bajo la influencia de las enseñanzas de Nietzsche. Los concilios de Colonia de 1536 y 1550 revelaron que miembros del clero habían abandonado su creencia en Dios y enseñaban y practicaban el satanismo. Los miembros de estos concilios ordenaron la excomunión de estos clérigos.

En 1583, el Concilio de Reims excomulgó a los hechiceros: "que pactan con el diablo; que pervierten las relaciones sexuales; que practican la devoción y pretenden curar con los poderes de Satanás".

De 1580 a 1620, las asambleas disciplinarias y dogmáticas de la religión protestante abordaron a menudo la cuestión de la brujería y el satanismo, tanto si se practicaban individualmente como en general.

Pero volvamos a Weishaupt y a sus escritos, y demostremos que se pasó del cristianismo al satanismo cuando revisó los "Protocolos". Completó esta tarea en 1776. Anunció esto a los Illuminati el 1 de mayo. Esta es la verdadera razón por la que el 1 de mayo de cada año desde entonces ha sido celebrado por organizaciones revolucionarias, e incluso sindicatos, sin que la gran mayoría de los miembros sospechen la verdad. Esta es la razón por la que el 1 de mayo de 1776 está impreso en los billetes americanos de un dólar bajo la gran pirámide. En la cúspide de la pirámide está el ojo que todo lo ve de los Illuminati.

Weishaupt estableció logias del Gran Oriente en las principales ciudades de Europa y las convirtió en sedes de los Illuminati, que reorganizó para poner en práctica la versión revisada y modernizada de la conspiración luciferina. La membresía de los Illuminati se limitó inicialmente a unos 2.000 miembros. Estos eran hombres que, debido a sus excepcionales habilidades mentales, habían alcanzado la cima de su campo. Entre ellos había financieros como los Rothschild y sus filiales financieras internacionales, científicos como Scheel y educadores y enciclopedistas como Voltaire. Todos los miembros de la Sinagoga de Satán adoptaron apodos para ocultar su identidad. El término "apodo" se utilizó por primera vez para describir a un hombre que adoptó, asumió o recibió otro nombre para ocultar el hecho de que se había convertido en un adorador del diablo, a menudo referido como "Old Nick".

No queremos insistir en este punto. Baste decir que los hombres elegidos para convertirse en adeptos del satanismo eran miembros de los Illuminati que, con su vida, sus palabras y sus actos, demostraron que se habían apartado de Dios.

Algunos eran ateos declarados. Pero la mayoría aceptó de buen grado el "totalitarismo" (ideología luciferina), tal como les fue presentado por Weishaupt, como su credo. Sólo un tonto puede ser un ateo convencido. Sólo un tonto puede creer que el Universo, y todo lo que comprende, simplemente sucedió. Incluso los evolucionistas con cerebro admiten que la evolución podría ser parte del plan de creación de Dios, según el cual las criaturas pueden evolucionar a un nivel superior o deteriorarse a uno inferior.

Los Illuminati tienen una cosa en común: han acordado que aquellos que utilizan su cerebro para triunfar en este mundo tienen el "DERECHO" de gobernar a otras personas menos inteligentes, basándose en que los Goyim (las masas o la gente corriente) simplemente no saben lo que es bueno (mejor) para ellos. Como Voltaire dijo tan claramente en una carta que escribió a un compañero Iluminista, para sacar a la multitud de su actual opresión hacia una nueva subyugación, los que dirigen la conspiración deben ordenar a los que controlan que mientan,

> "no tímidamente, ni sólo por un tiempo, sino como el diablo, audazmente y siempre...". También se sabe que Voltaire aconsejó a los Iluministas, con los que estaba asociado, que utilizaran frases

altisonantes cuando se dirigieran a los Goyim, y que les hicieran brillantes promesas. Añadía que "lo contrario de lo que se dice y promete puede hacerse después... no importa".

Se animó a los Goyim a destruir los gobiernos y religiones establecidos para establecer democracias. Las democracias han sido (engañosamente) definidas como el gobierno, y la religión, del pueblo, por el pueblo y para el pueblo.

Así es como la inmensa mayoría de la gente sigue entendiendo la palabra "democracia". En realidad, la palabra "democracia" significa "gobierno demoníaco" o "gobierno de la turba". Aquellos en la cima de la conspiración luciferina utilizan a la "turba" para combatir y destruir sus gobiernos y religiones, y luego subyugar a la turba.

Para los sumos sacerdotes del credo luciferino, no importa que los estadounidenses y los británicos destruyan los gobiernos de otros países mientras los ciudadanos de otros países acaben destruyendo los gobiernos británico y estadounidense mediante guerras y revoluciones. Según el principio luciferino, las guerras siempre conducen a revoluciones. Por eso los dirigentes comunistas han adoptado el lema luciferino: "Revolución para acabar con todas las guerras". La política luciferina es la siguiente: Guerras para debilitar a los gobiernos; revoluciones para completar su destrucción.

Después de cada revolución, los líderes revolucionarios explican a sus seguidores que es necesario establecer una "dictadura del proletariado" para restablecer la ley y el orden. Luego, a su debido tiempo, vendrá la República Socialista. Esto es otra mentira. La llamada dictadura del proletariado SIEMPRE se convierte en una dictadura absoluta. Cuando le preguntaron a Lenin: "¿Cuánto tiempo pasará antes de que vuestra dictadura absoluta dé paso a un gobierno soviético (obrero)?".

¿Quién sabe cuánto tiempo pasará antes de que los trabajadores, los "Goyim", aprendan lo suficiente como para gobernarse a sí mismos con eficacia? Desgraciadamente, la "turba" no sabe lo que es mejor para ellos". "Turba" es un término comunista, "Goyim" es un término luciferino. Realmente no hay diferencia. Todos los seres inferiores son considerados "ganado humano".

Para que los Illuminati pudieran tomar el control de los Goyim y conseguir que lucharan en guerras y revoluciones para promover los planes secretos de aquellos en la cima de la conspiración Luciferina, Karl Marx fue comisionado para escribir los libros *Das Capital* y el *Manifiesto Comunista*. El abogaba por el ateísmo. Weishaupt, Pike y otros luciferinos predicaban la igualdad humana, la libertad, el fraternalismo, etc. Pike tuvo que explicar su apoyo a los comunistas ateos a sus asociados, diciéndoles que el comunismo, como el nazismo, era sólo una fase pasajera en el movimiento general hacia el poder mundial.

El satanismo se fomentaba en los grados inferiores de las Logias del Gran Oriente establecidas por Weishaupt, al igual que en los grados inferiores del Nuevo y Reformado Rito Paladiano organizado por Albert Pike casi cien años después, cuando asumió el liderazgo de la conspiración luciferina. El satanismo se celebraba, y aún se celebra, en la Misa Negra. A menudo se la ha llamado "Domingo de las Brujas". La Misa Negra perpetúa la iniciación de Eva por Satanás en los placeres de las relaciones sexuales y en el secreto de la procreación. Se recuerda a los adeptos que Satán ha conferido así el mayor beneficio posible a la raza humana.

En la misa negra, el celebrante representa a Satán y una joven sacerdotisa a Eva. La seducción y posesión de Eva tiene lugar ante los ojos de los fieles. La segunda parte de la misa negra perpetúa la derrota de Cristo por Satanás. Los fieles aprenden que Satanás es el hijo mayor de Dios (Adonay) y el hermano de San Miguel. El dogma luciferino enseña que San Miguel, el arcángel, es uno y el mismo ser celestial que Jesucristo y afirma que Dios (Adonay) envió a San Miguel a la tierra en la forma de Jesucristo para que pudiera poner fin a la conspiración luciferina en esta tierra como lo había hecho en el cielo. En los capítulos anteriores hemos demostrado lo erróneas y engañosas que son estas enseñanzas.

La doctrina luciferina no acepta que San Miguel derrotara a Lucifer en el cielo. Afirma que Lucifer se ha independizado de Dios y ahora gobierna su propia parte del universo. Según Pike, "Lucifer" es igual a Dios (Adonay). Volveremos sobre este punto más extensamente en otro libro. La Misa Negra muestra cómo Satanás se acercó a Cristo y trató de hacerse amigo de él, ofreciéndole incluso gobernar este mundo si se unía a la causa luciferina. Muestra cómo la negativa de Cristo hizo imperativa su destrucción. Durante cada misa adonaica, se sacrifica una víctima para simbolizar la inmolación de Cristo por instigación de la sinagoga de Satán. La víctima puede ser un ser humano, un ave de corral o un animal, según las circunstancias y el riesgo. Las investigaciones han sacado a la luz documentos que indican que, en la Edad Media, varios centenares de jóvenes desaparecidos en Europa Central fueron utilizados como víctimas de sacrificio durante la celebración de misas negras. El rosacrucismo estaba estrechamente asociado a estos asesinatos rituales de jóvenes de ambos sexos. Hoy, sin embargo, el rosacrucismo y el iluminismo se presentan al gran público como movimientos fundados en los más altos ideales.

Mucho más recientemente, las autoridades policiales del Reino Unido, Francia, Alemania e incluso Estados Unidos han investigado crímenes similares en los que se han marcado cadáveres con figuras simbólicas utilizadas en rituales satánicos.

La tercera parte de la Misa es la profanación de una hostia consagrada por un sacerdote de la Iglesia Católica Romana. Si un sacerdote ordenado puede ser contratado, o chantajeado, para consagrar una hostia, está bien pagado por sus servicios. En 1513, el Papa Julio ordenó al Inquisidor de Cremona que persiguiera a los sacerdotes que abusaban de la Eucaristía practicando la brujería (satanismo) y adorando al diablo.[17]

En los últimos años, se ha entrado en iglesias católicas romanas para obtener hostias consagradas a este fin diabólico. Un satanista estadounidense obligaba a su mujer a comulgar en iglesias católicas y a quedarse con la hostia que recibía durante la comunión para que él la utilizara. Se lo confesó a uno de mis amigos antes de morir.

Tras una misa negra, los fieles, hombres y mujeres, se entregan a una orgía. Las mujeres que participan en estas orgías son miembros de lo que se conoce como "logias de adopción". Son utilizadas como propiedad común por los miembros de la organización masculina.

Existen varios tipos de misa negra, al igual que hay misas altas y misas bajas en los servicios católicos romanos y de la Iglesia de Inglaterra. El satanismo incluye también una gran variedad de orgías sexuales

---

[17] Mag. Mun BULL. ROM. Vol. I, p. 617: Pratt op. cit. y Hansen op. cit.

organizadas con el objetivo de poner en una situación comprometida a personas influyentes a las que se desea controlar.

Un hombre me dijo que lo que ocurría en estas orgías le hacía vomitar. El satanismo se introduce en las despedidas de soltero en forma de lo que se conoce como "un circo". Estos circos son bastante comunes en la mayoría de las grandes ciudades.

Emplean desde un hombre y una mujer hasta una veintena de hombres y mujeres que se entregan a todas las formas de indulgencia y perversión sexual. El satanismo se difunde insidiosamente a través de la difusión en el sitio de películas que ilustran todas las formas de abominaciones sexuales que pueden haber cometido los demonios en forma humana.

El satanismo está siendo introducido en nuestras escuelas, colegios e instituciones de formación por estos llamados modernistas que, haciéndose pasar por especialistas en psiquiatría, enseñan teorías freudianas a sus estudiantes bajo el disfraz del modernismo. Así es como a los estudiantes de medicina y a las jóvenes que aprenden el arte de la enfermería se les hace creer que la masturbación y la homosexualidad son prácticas perfectamente normales en el desarrollo del cuerpo humano y que son buenas para el individuo.[18]

Hoy en día, el satanismo se sustenta en una producción anual de literatura pornográfica e imágenes obscenas por valor de millones de dólares. Las ventas de esta inmundicia destructora de la mente aumentan constantemente año tras año.

El satanismo se promueve en las fiestas organizadas para los delegados que asisten a las convenciones de las grandes ciudades y en algunos domicilios particulares, donde hoy se practican las bacanales como en la época de la Roma pagana.

---

[18] Tenemos el testimonio de estudiantes que han seguido cursos en Canadá para demostrar esta afirmación.

Pero al público que frecuenta los márgenes sexuales del satanismo no se le permite saber que, en la cúspide, la Sinagoga de Satán dirige todas las múltiples fases de esta abominable sección de la conspiración.

Ni siquiera se les permite sospechar que la propia Sinagoga de Satán está controlada desde arriba por los sumos sacerdotes del credo luciferino. Al principio, los prosélitos del satanismo inducen a sus víctimas a asistir a espectáculos sexuales por curiosidad. Después, las inducen a practicar el satanismo convenciéndolas de que no hay nada malo en la naturaleza. De este modo, sus víctimas pecan porque les gusta pecar. Los progresos realizados en este sentido tienen como efecto adormecer primero y matar después la conciencia de las víctimas. Una vez bien atada, la víctima se pone al servicio de los objetivos diabólicos del satanismo.

El efecto del satanismo puede verse y oírse por todas partes en las llamadas fiestas. Ahora se cuentan historias traviesas a y por miembros de ambos sexos en cada oportunidad. El lenguaje que asocia el nombre de Jesucristo con palabras impresentables de cuatro letras es de uso común. La delincuencia juvenil es fomentada por los satanistas y el satanismo.

A Satanás no le importan los hombres y mujeres que le sirven bien. Suele recompensar a los totalitarios de mentalidad internacional con riqueza y poder suficientes para satisfacer sus ambiciones materialistas y egoístas. El punto es este. CADA forma de internacionalismo, CADA idea totalitaria, CADA chanchullo, CADA organización y movimiento negativo sirve para promover los planes secretos de los que dirigen la conspiración luciferina EN LO MÁS ALTO.

Muchos grandes hombres, entre ellos Su Eminencia el Cardenal Caro Y Rodreguez de Chile, al exponer el satanismo, tal como se practica en las Logias del Gran Oriente y en los Consejos del Nuevo y Reformado Rito Palladiano, se refieren a estas dos sociedades secretas como "Masonería" e incluso "Francmasonería". Esto lleva a los desinformados a creer que muchos masones del Rito Escocés (también conocidos como "Masonería Azul" o "Masonería Continental") son también satanistas. ¡*Esto es falso y muy engañoso*

Incluso los miembros de los grados inferiores del Gran Oriente y del Nuevo Rito Paladiano no practican el satanismo. Incluso aquellos miembros seleccionados para la iniciación como seguidores del satanismo no conocen el secreto COMPLETO, es decir, el satanismo está controlado en la cima por los sumos sacerdotes del credo luciferino. Sólo aquellos que son iniciados al más alto grado reciben "LA VERDADERA LUZ de la PURA DOCTRINA de Lucifer" y están obligados a adorarlo como su único Dios. Sólo a unos pocos candidatos, cuidadosamente seleccionados, se les permite saber que es la ideología totalitaria luciferina la que se impondrá a lo que quede de la raza humana después del cataclismo social final que involucrará a los pueblos controlados por los comunistas con el resto del mundo.

Weishaupt y Pike eran ambos altos francmasones, pero ni uno de cada diez mil francmasones sospechaba que también eran sumos sacerdotes del credo luciferino. Mazzini dirigió la M.R.M. de 1834 a 1871, antes de que Pike lo introdujera en el secreto COMPLETO.

Ni un solo masón entre mil sospecha que la masonería, junto con TODAS las demás sociedades secretas, será destruida en la fase final de la conspiración, junto con todas las demás religiones, para que sólo la verdadera luz de la doctrina pura de Lucifer sea utilizada para influir en la mente humana.

Belén de Sarraga, que inició a los miembros del Gran Oriente en el satanismo en Iquique, les explicó que Satanás era el Dios "bueno", el ángel de luz que había venido a enseñar a Eva el secreto de hacer a los seres humanos iguales a Dios. Sarraga enseñaba que Satanás había poseído carnalmente a Eva, conocimiento que luego había compartido con Adán y transmitido a la raza humana.

Benoit nos dice que los iniciados del 25° grado de los Caballeros de la Serpiente de Acero deben adorar a la serpiente (símbolo de Satanás) enemiga de Dios (Adonay) y amiga del hombre, que con su triunfo devolverá a la humanidad al Edén.

Benito dice también que en el 20° grado de la misma orden, el iniciado debe decir "En el sagrado nombre de Lucifer, expulsad el oscurantismo" (oposición a la investigación y a la luz). (Benoit cita un folleto, difundido entre los masones del Gran Oriente, que dice que cuando Juan Ziska y Juan Huss hacían proselitismo de Satanás en Bohemia, representaban a Satanás como la víctima inocente de un poder despótico (Dios Adonay) que había hecho de él (Satanás) el compañero encadenado de todos los oprimidos. Estos dos sustituyeron la antigua expresión "Dios esté contigo" por esta otra: "Que te guarde el que está sometido a la injusticia".

Proudhon, otro satanista, está registrado invocando a Satanás con las siguientes palabras: "Ven Satanás, exiliado por los sacerdotes, pero bendito sea (en) mi corazón: "Ven Satanás, exiliado por los sacerdotes, pero bendito sea (en) mi corazón". (Benoit F.M.I. p. 460-62.)

Dom Benoit dice que el Nuevo y Reformado Rito Palladiano de Albert Pike tiene, como práctica y objetivo fundamental, la adoración de Lucifer... está lleno de todas las impiedades e infamias de la Magia Negra. Establecido en los Estados Unidos, ha invadido Europa y hace progresos aterradores cada año. Todo su ceremonial está lleno de blasfemias contra Dios y Nuestro Señor Jesucristo (F.M.I. p. 449-454) Domenico Margiotta escribió la vida de Adriano Lemmi bajo el título "Adriano Lemmi Jefe Supremo de los Francmasones". Lemmi fue también jefe de los francmasones del Gran Oriente italiano. Muy poca gente parece saber que era un satanista empedernido y que fue elegido por Pike para convertirse en Director Supremo de la M.R.M. tras la muerte de Mazzini. Lemmi es presentado al público, por la prensa controlada, como un gran patriota italiano. Pero si profundizamos en su vida privada y secreta, descubrimos que era un ídolo con pies de barro como Pike y Mazzini, Lord Palmerston, Churchill, ED. Roosevelt y muchos otros.

Margiotta dice: "Adriano Lemmi no ocultaba su adoración a Satán. En Italia, todo el mundo sabía que era satanista. Era en nombre de Satanás que enviaba sus circulares, adaptándose a veces a la opinión de iniciados *imperfectos*, pero basta hojear la colección de su diario (reservado a los masones del Gran Oriente) para conocer sus sentimientos sobre el ocultismo y la maldad de quien se ha entregado al Diablo. "Sí, fue como satanista que organizó los movimientos anticlericales y que se jactó de ello a partir de 1883.

En su órgano oficial "La Revista Della Massoneria Italiana" (vol. I del Anuario Masónico del 1 de marzo de 1883 al 28 de febrero de 1884, p. 306), hace esta cínica declaración:

> El Papa dijo: "Vecilla Regis Prodcunt Inferni". Sí, en efecto, las normas del Rey del Infierno avanzan, y no hay un solo hombre

consciente que ame la libertad; no hay un solo hombre que no se aliste bajo estas normas."

Así que, como todos los demás líderes revolucionarios, utilizó la palabra libertad mientras trabajaba para conducir a las masas hacia el "Nuevo Orden", que es el nombre cortés pero engañoso que dan a la dictadura totalitaria luciferina bajo la cual pretenden esclavizar a la raza humana, cuerpo, mente y alma.

Lemmi continúa diciendo

> "Los estandartes del Rey del Infierno están en marcha porque la Francmasonería, que por principio, por institución, por instinto, siempre ha combatido y combatirá sin tregua ni cuartel todo lo que pueda impedir el desarrollo de la libertad, de la paz y de la felicidad de la humanidad, debe combatir hoy más enérgicamente y más abiertamente que nunca todos los artificios de la reacción clerical".

(Margiotta, Adriano Lemmi, p. 168-169).

Aquí vemos que Lemmi inyecta la palabra "masonería" en lugar de "luciferianismo". Vuelve a hablar de libertad cuando él y los de su calaña pretenden utilizar el despotismo absoluto para imponer su voluntad a los "Goyim", como hizo Lenin en Rusia en 1917 en el primer gran experimento utilizado para probar las teorías luciferinas en la práctica real.

Copin Albancelli, otra autoridad sobre cómo se practica el satanismo en los tiempos modernos, dice haber obtenido pruebas formales de que ciertas sociedades, que se profesan masónicas, adoran a Lucifer: "Adoran a Lucifer como al verdadero Dios y están tan impulsados por un odio implacable al Dios de los cristianos, al que declaran impostor, que tienen una fórmula que resume su estado de ánimo. Ya no dicen "A la gloria del Gran Arquitecto del Universo", sino "¡Gloria y amor a Lucifer! ¡Odio! ¡Odio! ¡Odio! ¡Maldición a Dios! ¡Maldición a Dios! Condenación!" Copin-Albancelli continúa diciendo: "Se admite en estas sociedades que todo lo que el Dios cristiano manda es desagradable a Lucifer que, por el contrario, todo lo que prohíbe es agradable a Lucifer y que, en consecuencia, hay que hacer todo a lo que el Dios cristiano se ha opuesto y guardarse de todo lo que manda como si fuera fuego." Copin-Albancelli dice, y cito: "Repito que he tenido en mis manos la prueba de todo esto. He leído y estudiado cientos de documentos pertenecientes a una de estas compañías, documentos que no se me permite publicar y que proceden de miembros, hombres y mujeres, del grupo en cuestión. He podido probar que esto agrada a Lucifer, *y también que se practica el asesinato* (la misa negra o adonaca) siempre porque desagrada al Dios cristiano y agrada a Lucifer". (Copin, P.O. 291-292.) Margiotta cuenta que Pike reprochó a Lemmi su satanismo desenfrenado y decretó que el Dios de la masonería (el Rito Paladiano Nuevo y Reformado) sólo debía recibir el nombre inefable de Lucifer.

En el Congreso Internacional de Bruselas de 1886, La Fargus exclamó: "¡Guerra a Dios! ¡Odio a Dios! En eso consiste el progreso. El Cielo debe ser aplastado como si fuera una hoja de papel". (El Congreso Mundial de Bruselas de 1958 fue una de las exposiciones más impías jamás organizadas. El satanismo estaba omnipresente). Un adepto luciferino, el Hermano Lanesan (Fiesta Solstica de la Logia Clément el 13 de marzo de 1880) blasfemaba en estos términos: "Hay que aplastar al infame. Pero este villano no es el clericalismo, este villano es Dios". (Revista Internacional de las Sociedades Secretas, nº 17, 1924, pp. 309-310.) Sólo hemos citado a algunos autores no relacionados que, en la segunda mitad del siglo XIX, descubrieron verdades que yo he confirmado a través de mis propias investigaciones en la primera mitad del siglo XX. Los que dirigen la conspiración luciferina pueden mantener esta información bajo llave porque controlan la prensa y todos los medios de información pública. Pero, ¿no es extraño que los ministros de la religión cristiana no insistan en dar a conocer estas verdades desde sus púlpitos en lo que dicen ser iglesias cristianas - las Casas de Dios

Con el fin de clavar los últimos clavos en el ataúd de aquellos que quieren hacer creer al público en general que TODOS los masones son agrupados junto con el "satanismo" y/o el luciferianismo, me gustaría señalar que tanto Weishaupt como Pike tuvieron cuidado de prever la destrucción total de la masonería, así como de todas las demás sociedades secretas, en las etapas finales de la conspiración.

En las conferencias sobre los "Protocolos" de la Conspiración Luciferina, tal como fueron divididos en capítulos y párrafos por Marsden, el conferenciante afirmó que los francmasones y la masonería debían ser tratados de la siguiente manera: (Cap. IV. Par. 2) "¿Quién y qué es capaz de derrocar una fuerza invisible? Y esa es precisamente nuestra fuerza.

La masonería pagana sirve ciegamente de pantalla para nosotros y nuestros objetivos, pero el plan de acción de nuestra fuerza, e incluso su lugar de residencia, siguen siendo un misterio desconocido para todo el pueblo". La palabra "pagana" se introdujo porque esta copia de las conferencias iba a utilizarse para atizar el antisemitismo en Rusia hasta el punto de ebullición.

Cap. IX:2

> Cuando entremos en nuestro Reino, las consignas masónicas "Liberté, Égalité et Fraternité" pasarán a significar "el derecho a la libertad, el deber de la igualdad, el ideal de la fraternidad, así lo diremos".

El orador continúa explicando: "Hoy en día, si un estado protesta contra nosotros (los satanistas y luciferinos que dirigen el M.R.M. SUPERIOR), es sólo pro forma, a nuestra discreción y de acuerdo con nuestras instrucciones (porque controlan la política de TODOS los gobiernos entre bastidores)". También hay una declaración que se refiere a "la dirección de nuestros hermanos inferiores". Esta declaración indica que los directores de la conspiración luciferina pretendían utilizar a los francmasones de grado inferior como utilizan a los hermanos judíos de grado inferior para servir a sus propios planes secretos y sacrificar a tantos como sea necesario para servir a sus propios propósitos diabólicos.

Cap. XI: 5-7, dice:

> "Seguiremos prometiendo devolver (al pueblo) todas las libertades que le hemos quitado en cuanto hayamos sometido a los enemigos de la paz y domesticado a todos los partidos. Es inútil decir cuánto tiempo tendrán que esperar para recuperar sus libertades.

> "¿Con qué propósito, entonces, hemos inventado toda esta política y la hemos insinuado en las mentes de los "goys" sin darles la más mínima oportunidad de examinar su significado más profundo? ¿Con qué propósito, en realidad, si no es el de obtener por la puerta de atrás lo que, para nuestra dispersa tribu, es inaccesible por la vía directa?".

> Esta fue la base de nuestra organización de MASONERÍA SECRETA, que no es conocida y cuyos objetivos ni siquiera son

sospechados por esas bestias del GOY, atraídas por nosotros al ejército "SHOW" de las logias masónicas para echar polvo en los ojos de sus camaradas".

Lo anterior se lee como si los judíos estuvieran dirigiendo la conspiración, pero debemos recordar que estamos tratando con los sumos sacerdotes de la sinagoga de Satanás, los maestros del engaño, a quienes Cristo nos dijo que son los que se llaman judíos pero no lo son. Aquellos que sirven al satanismo en todo el mundo, buscando la ruina de las almas, son tanto "la tribu dispersa" como los judíos (hebreos).

El capítulo XV cuenta lo que va a suceder a todos los seres inferiores, masones, judíos, cristianos, etc. etc. "cuando nosotros (los sumos sacerdotes del credo luciferino) entremos por fin definitivamente en nuestro reino mediante un "golpe de Estado" preparado en todas partes para un mismo día, después de que se haya reconocido definitivamente la inutilidad de todas las formas de gobierno existentes".

Esta conferencia se pronunció entre 1873 y 1901. El conferenciante explica a sus oyentes que puede hacer falta un siglo para colocar a los responsables de la conspiración "donde NINGÚN poder o astucia pueda impedir que nos hagamos con el dominio indiscutible del mundo". "Le dice a su audiencia que una vez en el poder, ellos tomarán los siguientes pasos para asegurar su permanencia en el poder:

1. Mataremos sin piedad a TODOS los que tomen las armas para oponerse a nuestra entrada en nuestro reino.

2. La pertenencia a cualquier sociedad secreta se castigará con la pena de muerte.

3. Aquellos que, habiendo pertenecido a sociedades secretas, han servido al S.O.S., deben ser disueltos y enviados al exilio (exactamente como se hizo en Rusia y se está haciendo ahora en China). (Exactamente como se hizo en Rusia y se está haciendo ahora en China). El orador añadió: "Así es como trataremos a los masones que saben demasiado".

4. La muerte será el castigo para todos los que interfieran en nuestros asuntos. Ejecutamos a los masones de tal manera que nadie fuera de la Hermandad pueda sospechar, ni siquiera las propias

víctimas de nuestra sentencia de muerte. Todos morirán a su debido tiempo, como si se tratara de una enfermedad normal.

Los masones del Rito Escocés harían bien en investigar y denunciar a aquellos de entre ellos que secretamente pertenecen a la "Sinagoga de Satanás". Los conoceréis por sus frutos.

Puesto que Cristo nos dijo que Lucifer es el "Padre de la Mentira" y el "Maestro del Engaño", vamos a examinar al General Albert Pike, un autodenominado patriota y considerado uno de los más grandes doctores de la ciencia masónica, a la luz de sus propias palabras, que nunca debieron ver la luz del día. El dijo:

> "Los escalones azules no son más que la puerta exterior del portal del templo. Algunos de los símbolos se explican aquí al iniciado, ¡pero se le engaña intencionadamente con falsas interpretaciones! El objetivo no es que los entiendan, sino que imaginen que lo hacen. Su verdadera interpretación está reservada a los Iniciados, los Príncipes de la Masonería".

> "La Masonería", continúa Pike, "como todas las religiones, todos los misterios, el hermetismo y la alquimia, oculta secretos a todos excepto a los sabios iniciados o elegidos, y utiliza falsas explicaciones e interpretaciones de sus símbolos para engañar a aquellos que merecen ser engañados, y para ocultarles la verdad, que se llama LUZ, y separarlos de ella".[19]

Sólo comparando la declaración anterior con la información contenida en las cartas de Pike a Mazzini y a otros que se han convertido en "Sabios Iniciados" y "Elegidos" del credo luciferino, podemos comprender y apreciar la terrible verdad que se esconde tras las palabras citadas anteriormente. Está probado que la palabra LUZ que él subrayó significa "la VERDADERA LUZ de la doctrina pura de Lucifer", como explicó a Mazzini en la carta que le dirigió el 15 de agosto de 1871.

Cuento a muchos masones entre mis amigos. Durante los años treinta, tuve el honor y el privilegio de ser orador invitado en muchas logias

---

[19] Para confirmar la cita anterior, lea Preuse AF pp. 12-13.

masónicas. La Logia Jónica de Hamilton, Ontario (la Logia más antigua de Canadá) me ha hecho este honor en varias ocasiones. Es con sentimientos de amor y caridad que revelo que se les está mintiendo y engañando, y que su sociedad está siendo utilizada como un velo para ocultar la verdadera identidad y propósito de los miembros de la Sinagoga de Satanás que están utilizando sus templos como cuarteles secretos para poder trabajar secreta y misteriosamente, en la oscuridad, promoviendo el satanismo y dirigiendo la conspiración luciferina.

Sé que los masones de la masonería azul juran sobre la Biblia cuando prestan juramento. Esto demuestra que la gran mayoría de ellos cree en Dios (Adonay) como Creador del cielo y de la tierra, a quien llaman el Gran Arquitecto del Universo.

Sé que la gran mayoría de los aprendices sienten cada palabra que dicen cuando juran por Dios que nunca revelarán los secretos; y sé que el Dios por el que juran es el que ellos consideran ese Ser sobrenatural que expulsó a Lucifer y a sus compañeros rebeldes del Cielo y del Infierno. Sé que del gran número de francmasones de todo el mundo, sólo unos pocos, muy pocos, se deterioran hasta el punto de ser considerados "dignos" de iniciarse en el satanismo; sé que un número aún menor son seleccionados para convertirse en miembros de la élite de Lucifer. A partir de mis estudios, creo que el insidioso propósito de la infiltración luciferina en la masonería y en todas las demás religiones es engañarlos promoviendo directa e indirectamente la "idea" de un gobierno y una religión únicos en el mundo. Como he dicho antes, lo repito una vez más, "ni un solo masón entre diez mil sospecha que los que dirigen todos los aspectos de la conspiración luciferina pretenden usurpar los poderes del primer gobierno mundial que se establezca e imponer la ideología luciferina a lo que queda de la raza humana".

Sé que algunos de los muy buenos francmasones a los que me enorgullezco de llamar amigos caerían violentamente enfermos si se les pidiera que pronunciaran las blasfemias contra el Dios que veneran y adoran, y que participaran en las abominaciones practicadas en una de las misas negras modernizadas de Pike, a la que dio el nombre de misa adonaica.

Adam Weishaupt

Con el engaño como arma principal, los que dirigen la conspiración luciferina han hecho creer a los católicos que la masonería es el principal instrumento utilizado por el diablo para destruirlos a ellos y al cristianismo. Usando exactamente el mismo engaño, a los masones se les enseña a creer que el catolicismo romano es luciferianismo disfrazado. Del mismo modo, a los comunistas se les enseña que son los campeones de la "democracia", mientras que los pueblos de las llamadas naciones aún democráticas están convencidos de que el comunismo es la raíz de todo mal y la principal amenaza para la destrucción de sus gobiernos y religiones. Así es como los líderes de la conspiración luciferina han mantenido a los Goyim divididos entre ellos. Desplazan la responsabilidad de sus propios pecados contra Dios y crímenes contra la humanidad y la colocan donde más les conviene. De un modo extraordinario, que sólo puede explicarse por el poder del Diablo, consiguen desviar el dedo de la sospecha hacia otros cada vez que se les señala a ellos, y en general mantienen en secreto sus motivos e identidades.

La Sinagoga de Satán dirige la conspiración luciferina. La historia demuestra que el S.O.S. ha utilizado TODO movimiento internacionalista organizado desde los albores de los tiempos para promover sus propios planes secretos. La Biblia nos dice que la "idea" de un gobierno mundial fue presentada a Salomón diez siglos antes del nacimiento de Cristo.

Al igual que el nazismo, todos los movimientos internacionales se ven abocados a la autodestrucción una vez que han servido a la causa luciferina. Así es como las pocas personas que dirigen el Movimiento Revolucionario Mundial avanzan pacíficamente hacia el establecimiento de un estado totalitario. Hacen que aquellos a los que quieren subyugar luchen y se destruyan unos a otros, a sus gobiernos y a sus religiones, porque son obstáculos en su camino.

Los "Protocolos" son el borrador original del plan mediante el cual la Sinagoga de Satán pretende lograr la dominación mundial incontestable. Los Protocolos son, como dice el refrán, tan antiguos como él mismo. Weishaupt se ha limitado a revisarlos y modernizarlos para que los miembros de la Sinagoga de Satán puedan aprovechar al máximo las condiciones rápidamente cambiantes y los avances de la ciencia aplicada. Típico de lo que quiero decir es la forma en que el descubrimiento de la energía atómica está siendo utilizado para asustar a las masas para que acepten la "idea" de que un gobierno de un solo mundo es la única solución a los muchos problemas del mundo. Los que dirigen la conspiración ocultan cuidadosamente a los que utilizan para servir a su diabólico propósito el hecho de que en la fase final de la conspiración pretenden usurpar los poderes del primer gobierno mundial que se establezca, y luego imponer la ideología luciferina a lo que quede de la raza humana. Cuando los defensores de un solo mundo se ilustren a este respecto, rechazarán el internacionalismo en todas sus formas.

Weishaupt organizó los Illuminati para poner en práctica su versión revisada de la conspiración. También creó las logias masónicas del Gran Oriente como sede secreta de los Illuminati. Cuando los miembros de los Illuminati se infiltraban en otras organizaciones secretas, como la masonería continental o azul, organizaban sus propias sociedades secretas dentro de las logias de la sociedad secreta en la que se habían infiltrado. Los miembros ordinarios, "imperfectos", ignoraban y siguen ignorando este hecho.

Los satanistas o luciferinos más conocidos que trabajaron con Weishaupt fueron el famoso autor alemán Zwack, el barón Knigge, el barón Bassus-in-Sandersdorf, el marqués Constanza y Nicolai. Para ocultar su identidad y sus verdaderos propósitos, Weishaupt y sus lugartenientes utilizaban nombres en clave. [20] Weishaupt era "Espartaco"; Zwack era "Catón"; el barón Knigge era "Filón"; Bassus era "Aníbal"; el marqués Constanza era "Diomedes"; y Nicolai, el más

---

[20] Esta práctica continúa hasta nuestros días, como demuestra la historia de las reuniones secretas celebradas en las islas Jekyl y *Saint-Simon, publicada en* Peones en el juego y La niebla roja sobre América.

burlón de TODAS las religiones que enseñan la creencia en un Dios que no sea Lucifer, se convirtió en "Luciano".

Las ciudades en las que se establecieron las Logias del Gran Oriente para que fueran las sedes revolucionarias secretas de quienes dirigían la conspiración también recibieron nombres en clave. Así, Munich se convirtió en "Atenas", Viena en "Roma", y así sucesivamente. Fue un accidente, o un "acto de Dios", lo que reveló estos secretos. Zwack había puesto las notas de Weishaupt en forma de manuscrito ordenado, listo para ser publicado para la información de los líderes revolucionarios de todo el mundo. Copias de esta Biblia Luciferina fueron puestas en manos de administradores cuidadosamente seleccionados para asegurar que algunas sobrevivieran si las autoridades gubernamentales incautaban otras copias. Una copia fue confiada al profesor John Robison de la Universidad de Edimburgo.

En 1784, se envió otra copia desde Fráncfort del Meno (Alemania) a Mirabeau en París (Francia). Mirabeau había sido elegido por Weishaupt para fomentar la Revolución Francesa que estallaría en 1789.

Muy pocos historiadores parecen haberse dado cuenta de que a principios de 1700, mucho antes de que Weishaupt fuera contratado por la nueva Casa de Rothschild para revisar y modernizar la vieja conspiración para establecer un GOBIERNO MUNDIAL ÚNICO, los llamados "Internacionalistas" se habían infiltrado en América. Los trabajos de los historiadores que mencionan este hecho han sido suprimidos. Los documentos demuestran que estos subversivos ya estaban activos en 1746. Celebraron el 1 de mayo de 1776 como el día en que Weishaupt completó la revisión de la conspiración de siglos de antigüedad y dieron el nombre de "Illuminati" a los elegidos para dirigir la conspiración y poner en práctica sus planes revisados. Desde entonces, millones y millones de personas han celebrado el 1 de mayo, creyendo que es el aniversario del día en que América y el trabajo obtuvieron su independencia. Las masas (Goyim) nunca soñaron que el 1 de mayo de 1776 fue un día histórico en la historia de la conspiración luciferina que llamamos Movimiento Revolucionario Mundial. Fue el día en que los Illuminati apuñalaron a Gran Bretaña por la espalda como parte de su programa para destruir el Imperio Británico y TODOS los demás gobiernos y religiones restantes.

Durante siglos, la Iglesia Católica Romana ha celebrado el 1 de mayo como el día de la madre de Jesucristo. Fue por esta razón que Weishaupt, un jesuita renegado, eligió este día para anunciar a sus compañeros satanistas y luciferinos su plan revisado para destruir el cristianismo y provocar lo que Nietzsche llamaría más tarde "la muerte de Dios".

Pero volvamos a nuestra historia. Cuando el mensajero Illuminati pasa por Regensburg en su camino a París para entregar la copia de Mirabeau de los planes revisados de Weishaupt, el mensajero es asesinado por un rayo.

Este suceso tuvo lugar en 1784. La policía entregó los documentos encontrados en el cadáver a las autoridades del gobierno bávaro. El examen reveló que se trataba de los "Protocolos" de la orden y secta de los Illuminati. La palabra *"Protocolo" significa:* "Copia del borrador original de un plan para alcanzar una meta específica y un objetivo claramente definido".

El gobierno bávaro se había hecho con los Protocolos de la Conspiración Luciferina revisados por Adam Weishaupt entre 1770 y 1776. Sabían cómo Weishaupt pretendía utilizar la "Orden y Secta de los Illuminati" para poner en práctica sus planes modernizados. Los documentos revelan además que las Logias del Gran Oriente debían servir como cuartel general secreto de quienes dirigían la conspiración para destruir todos los gobiernos y religiones restantes en todo el mundo. También revelan que los Illuminati pretenden infiltrarse en todas las demás sociedades secretas, pero en particular en la Masonería Continental (Azul), con el objetivo de contactar con individuos ricos e influyentes sobre los que desean obtener el control para utilizarlos en favor de los planes secretos de los Illuminati de establecer un gobierno mundial único.

El príncipe elector de Baviera ordenó a la policía registrar los domicilios y lugares de reunión de Weishaupt y sus allegados. Estos registros añadieron una gran cantidad de pruebas a las ya obtenidas a partir de los documentos encontrados en el cuerpo del mensajero.

El gobierno bávaro fue extremadamente riguroso. En 1786 ya había examinado todas las pruebas disponibles. Publicó la información en un libro titulado *Escritos originales de la Orden y Secta de los Illuminati.*

El manuscrito de Zwack que contenía la versión revisada de Weishaupt de la antigua conspiración luciferina se tituló *Einige Originalschriften*. Copias de la conspiración fueron enviadas por el gobierno de Baviera a TODOS los jefes de la iglesia y del estado en Europa. La historia demuestra que estas advertencias fueron ignoradas porque los Illuminati de Weishaupt ya habían sido colocados en posiciones clave entre bastidores de los gobiernos, tanto seculares como religiosos, como "expertos" y "asesores". Denunciaron las pruebas como "falsas". Afirmaron que formaban parte de una gran broma perpetrada por quienes deseaban ridiculizar a los dirigentes de la Iglesia y el Estado. Pero la Revolución Francesa estalló como se predijo, y la historia muestra que la conspiración se ha desarrollado desde 1776 EXACTAMENTE como Weishaupt predijo. Hoy en día, se encuentra en su etapa semifinal.

El Elector de Baviera desterró a Weishaupt. Perdió su "cátedra" en la Universidad de Ingolstadt, donde enseñaba "derecho canónico". Se trasladó a Ratisbona, Suiza, donde reorganizó sus Illuminati. Suiza se convirtió en una nación neutral y siguió siendo la sede de los directores del Movimiento Revolucionario Mundial hasta que la Organización de las Naciones Unidas fue creada por los Rockefeller en Nueva York. Los "cerebros" que elaboraron el programa para llevar la conspiración a su objetivo final se trasladaron entonces al edificio Harold Pratt de Nueva York.

Dos italianos, el marqués Constanza y el marqués Savioli, se unieron a Weishaupt en Suiza. Esto explica por qué el italiano Guiseppe Mazzini fue elegido para dirigir el programa revolucionario mundial en 1834; otro italiano, Adriano Lemmi, le sucedió en 1872, a la muerte de Mazzini. Con diabólica astucia, Weishaupt y sus compañeros conspiradores hicieron creer a las autoridades que los Illuminati habían muerto de muerte natural en 1786. En realidad, el complot para someter a lo que quedaba de la raza humana a una dictadura totalitaria nunca terminó. Ha florecido bajo nuevos nombres y nuevos disfraces en todas partes del mundo. Esta es la M.R.M. tal y como la conocemos hoy.

El propio Weishaupt nos dice que planeó mucho antes de 1786 cómo hacer frente al riesgo de ser descubierto y expuesto. Aquellos que se apartan de Dios (Adonay) primero se convierten en satanistas, luego, tras largos años de pruebas y tribulaciones, unos pocos satanistas son seleccionados para ser iniciados en el sacerdocio luciferino. De entre ellos se eligen los sumos sacerdotes y el pontífice universal del credo luciferino. Weishaupt (Espartaco) aspiraba a convertirse en Sumo Pontífice. En una carta que escribió a "Cato" (Zwack) el 6 de febrero de 1778, declaró: "La alegoría en la que debo basar los Misterios de las Órdenes Superiores es el 'culto del fuego de los Magos' (culto de Lucifer). Debemos tener un culto, y ninguno es tan apropiado: 'Hágase la luz'. Ese es mi lema, y ese es mi principio fundamental".

En marzo del mismo año, Weishaupt escribe de nuevo a su amigo "Cato" (Zwack). Le dice:

> "He recorrido todo el círculo de la investigación humana. He exorcizado espíritus.[21] He resucitado fantasmas, descubierto tesoros, interrogado a la Cábala;[22] Nunca he transmutado metales. Habría ejecutado cosas mucho mayores si el gobierno (sus superiores en la conspiración luciferina de la época) no se hubiera opuesto siempre a mis esfuerzos y colocado a otros en situaciones acordes con mis talentos."

Weishaupt era literalmente tan orgulloso como Lucifer. Estaba decidido a convertirse en el Sumo Pontífice del Credo Luciferino. Estaba

---

[21] La palabra "exorcizar" significa expulsar uno o más demonios de una persona poseída. Las Escrituras nos cuentan cómo Cristo expulsó a los demonios. Pero los satanistas invitan a los demonios a entrar en sus médiums, a poseerlos y, a través de ellos, a hablar a quienes buscan el conocimiento o el consejo de Satanás y/o Lucifer. Una vez que el médium ha cumplido su misión, los sumos sacerdotes de la Sinagoga de Satán "exorcizan" a los demonios del cuerpo de la persona, que entonces vuelve a la normalidad. Fue esta práctica la que llevó a la Sinagoga de Satanás, buscando desacreditar a Cristo, a acusarle de expulsar demonios en nombre y por los poderes de Belcebú, el príncipe de los demonios, y no por el poder de Dios (Lucas 11:14-15).

[22] La Cábala (a menudo deletreada de forma diferente), tal como la denomina Weishaupt, significa "los poderes espirituales dirigidos por Lucifer en el mundo celestial": las Sagradas Escrituras se refieren a ella "como los poderes espirituales de las tinieblas". Los seres humanos que lideran la causa luciferina consultan a menudo a sus directores espirituales en el mundo celestial, exactamente de la misma manera que millones de cristianos creen en la comunión de los santos y les rezan para que intercedan ante Dios en su nombre por iluminación espiritual y bendiciones. Mackenzie King, como Primer Ministro de Canadá, pidió repetidamente consejo y orientación a personas que ya habían partido de esta vida. Se sabe que Pike también lo hizo en varias ocasiones; el mejor ejemplo es su propio informe de la sesión de espiritismo que dirigió personalmente en St. John's. Así vemos que la "verdad" es mucho más extraña que cualquier ficción jamás escrita.

determinado a ser colocado más alto que cualquier otra persona en este mundo o en el mundo celestial, excepto su amado Lucifer. Esto lo prueba una carta que escribió a "Cato" (Zwack) en 1778. Dijo a su amigo: "Mediante este plan gobernaremos a toda la humanidad. De esta manera, y por los medios más simples, pondremos todo en movimiento y en llamas. Las ocupaciones deben estar distribuidas y diseñadas de tal manera que podamos, en secreto, influir en todas las 'transacciones' políticas..... Lo he planeado y preparado todo para que, si la Orden cayera hoy en la ruina, la restablezca dentro de un año más brillante que nunca". Esta es la clave del secreto. El gobierno bávaro descubrió y expuso la existencia de la persistente conspiración, pero Weishaupt la reconstruyó y la hizo más fuerte que nunca. Lo único que hizo el gobierno bávaro fue podar el Árbol del Mal y hacerlo más fuerte. Lo que debería haber hecho era desenterrarlo de raíz y quemarlo, como nos dicen las Escrituras que debemos hacer si queremos destruir las fuerzas espirituales de las tinieblas que vagan por este mundo buscando la destrucción de las almas (Mt. 7:15-24). Si, en 1786, los líderes de la Iglesia y del Estado hubieran seguido el consejo de las Escrituras, hubieran cortado y quemado el árbol del mal, del que los Illuminati no son más que una de las muchas ramas, "el vientre se habría olvidado de él (Weishaupt); el gusano se habría alimentado suavemente de él; ya no se acordarían más de él; y la maldad se habría quebrado como un árbol maligno." (Job 24:Antes de que Weishaupt fuera desterrado en 1786, sus 2.000 Iluministas bien educados, cuidadosamente seleccionados, de mente brillante, ricos y bien educados habían establecido una o más Logias del Gran Oriente en Munich, Ingolstadt, Frankfurt, Echstadt, Hanover, Brunswick, Calbe, Magdeburgh, Cassel, Osnabruck, Wiemar, Saxony, Heidelbergh, Mannheim, Estrasburgo, Spire, Worms, DüsseldorfF, Colonia, Bonn, Livonia, Courtland, Franendahl, Alsacia, Wienne, Deuxponts, Hesse, Cousel, Buchenwerter, Treves, Montpelier, Aquisgrán, Stuttgart, Barschied, Carlsruhe, Hahrenberg, Anspach, Neuweid, Mentz, Roma, Nápoles, Ancona, Turín, Florencia, Varsovia y Dresde. Hubo logias en Alta Sajonia, Westfalia, Suiza, Francia, Escocia, Holanda y, por último, América.

Muchas supuestas autoridades han intentado, desde 1786, convencer a los jefes de la Iglesia y del Estado en América y en otros lugares de que el Iluminismo está tan muerto como el pájaro Dodo. Estos luciferinos producen lo que afirman son pruebas documentales para demostrar que lo que dicen es VERDAD, pero tienen cuidado de ocultar las pruebas que demuestran que Albert Pike reorganizó el Rito Palladiano entre 1859 y 1889 para asumir el liderazgo de la conspiración luciferina de los Illuminati. Ocultan cuidadosamente las pruebas de que el Iluminismo empezó a apestar en las fosas nasales de los estadounidenses honrados. A principios de 1800, 45.000 masones del Rito Escocés renunciaron a sus estatutos en protesta por la forma en que el Iluminismo se había infiltrado en sus logias. Por eso pocos americanos saben que Pike estableció veintiséis concilios (triángulos) de este Nuevo y Reformado Rito Palladiano en todas las principales ciudades del mundo para dirigir la conspiración luciferina como Weishaupt había pretendido. Explicamos cómo funciona esta conspiración en otro capítulo.

Hemos mencionado que el profesor John Robison, de la Universidad de Edimburgo, fue una de las personas a las que se confió una copia de los manuscritos originales de Zwack que tratan de la versión revisada y modernizada de la conspiración luciferina de Weishaupt.

Robison era miembro del grado 33 del Rito Escocés de la Masonería. Como tal, visitó la mayoría de las logias masónicas de las ciudades europeas y participó en sus rituales e iniciaciones. Ha enseñado filosofía natural en la Universidad de Edimburgo. Es secretario de la Royal Society. Weishaupt estaba particularmente interesado en asegurar la cooperación de Robison para que la "IDEA" de un gobierno mundial pudiera ser introducida en TODOS los establecimientos educativos. Esto se ha logrado desde entonces, como cualquier padre de niños en edad escolar debe admitir. Weishaupt ordenó a sus Iluministas que invitaran a Robison a cenar y le presentaran a lo mejor de los círculos educativos europeos. Fue halagado y aclamado como uno de los más grandes pedagogos de su tiempo. Pero John Robison no se dejó engañar por todas las artimañas de los secuaces del Diablo. Reconoció que detrás de la inteligente presentación de los Illuminati de que un único gobierno mundial podría resolver todos nuestros problemas políticos, sociales, económicos y religiosos, la verdadera intención de los que controlaban a los Illuminati EN LA CÚPULA era usurpar el poder del primer gobierno mundial que se estableciera y imponer entonces una dictadura totalitaria luciferina sobre lo que quedaba de la raza humana.

Después de que los líderes de la Iglesia y el Estado se negaran a prestar atención a las advertencias que les hizo el gobierno bávaro en 1786, y la Revolución Francesa estallara como se predijo en 1789, John Robison publicó todo el conocimiento que había adquirido sobre los Illuminati, y aquellos que los controlaban EN LO MÁS ALTO, en un libro de 548 páginas. El libro se titula *Pruebas de una Conspiración contra todas las Religiones y Gobiernos de Europa*. En la portada se lee: "Producido en las reuniones secretas de los Francmasones, los Illuminati y las Sociedades de Lectura". Todavía existen ejemplares de este libro a pesar de los frenéticos esfuerzos de los que dirigen la conspiración por intentar destruir todos los que se han publicado. Tengo una declaración escrita de un amigo que posee una copia que dice que agentes de la Fundación Rockefeller le dijeron que podía fijar su propio precio por su copia. Rechazó la oferta.

Otra auténtica fuente de información es M. Barruel, autor de *Mémoires du jacobinisme*. Se trata de un volumen que acompaña a *Evidence of a Conspiracy*. Como ya mencioné en *Peones en el juego*, Sir Walter Scott también publicó dos volúmenes sobre el tema bajo el título *Vida de Napoleón*, ambos suprimidos. Esta gran obra ni siquiera figura en la lista de la mayoría de las bibliotecas como una de sus obras.

Pero, una vez más, un accidente, un "acto de Dios", permitió a un amigo mío obtener ejemplares originales de ambos volúmenes de un librero de segunda mano de Estados Unidos por el ridículo precio de 17,50 dólares. Pensando que tenía estos libros raros en mi poder y que pensaba utilizarlos como referencia para escribir este libro, unos ladrones me robaron todos los libros y documentos que llevaba conmigo la primera noche que llegué a Clearwater, Florida, en noviembre de 1957, para empezar a escribir este libro. Fue un grave contratiempo. Retrasó mi trabajo un año, pero no me detuvo.

Con el fin de alertar a los buenos cristianos sobre la profundidad del engaño utilizado por los agentes del S.O.S., citaremos la declaración contenida en una carta que Weishaupt escribió a Philo (Knigge): "Debemos ganar (controlar) a la gente común en todos los rincones. Esto se hará principalmente a través de las escuelas. Del mismo modo, debemos tratar de obtener e influir en las academias militares, las imprentas, los libreros, las tiendas, los capítulos, y en resumen, en cada oficina o incluso en la dirección de la mente del hombre; la pintura y el grabado merecen enormemente nuestra atención.

"Su primera tarea (los Illuminati) y su objetivo inmediato es apoderarse de la riqueza, el poder y la influencia sin industria; y para lograrlo, desean abolir el cristianismo; entonces la moral disoluta y el libertinaje universal les procurarán la adhesión de todos los malvados y les permitirán derrocar a todos los gobiernos civiles de Europa; Después de lo cual pensarán en otras conquistas y extenderán sus operaciones a otras partes del globo, hasta que hayan reducido a la humanidad a una masa caótica indistinguible".

Para llegar al tipo de personas que los Illuminati necesitaban para llevar adelante sus propios planes secretos, Weishaupt organizó una clase de aprendices para reclutadores Illuminati interesados en el internacionalismo. Esta clase de aprendices se llamaba "Minervales". Fueron introducidos y puestos bajo la influencia de los "Veintidós Hermanos Unidos". En apariencia, era una especie de club de escritores, exactamente igual a los que se encuentran hoy en todas las grandes ciudades y comunidades organizadas. Estos clubes dieron origen a las "sociedades de lectura". Éstas orientaron las mentes de sus miembros hacia líneas de pensamiento que les convencieron de que la "idea" de un gobierno mundial único tenía un interés real. Lo mismo se está haciendo hoy para confirmar la creencia del público en el valor de un Gobierno Mundial Único y de la Fraternidad Universal del Hombre. La Organización de las Naciones Unidas no es ni más ni menos que una fachada engañosa, revestida de un aire de respetabilidad, para encubrir las actividades de quienes planean usurpar los poderes del primer gobierno mundial que se establezca.

Los "Veintidós Hermanos Unidos" dijeron a los Minervales: "Nos hemos unido para alcanzar el objetivo del excelso fundador del cristianismo, a saber, iluminar a la humanidad y destronar la superstición y el fanatismo, mediante una fraternización secreta de todos los que aman la obra de Dios.

La declaración de este objetivo aparentemente idealista resultó ser un engaño deliberado cuando parte de la correspondencia secreta de Weishaupt y Pike cayó en manos distintas de las previstas. Esta correspondencia prueba que cuando los luciferinos dicen que quieren servir "al exaltado fundador del cristianismo", no lo dicen en broma. Lo que realmente quieren decir es que sirven a Lucifer. Pike dijo a los jefes de los Consejos del Rito Palladiano que debían utilizar las palabras "adoramos a Dios" al dirigirse a las masas, a pesar de que "adoramos a Lucifer". Este aspecto de la conspiración se trata en otro lugar.

Muchos estudiantes brillantes, profesionales (especialmente abogados) y funcionarios de alto nivel fueron engañados para que aceptaran la iniciación como Minervales. Así, como iniciados, se les colocaba en una posición que les exigía prestar juramento y jurar que, bajo pena de muerte, nunca revelarían nada de lo que hubieran tenido conocimiento a raíz de su incorporación a la sociedad secreta.

Por qué alguien que tiene la intención de amar y servir a Dios tomaría un juramento solemne de no divulgar información sobre asuntos de los que no tiene conocimiento personal está más allá de la comprensión. También es difícil entender por qué cualquier cristiano sincero querría unirse a una sociedad secreta y trabajar en la oscuridad, detrás de las escenas, en lugar de difundir la LUZ DE LA VERDAD revelada por Jesucristo, pero alrededor de uno de cada doce hombres adultos pertenecen a la masonería y casi otros tantos pertenecen a otras sociedades secretas. Las Escrituras nos advierten que no escondamos nuestra luz debajo de un celemín. Las personas que son honestas y sinceras y no tienen motivos ocultos no se esconden. Se presentan para ser contados y asumen las consecuencias, sabiendo que lo peor que los agentes de Lucifer pueden hacer es matar sus cuerpos. (La verdad, como revelan los documentos secretos, es que los Minervales, que demostraron tener altos principios morales y eran incorruptibles, fueron aceptados en la Sociedad Secreta y alabados por sus buenos ideales; pero sólo aquellos que demostraron ser inmorales y abiertos a la corrupción fueron promovidos a grados superiores. Los buenos eran utilizados como "Bienhechores", "Reformadores" y otros tipos de herramientas; aquellos que habían vendido sus almas al Diablo eran utilizados como instrumentos de destrucción. Esto explica por qué tantos eclesiásticos de son engañados y se convierten en "herramientas del Diablo" sin darse cuenta de que están sirviendo a la causa luciferina.

Si los que dirigen la conspiración luciferina de ARRIBA pueden persuadir a la mayoría de los que convencen para que se unan a sociedades secretas y clubes sociales y de servicio para que acepten la idea de que el nacionalismo está pasado de moda y que el cristianismo es débil y equivocado, habrán logrado su objetivo. Sus agentes en las sociedades y clubes sugieren entonces que el nacionalismo nos está llevando a guerras y causando revoluciones; sugieren que el cristianismo ha demostrado ser ineficaz e incapaz de prevenir estas guerras y revoluciones. Los agentes secretos promueven entonces la idea de que un único gobierno mundial, a través de las Naciones Unidas, y una única religión mundial podrían resolver los muchos y variados problemas que acosan hoy a la raza humana. Lo que los agentes de la Sinagoga de Satanás mantienen cuidadosamente oculto es el hecho de que sus amos están preparados para usurpar los poderes del primer gobierno mundial que se establezca, al igual que usurparon el poder en

Rusia en octubre de 1917. Habiendo usurpado el poder, impondrán la ideología luciferina a la humanidad usando el despotismo satánico para imponer su voluntad y destruir TODAS las sociedades secretas, TODAS las religiones y a TODOS los que se opongan a su voluntad, como indican tan claramente los Protocolos.

Cómo actúa la sinagoga de Satanás en las altas esferas

La "idea" de un gobierno mundial único puede presentarse de forma que resulte razonable, práctica e incluso deseable. La "idea" de un gobierno mundial único puede presentarse de forma que resulte razonable, práctica e incluso deseable. Hábiles agentes Illuminati, pertenecientes a clubes y sociedades, sirven a los propósitos de la Sinagoga de Satán presentando lo que parecen ser argumentos sólidos a favor de un Gobierno Mundial Único a aquellos a los que pueden persuadir para que escuchen. Muy pocos miembros de clubes y sociedades sospechan que más allá del final del camino verde del liberalismo y la seguridad social, que conduce a un Gobierno Mundial Único, se encuentra un precipicio en el que caeremos, al abismo de la esclavitud absoluta de cuerpo, mente y alma.

Confieso francamente que ya en 1945 estaba convencido de que un gobierno mundial único era la ÚNICA solución a los numerosos problemas políticos, económicos, sociales y religiosos del mundo. Sólo cuando entré en contacto personal con hombres que defendían y ayudaban a organizar las Naciones Unidas empecé a sospechar que algo iba mal. Cuando me nombraron miembro del Estado Mayor de la Armada en 1944, como autor de siete libros publicados anteriormente, fui bien recibido en los círculos internacionalistas. Esto me puso en contacto personal con hombres del más alto nivel del gobierno canadiense, protegidos por William Lyon Mackenzie King, entonces Primer Ministro. Su casa estaba "realmente" cerca de la embajada soviética. Sus secuaces eran despiadados y carecían de escrúpulos. El propio Mackenzie King era tan inescrutable como la proverbial esfinge.

El Primer Ministro era un hombre extraordinario. Era infatigable. Exigía obediencia y servicio ilimitados a las personas que elegía para formar parte de su gabinete. En cuanto a su personalidad,, era mucho más frío que el hielo. Si tenía alguna emoción humana, la mantenía bajo cero. Rara vez sonreía. Tenía la típica "cara de póquer"; sus ojos eran profundos y penetrantes, pero si los ojos son las "ventanas del alma", entonces Mackenzie King había perdido su alma mucho antes de convertirse en Primer Ministro. Como parte de sus obligaciones públicas, tenía que reunirse con la gente y estrecharles la mano. Quienes han estrechado la mano del Primer Ministro dicen que la experiencia les recordaba a recoger un pez muerto. En la colina del Parlamento se decía que no tenía un solo amigo íntimo en todo el mundo.

Si había una excepción, era su peluquero. Sin embargo, tenía un poder secreto que le permitía hipnotizar a los votantes para que le llevaran siempre al poder a él y a su partido liberal durante casi un cuarto de siglo. Podía ganarse la lealtad de sus subordinados sin darles amistad a cambio. Demostró ser un radical cuando era estudiante en la Universidad de Toronto. Se encargaba de crear el ambiente, de encender la chispa, de causar problemas y luego dejaba que otros cargaran con la culpa. No tenía amigos en la universidad, como tampoco los tuvo más tarde. Un hombre que le conoció en la universidad y más tarde le sirvió hasta su muerte dijo en tono perplejo: "Si Mackenzie King tenía un amigo lo bastante íntimo como para confiar en él, debía de ser el diablo". Otro dijo:

> "Estaba tan inmerso en la intriga internacional que no se atrevía a casarse por miedo a hablar en sueños.

Cuando formaba parte del personal de Ottawa, se me sondeó cuidadosamente para determinar si mi lealtad a la Corona británica era tan pronunciada que no estaría dispuesto a aceptar la "idea" de un gobierno mundial único, a pesar de que quienes presentaban la "idea" insistían en que se permitiría a los gobiernos nacionales gestionar sus propios asuntos. Esta presentación es tan obviamente una mentira que desde entonces he sido extremadamente cauto.

Sabiendo que había un "poder secreto" que había utilizado el nazismo y pretendía utilizar el comunismo para promover sus propios planes y ambiciones secretas de usurpar el dominio mundial indiscutible, estaba decidido a averiguar, si era posible, quién o qué era ese poder secreto. Así que fingí convertirme en internacionalista. Entonces me puse en contacto personal con hombres a nivel de viceministros en el gobierno, así como con algunos de los "especialistas", "expertos" y "asesores" que servían al gobierno entre bastidores.

Empecé a sospechar la verdad.

En general, la mayoría de estos unmundistas eran satanistas. Evitaban asistir a servicios religiosos. Ridiculizaban la religión. Aceptaban el código moral freudiano, lo que significaba que no les importaba lo que hicieran, ni con quién lo hicieran, siempre que satisficieran sus propios placeres y deseos carnales. Si usaban el nombre de Dios, siempre lo tomaban en vano. Si usaban las palabras "Jesucristo", era para inyectarlas en conversaciones ordinarias o para asociarlas con sucias palabras de cuatro letras. Sin profesarlo abiertamente, eran obviamente seguidores del Rito Palladiano de Pike o de la masonería del Gran Oriente. La observación atenta de su forma de beber en los comedores de oficiales y en otros lugares demostró que utilizaban signos que los francmasones y los Caballeros de Colón no entendían.

Podría equivocarme, pero al observar a hombres que se habían alejado claramente de Dios y se habían convertido en satanistas, me convencí de que podían reconocerse e identificarse por el pliegue del pañuelo que llevaban en el bolsillo superior del abrigo.

Aceptaron claramente el dogma de Pike relativo a las mujeres: Pike exigía a los miembros de todos los Consejos de su Rito Paladiano Nuevo y Reformado que organizaran a mujeres seleccionadas en "Consejos de Adopción".

Estas mujeres debían ser utilizadas como propiedad común de los miembros masculinos porque, según el dogma de Pike, antes de que un miembro pudiera llegar a ser "Perfecto" tenía que adquirir un control absoluto sobre los sentimientos del corazón y los deseos de la carne. Afirmaba que muchos hombres se desviaban del camino del deber porque eran lo suficientemente débiles como para sentir amor y afecto por las mujeres. Argumentaba que para que un miembro llegara a ser "perfecto" tenía que ganar el control absoluto sobre sus sentidos y sentimientos, y sugería que la mejor manera de ganar el control sobre los impulsos sexuales era utilizar a las mujeres "a menudo y desapasionadamente y así encadenar a las mujeres a su voluntad".

He descubierto que algunos internacionalistas de primera fila "intercambiaron" esposas durante las vacaciones. El profesor Raymond Boyer, un importante científico y millonario canadiense, y E. V. Field, un millonario estadounidense. Field, millonario estadounidense, enzarzados en intrigas y subversiones internacionales, como demostraron las comisiones de investigación de los gobiernos canadiense y estadounidense, llegaron a intercambiar esposas para siempre, y legalizaron el intercambio a los ojos de la ley civil mediante una ceremonia que los nuevos periódicos llamaron "matrimonio". ¿Qué piensa Dios de tales prácticas? Todas estas personas eran demasiado inteligentes para ser ateas. Saben que existe tanto lo sobrenatural como lo natural, de modo que si se apartan de Dios, se convierten automáticamente en satanistas en lo que se refiere a este mundo, y en luciferinos en lo que se refiere al mundo venidero. (Para más detalles, véanse las pp. 212 y 213 Niebla roja sobre América).

Si estos intelectuales de alto nivel que abogan por el establecimiento de un gobierno de un solo mundo tuvieran alguna intención de implementar el plan de Dios para la dominación de todo el universo en esta tierra, es poco probable que llenaran los servicios civiles de TODOS los gobiernos restantes con homosexuales. Cualquiera que haya tenido que vivir en Londres, Ottawa y/o Washington sabe que cuando se trata de homosexualidad, estas tres ciudades son ciudades modernas como Sodoma y Gomorra. "El caso de Burgess y McLean es un ejemplo típico de lo que quiero decir. El profesor Pitrim Sorokin, de la Universidad de Harvard, ha publicado una exposición de este aspecto de la conspiración luciferina en un libro titulado *The American Sex Revolution*. El autor sostiene que el comportamiento sexual perverso desempeña un papel importante en la política estadounidense moderna y que la corrupción y el chantaje sexuales están ahora tan extendidos como la corrupción monetaria. Afirma que "personas sexualmente infames, o sus prot6g6nas, son nombradas embajadores y otros altos cargos; los pródigos a veces se convierten en populares alcaldes metropolitanos, miembros del gabinete o líderes de partidos políticos. Entre nuestros políticos, hay una vasta legión de pródigos, tanto heterosexuales como homosexuales. Nuestras costumbres han cambiado tanto que la continencia, la castidad y la fidelidad se consideran cada vez más rarezas".

El libro del profesor Sorokin no ha recibido la misma publicidad, ni el mismo volumen, que los libros del doctor Kinsey que tratan de las supuestas prácticas morales de hombres y mujeres. Según el satanismo, es perfectamente correcto y adecuado fomentar la bajeza moral en todas las clases de la sociedad y en todos los niveles de gobierno, convenciendo al público de que el comportamiento sexual anormal es normal; y que el código moral aceptado por las naciones civilizadas, basado en los mandamientos de Dios y las enseñanzas de las Sagradas Escrituras, está pasado de moda y ha sido introducido por la Iglesia y el Estado con fines egoístas. Pero detrás del desarrollo de una concepción errónea de la sexualidad y de sus objetivos, tal como los define Dios, nuestro Creador, subyace el principio satánico de que "el mejor revolucionario es un joven absolutamente desprovisto de moral". Cuando Lenin enunció este principio en Peones en el juego, no hacía más que confirmar lo que otros satanistas habían afirmado cientos de veces antes. Es el satanismo, que viene directamente de arriba, el responsable del aumento de la delincuencia juvenil, pero los elegidos por los gobiernos del mundo para investigar este problema dan invariablemente todas las CAUSAS que no son las correctas. He discutido las causas de la delincuencia juvenil con los líderes de la Iglesia y el Estado en Canadá desde 1923, pero la Sinagoga de Satanás siempre ha sido lo suficientemente fuerte como para impedir cualquier explicación pública veraz de la causa y el propósito por aquellos que dirigen la conspiración luciferina EN LA CIMA. Nos dicen que es mucho más fácil para ellos contrarrestar las influencias malignas cuando pueden explicar clara y honestamente a sus hijos por qué los satanistas están trabajando tan duro para alejar a los jóvenes de Dios enseñándoles mentiras sobre la sexualidad. Repito una vez más, no hay nada malo, nada degradante, nada de qué avergonzarse en las relaciones sexuales tal como Dios las concibió, pero mucho está mal cuando multitudes deifican el sexo, la adoración promiscua del cuerpo humano, y astuta y astutamente hacen creer a cada generación sucesiva de seres humanos que la experiencia prematrimonial, cualquier forma de depravación sexual y vicio, es absolutamente normal, siempre que uno obtenga placer de tales indulgencias; y que la continencia, la castidad y la fidelidad están pasadas de moda.

Mi punto es que la gran mayoría de los hombres y mujeres que patrocinan y lideran la campaña por un gobierno de un solo mundo, distinto al comunismo, son tan amargamente opuestos a Dios como lo son los comunistas. La gran mayoría de esos que promueven la "idea" de que un gobierno de un solo mundo dirigido por intelectuales luciferinos, en lugar de comunistas ateos, es la única solución a nuestros problemas, son tan moralmente desprovistos como el proverbial visón. Si están en contra de Dios y del comunismo ateo, deben ser luciferinos.

La opinión anterior quedó confirmada cuando discutí con un alto funcionario del Departamento de Salud y Bienestar de Canadá la relación entre el cambio de la opinión pública sobre la moralidad y los valores espirituales y el aumento de la delincuencia juvenil. Después de una larga discusión, durante la cual su actitud y la expresión de su rostro mostraban que le costaba creer que un hombre de mi experiencia pudiera seguir situando los valores espirituales por encima de las consideraciones materiales, mi compañero se mofó literalmente: "¡Bueno! ¿Qué sugieres que hagamos... eliminar a todos los homosexuales de la función pública y meterlos en la cárcel, donde puedan dar rienda suelta a sus extrañas ideas de placer hasta que se les salga el corazón? Muchos de ellos son hombres de mentes brillantes. Cuando están en el trabajo, son eficientes y trabajan muchas horas. Parece olvidar que Oscar Wilde era homosexual. Deja de intentar salvar a la raza humana. No vale la pena salvar a la inmensa mayoría de ellos. La mayoría de ellos estarán mejor si se les obliga a vivir bajo una dictadura totalitaria; entonces obtendrán lo que el gobierno decida que es bueno para ellos."

Como expresaba "ideas anticuadas" sobre el "pecado", la "moralidad" y los "votos matrimoniales", algunos intelectuales que conocí decidieron que necesitaba una limpieza mental (exactamente lo que Weishaupt dijo que había que hacer en 1776). (Exactamente lo que Weishaupt había dicho que había que hacer en 1776.) Me pusieron en contacto con un especialista en salud mental de renombre internacional. Este hombre era un graduado de la escuela freudiana de psiquiatría. Había estudiado en Viena. Formaba parte del equipo del Dr. Broch Chisholm, entonces Ministro de Salud y Bienestar de Canadá. Chisholm llegó a ser el primer presidente de las organizaciones de salud y salud mental de la ONU. Este hombre intentó de forma muy amistosa hacerme cambiar de opinión. Le escuché, fingí interés, pero sigo convencido de que Dios, que nos dio los mandamientos, está "equivocado", y que el luciferianismo, que enseña la inversión de esos mandamientos, está "en lo cierto".

Leí historia, que relata principalmente guerras y revoluciones y, en consecuencia, el progreso del Movimiento Revolucionario Mundial, en un intento de encontrar la "causa" que produjo las fuerzas destructivas que conducen a tan terrible sufrimiento. En aquel momento pensé que las lecciones de la historia, si se aplicaban a los errores del pasado, podían aportar la solución a la mayoría de nuestros problemas. Incluso entonces, estaba convencido de que el gobierno era del pueblo, por el pueblo y para el pueblo. Pero un estudio de la historia moderna ha demostrado que *a la generación más joven se le está enseñando a creer en un conjunto de mentiras y engaños.* La experiencia personal ha revelado este hecho.

En el hospital, en 1945, me tumbé boca arriba y pensé en esta extraña verdad. Las personas que escriben la historia no son ignorantes ni estúpidas. Si han publicado deliberadamente mentiras y engaños con el conocimiento y el consentimiento de nuestros gobiernos, entonces deben tener un propósito claro. Fue entonces cuando empecé a procurarme libros que contaban la historia oculta, y cavé más y más hondo, con la colaboración de uno de los mejores bibliotecarios de Canadá, hasta que pude enterarme de la doble vida que habían llevado hombres como Weishaupt y Pike. Pero aunque continué estudiando y leyendo, no fue hasta 1956, DESPUÉS de la publicación de *Peones* y *La Niebla Roja*, que finalmente me di cuenta de que los Illuminati, cuya trama e intenciones secretas yo había expuesto, estaban ALTAMENTE controlados por la Sinagoga de Satán. Sólo cuando recibí información sobre la doble personalidad de Pike pude desenterrar las pruebas de que la Sinagoga de Satán está controlada por los Sumos Sacerdotes del Credo Luciferino.

Una vez que hube desentrañado este secreto, quedó claro que las guerras y revoluciones en el mundo de hoy son parte integrante de la conspiración luciferina, y que TODOS los aspectos del Movimiento Revolucionario Mundial son parte integrante de esta conspiración.

Los historiadores se limitan a registrar los hechos tal y como suceden. No se les permite hacer deducciones ni suposiciones. Mi problema era encontrar una forma de no registrar la historia y obtener pruebas que me permitieran proyectar el curso de acción (la línea del partido en el doble lenguaje comunista e iluminista) hacia el futuro y hasta su conclusión lógica: la formación de una dictadura totalitaria mundial y la imposición de la ideología luciferina sobre lo que queda de la raza humana. Podría exponer la conspiración, su finalidad última y sus objetivos citando los escritos de Weishaupt, Mazzini, Pike, Lemmi Lenin, Churchill, Roosevelt y otros, pero sabía que me acusarían de falsificación y locura. Tenía que encontrar pruebas documentales. Tenía que encontrar la confirmación de la VERDAD, tal como me había sido revelada, en un libro o entre documentos, que los mayores enciclopedistas no se atreverían a rebatir.

Entonces ocurrió algo extraño. Estaba tumbado boca arriba sobre una tabla de fracturas. Había leído todo lo que caía en mis manos, estaba cansado de pensar, me aburría. Entonces me vino una idea a la cabeza. Había leído toda la historia que caía en mis manos, excepto la HISTORIA DE LA BIBLIA. Pedí una Biblia y me trajeron la versión King James. Hojeé las páginas, preguntándome si tendría la fuerza de voluntad y la fortaleza intestinal para leer un volumen tan enorme. Entonces, tras leer un versículo que arrojaba luz sobre las condiciones actuales, se me ocurrió otro pensamiento: "¿Por qué no utilizar la Biblia como vara de medir la exactitud de la VERDAD o el ERROR en las pruebas que has reunido y, sobre todo, en las proyecciones que harás y las conclusiones que sacarás

Me pareció una muy buena idea. Me ahorraría el tiempo necesario para leer el Antiguo y el Nuevo Testamento. A partir de entonces, utilicé la Biblia, la palabra inspirada de Dios, para ayudarme a separar el grano de la paja revisando las pruebas que llenaban varios cofres y archivadores.

Cómo la sinagoga de Satán controla los canales de información pública

Al principio no podía entender cómo la Sinagoga de Satán (S.O.S.) podía controlar la publicación y venta de periódicos, revistas y libros en todo el mundo para evitar que las "masas" sospecharan que los directores de la conspiración pretendían esclavizarlas en cuerpo, mente y alma. Un estudio de la exposición de Robison de los "Veintidós Hermanos Unidos" de Weishaupt resolvió este problema. Weishaupt exigió que en cada sociedad de lectura y biblioteca pública, los libros a leer fueran seleccionados por "Directores" al servicio de los Illuminati. Tras moldear la opinión pública, harían creer al "hombre común" que expresaba sus propios sentimientos, cuando en realidad se limitaba a repetir las ideas inspiradas por los libros y artículos a los que tenía acceso.

En la época de Weishaupt, los libreros eran también editores. Cuando Weishaupt, a través de los Illuminati y sus "sociedades de lectura", controlaba la lectura pública, los editores y libreros tenían que imprimir lo que ellos querían que se imprimiera. Weishaupt incluso utilizó su esquema para OBLIGAR a los autores a escribir textos que, directa o indirectamente, favorecieran los planes de los S.O.S.

Hoy en día, los autores o cumplen este requisito o les resulta imposible publicar sus obras. Citando sus propias palabras, Weishaupt escribió: "Cuando nos hayamos apoderado de todo el comercio del libro, nos encargaremos de que al menos aquellos escritores que trabajen por la causa de la superstición y la restricción no tengan ni editores ni lectores." ¡Cuán ciertas resultaron ser esas palabras

Y continúa: "cuando, por fin, a través de la difusión de nuestra fraternidad, todos los "buenos" corazones y los hombres "sensatos" se unan a nosotros y puedan, por nuestros medios, trabajar en silencio en todos los tribunales, familias, secretarios, párrocos, maestros de escuelas públicas y tutores privados".

Este era el plan de Weishaupt para controlar TODOS los canales de información pública. ¿Puede alguna persona imparcial decir que las condiciones actuales no demuestran que los periódicos, las revistas, los libros, las obras de teatro, la televisión y la radio se limitan a decir al público lo que los que dirigen la Sinagoga de Satán quieren que sepan? ¿Ha habido alguna vez en que hombres y mujeres, tomando una cerveza, un licor o un cóctel, creyeran estar expresando su propia opinión cuando no hacían más que repetir lo que se les había obligado a leer u oír? ¿Ha habido alguna vez, desde los tiempos de Weishaupt, en que los agentes de los partisanos de un mundo controlaran las políticas editoriales de todo tipo de publicaciones, como lo hacen hoy

Mientras los iluministas de doble discurso alardean de LIBERTAD DE PENSAMIENTO, libertad de religión, libertad de prensa, libertad de expresión y libertad frente al miedo, ¿cuánta libertad hay? Si un individuo trata de oponerse a la propaganda difundida por los agentes del S.O.S., inmediatamente se le dispara, se le difama, se le boicotea, se le ridiculiza y se considera que tiene una nuez perdida en el piso superior, o bien se le acusa de estar completamente loco.

Weishaupt adoptó la estrella de seis puntas como uno de los emblemas de sus Illuminati, no porque sea la estrella de David, sino porque su programa consta de seis puntos principales. Estos son los siguientes:

1. Abolición de todos los gobiernos existentes.

2. Abolición de todas las religiones existentes.

3. Abolición de toda propiedad privada.

4. Abolición de toda herencia.

5. Abolición de la familia como "célula" a partir de la cual debe desarrollarse la sociedad civilizada.

6. Abolición del patriotismo, en lo que respecta al gobierno nacional.

¿Cómo pueden los objetivos anteriores formar parte de un complot católico romano, judío o masónico para la dominación del mundo? Pike, sucesor de Weishaupt, afirmó claramente en sus obras escritas un siglo después que:

1. El primer gobierno mundial se transformará en "una dictadura totalitaria luciferina".

2. La religión universal impuesta a aquellos Goyim (ganado humano) que sobrevivan al cataclismo social final será "La Verdadera Luz de la doctrina pura de Lucifer".

3. Que todos los Goyim serán esclavizados y transformados en "un vasto conglomerado de humanidad mestiza".

4. La cría se limitará estrictamente a los tipos y números "necesarios para satisfacer las necesidades del Estado (Dios)".

5. Que toda la reproducción, en lo que respecta a los Goyim, será por inseminación artificial practicada a escala internacional y limitada al 5% de los machos y al 30% de las hembras especialmente seleccionadas para este fin.

6. El rígido control mental de los Goyim "borrará todo conocimiento del pasado, incluidas las religiones, salvo la ideología luciferina, y todas las demás formas de gobierno, salvo la dictadura luciferina".

Debido a que el sectarismo es utilizado por aquellos que sirven al S.O.S. para mantener divididos entre sí a aquellos que conspiran para subyugar sobre cuestiones religiosas y raciales, deseo desacreditar a aquellos que afirman que el Movimiento Revolucionario Mundial está diseñado para dar a los católicos romanos, comunistas, judíos, masones, nazis, o cualquier otro grupo político o religioso, la dominación mundial indiscutible. No piensen ni por un momento que no soy plenamente consciente de que hay católicos romanos, comunistas, judíos, masones, fascistas y otros intolerantes, estrechos de miras, estúpidos y totalmente engañados que creen firmemente que los problemas del mundo no se resolverán de forma permanente hasta que la organización a la que pertenecen, ya sea religiosa o política, domine el mundo.

La mayoría de los que creen esto se han convencido a sí mismos, como católicos romanos, judíos, masones, comunistas o federalistas mundiales, de que si esperan, rezan y trabajan lo suficiente, llegará el día en que su organización podrá establecer una dictadura benévola y gobernar de acuerdo con sus propios principios religiosos y supuestamente democráticos. Estos ilusos sí que necesitan iluminación. La Tercera Guerra Mundial fue planeada por Pike hace casi un siglo. Ahora se está gestando. El cataclismo social final, como él lo explicó a Mazzini el 15 de agosto de 1871, y como ha sido explicado a los miembros del Rito Palladiano y de las Logias del Gran Oriente por conferenciantes desde 1885, debe involucrar no sólo al Catolicismo Romano, sino a todo el llamado mundo cristiano, y a las masas ahora controladas por el Comunismo en Rusia y China. La Masonería y el Judaísmo también deben ser destruidos para que la ideología Luciferina... "El Nuevo Orden"... pueda establecerse sobre las ruinas de TODOS los viejos órdenes. Paganos y judíos, comunistas y masones no deben engañarse a sí mismos. Todos ellos y sus creencias están destinados a la liquidación completa, junto con todas las demás organizaciones políticas, religiosas, de servicios sociales y similares. Va a haber una limpieza, una purificación por el "Fuego de los Reyes Magos".

Para demostrar lo ridículas que son las acusaciones contra el catolicismo, la historia demuestra que el Vaticano suspendió a los jesuitas como orden de enseñanza después de que se hiciera pública la perfidia de Weishaupt. Esta suspensión no fue levantada por muchos años (30 años, creo). Mientras Weishaupt permaneció insospechado, fue "feliz" como jesuita.

Llevaba una "capa" que ocultaba perfectamente sus actividades diabólicas. Pero cuando los jesuitas fueron disueltos por bula papal, mostró su verdadero rostro y dirigió el odio de los Illuminati contra todos los miembros de la Orden Jesuita. Desde entonces, los Illuminati nunca han dejado de odiar a los Jesuitas. Las escuelas y colegios jesuitas han sido cerrados y los miembros de la Orden perseguidos en cada revolución desde entonces.

Para demostrar lo ridículo que es acusar a los masones de dirigir la M.R.M., basta con estudiar los esfuerzos del profesor Robison de Escocia, del duque de Brunswich en Alemania, de los Grandes Maestres de las Logias británicas y del capitán Henry Morgan de Nueva Inglaterra en Estados Unidos para tratar de impedir que los Iluministas se infiltraran en las Logias de la Francmasonería y que los Francmasones confraternizaran con los Masones del Gran Oriente y los de los Ritos Palladianos Nuevos y Reformados de Pike. También hay que recordar que Copin-Albancelli era masón de grado 33.

Fue seleccionado para superar el grado 33 en los misterios de la masonería del Gran Oriente y los del Rito Palladiano. Se negó en el último momento, justo antes de la iniciación, porque se había convencido de que al otro lado de la cortina oscura reinaba el satanismo como un déspota absoluto. La versión revisada de los Protocolos Weishaupt indica exactamente cómo los masones, sospechosos de saber demasiado, deben ser eliminados. Explica claramente cómo TODAS las formas de masonería y otras sociedades secretas han de ser abolidas una vez que el líder del luciferianismo sea coronado rey-despojo de este mundo.

Es tan absurdo afirmar que el judaísmo es la raíz de todos los males como afirmar que los "Protocolos", tal como los expusieron Sergy Nilus (1905) y Victor Marsden (1921), son los de los "Sabios de Sión". Es cierto que demasiados judíos han sido engañados para unirse a organizaciones revolucionarias. Pero es igualmente cierto que siete años después de que Lenin usurpara el poder absoluto en Rusia, en nombre de la Sinagoga de Satán, no hubo un solo miembro judío de la Primera Internacional que no fuera liquidado o encarcelado. También nos gustaría señalar que muchos verdaderos judíos de hoy no son sionistas. Odian el sionismo político porque ven claramente que está diseñado para conducir a su propia subyugación y destrucción como raza. A Lucifer no le importa si las almas que arrebata a Dios son blancas o negras, gentiles o judías. Todos son peces en su red. Hay tan pocos judíos verdaderos en la Sinagoga de Satanás hoy como los había en los días de Jesucristo.

El duque de Brunswick había sido miembro de los Illuminati de Weishaupt. Su "apodo" era "Aaron". Pero cuando se dio cuenta de que había sido engañado sobre las verdaderas intenciones de Weishaupt, hizo todo lo que estaba en su mano para erradicar la masonería del Gran Oriente en Alemania. En 1794, publicó un manifiesto disolviendo la masonería en Alemania basándose en que los agentes secretos de los Illuminati habían adquirido tal control sobre la masonería que la disolución era el único remedio que quedaba.

En 1878, el jefe de la masonería británica ordenó a los masones "retirarse completamente de toda relación con la masonería del Gran Oriente". En 1923, los jefes de la masonería británica publicaron el siguiente manifiesto relativo a la masonería del Gran Oriente:

> "Como el reconocimiento fue retirado a este cuerpo por la Gran Logia Unida de Inglaterra en 1878... se considera necesario advertir a todos los miembros de nuestras logias que no pueden visitar ninguna logia bajo la obediencia de una jurisdicción no reconocida por la Gran Logia Unida de Inglaterra; y que además, según la regla 150 del Libro de Constituciones, no pueden admitir visitantes de esa logia."

Tanto Weishaupt como Pike declararon que los judíos y el antisemitismo iban a ser utilizados para promover sus propios planes secretos y ambiciones diabólicas. Esta fase de la conspiración se discutirá con más detalle más adelante.

Facilitamos esta información para que las personas sinceras en su búsqueda de la VERDAD tengan cuidado con los fanáticos y los que provocan conflictos por diferencias de color, raza y/o creencias.

Se nos dice constantemente, en la prensa, en la televisión, por oradores públicos, por miembros del parlamento, desde los púlpitos, en todas partes, todo el tiempo, que el comunismo es de hecho una lucha por la posesión de las mentes de los hombres, y por lo tanto la raíz de todo mal, y que es responsable del desorden en que se encuentra el mundo hoy. Es la mayor mentira que el S.O.S. ha ideado y propagado jamás. Pero esta mentira no difiere ni un ápice de la que se difundió para permitir a la S.O.S. fomentar la Primera y la Segunda Guerras Mundiales. En Estados Unidos y Gran Bretaña se nos dijo que el nazismo era la raíz de todos los males y el responsable de la caótica situación en la que se encontraba el mundo. A las masas alemanas y a los países que se convertirían en sus aliados se les hizo creer las mismas falsedades sobre los británicos y los estadounidenses. Hitler no era ateo. Ciertamente no era cristiano, así que debía de ser miembro de la Sinagoga de Satán.

Esta afirmación se ve respaldada por el hecho de que fue Hitler quien dijo: "Di una mentira lo suficientemente grande con la suficiente frecuencia y será aceptada como VERDAD". Winston Churchill no es ni comunista ni nazi, pero tampoco puede ser un gran cristiano ya que dijo,

"Le daré mi mano al diablo si me ayuda a derrotar a este ----- Hitler".

Antes de trazar la perfecta continuidad de la conspiración luciferina, tal como ha sido dirigida y controlada por los seres humanos que han constituido la Sinagoga de Satán desde 1776, demostraremos primero que la conspiración, tal como fue revisada y modernizada por Weishaupt, nunca murió de muerte natural, como los que la han estado dirigiendo desde entonces quieren hacer creer al público y a sus representantes electos.

La VERDAD es que el comunismo y el nazismo son conceptos materialistas de dominación mundial. Buscan controlar nuestros cuerpos para que el control físico les permita controlar nuestras mentes y hacernos aceptar sus ideologías materialistas. La Sinagoga de Satanás, por otro lado, cree en lo sobrenatural y utiliza el comunismo y el nazismo para promover sus propios planes secretos. El S.O.S. está decidido a tomar el control de nuestras mentes para determinar el destino de nuestras almas inmortales. El satanismo entrega millones de almas humanas a Lucifer cada pocas semanas. Durante una guerra o revolución, la cosecha satánica de almas alcanza su punto máximo. No te dejes engañar. No dejes que te engañen los que sirven a la causa del diablo, por muy disfrazados que estén. Los ojos son las ventanas del alma. Así que no dejes que los llamados iluministas bajen las persianas sobre tus ojos. Insiste en mirar por la ventana para ver no sólo los horizontes de este mundo, sino también para comprender que la lucha que se libra en este mundo tiene por objeto aumentar el tamaño de los dominios del diablo en el mundo celestial después de que Dios haya pronunciado el juicio final.

(Nesta Webster y otros historiadores confirman lo que he aprendido de mi propia investigación. Los Directores de Inteligencia Naval, el difunto Inspector John Leopold, que estuvo a cargo de la rama antisubversiva del R.C.M.P. de 1943 a 1945, cuando yo estaba en Ottawa, y otros estudiosos del Movimiento Revolucionario Mundial, tanto clericales como seculares, están de acuerdo en que estamos tratando con las fuerzas espirituales de la oscuridad). Weishaupt, habiendo sido desterrado, siguió siendo el agente del Diablo en forma humana. Dirigió la conspiración luciferina de tal manera que evolucionó hacia la Gran Revolución Francesa y otras, incluyendo la

Revolución Americana. Discutiremos más adelante por qué el plan de Weishaupt requería que los Estados Unidos de América se convirtieran en la última gran potencia mundial nacionalista.

Los Illuminati de Weishaupt y sus logias del Gran Oriente pasaron a la clandestinidad. Les sucedieron los clubes y conventos jacobinos, como explicamos en *Peones en el juego*. Mirabeau lideró la Revolución Francesa. Le ayudó Adrien Duport, que también era un iniciado de los grados superiores de los Illuminati. Fue Duport quien, el 21 de mayo de 1790, presentó al Comité de Propaganda la política de destrucción que iba a aplicar.

Cuando Weishaupt había destruido Francia como monarquía y potencia mundial, y los estadounidenses se habían degollado unos a otros por supuestos agravios que la propaganda hacía parecer muy reales, se trasladó a Italia.

El iluminismo se desató en Italia. Bajo diversos nombres y disfraces, su objetivo era destruir el Vaticano, que era tanto un poder espiritual como temporal. El razonamiento de los Iluministas italianos era el siguiente: "¿Cómo podemos destruir TODOS los gobiernos y TODAS las religiones si primero no destruimos el Vaticano? Pero este razonamiento no encajaba en los planes de Weishaupt, como demostraremos.

Los masones italianos del Gran Oriente y los Iluministas, así como los miembros de la Alta Vendita, no habían sido iniciados en el secreto COMPLETO. Según el plan de Weishaupt, confirmado por Mazzini, Pike, Lemmi y Lenin, el Vaticano debe ser capaz de sobrevivir y controlar cerca de 500.000.000 de almas, hasta que aquellos que dirigen la Sinagoga de Satán decidan que es el momento de involucrar a TODOS los cristianos en el cataclismo social final, junto con todos los pueblos controlados por los comunistas ateos. Fue por esta razón que Weishaupt se apresuró a Italia para evitar la destrucción prematura del Vaticano. Casi cien años después, Pike tuvo que tomar medidas similares para impedir que Mazzini, y luego Lemmi, desbarataran los planes de la Sinagoga de Satán haciendo exactamente lo mismo. Todo esto prueba que sólo un número muy reducido de hombres que componen el Gran Sacerdocio del Credo Luciferino conocen el secreto completo y cómo su conspiración está destinada a alcanzar su objetivo final.

Pruebas de conspiración

Su introducción en América

Los que dirigieron la "Gran" Revolución Francesa utilizaron un preconcebido "Reinado del Terror" para poner en práctica el principio luciferino de que todos los Goyim deben ser reducidos a un nivel común de servilismo. Fue este principio el que los "Cabezas Redondas" de Cromwell demostraron tan eficazmente cuando pusieron en acción a los "Niveladores" después de que la Sinagoga de Satanás hubiera ayudado a deponer al gobernante coronado de Inglaterra y a usurpar el poder dictatorial.

Los que sirven a la Sinagoga de Satán siempre están ocupados nivelando a los Goyim. En lugar de elevar a las mujeres a los altos niveles de moralidad y virtud que antaño practicaban las mujeres que modelaban su conducta según la de la Madre de Jesucristo, los satanistas han introducido el "modernismo" que ha rebajado a las mujeres al nivel de los hombres. Lo llamaron "sufragio femenino". El objetivo declarado era "liberar a las mujeres de la esclavitud del cuerpo, la mente y el alma", si hemos de creer las palabras de la Sra. Pankhurst y otras. Pero tras el "humo y los espejos" se esconde la intención de lavar el cerebro a las mujeres para que adopten un patrón de conducta que lleve a los hombres a retirarles el respeto y ponga fin a la caballerosidad. Todo forma parte de la conspiración para reducir a las mujeres a juguetes de las clases dominantes o a incubadoras humanas destinadas a suministrar el número y el tipo de individuos que el dictador decida que son necesarios para satisfacer las necesidades del Estado.

Según el plan de Dios para el dominio del universo, todas sus criaturas nacen desiguales. Es un error creer que todos los hombres nacen iguales. Es una verdad a medias que es peor que una mentira. La ÚNICA manera en que todos los hombres son iguales es en la medida en que todos tienen un cuerpo y un alma. En capacidad mental, resistencia corporal, belleza física y características espirituales, no hay dos personas iguales en todo el mundo.

Dios quiso que cada una de Sus criaturas humanas pudiera, si así lo deseaba, desarrollarse espiritualmente hasta calificar para ocupar los lugares más altos del Paraíso. Debido a que los seres humanos, al igual que los ángeles, están dotados de inteligencia y del uso del libre albedrío, pueden deteriorarse hasta calificar para los niveles más bajos del Infierno. Hablar de un mundo sin clases es pura doctrina luciferina. La capacidad de amor de Lucifer se ha transformado en capacidad de odio. Sabe que ha estado y sigue estando equivocado, pero está decidido a hacer descender a su nivel al mayor número posible de almas humanas, y lo hace de una manera terriblemente eficaz. Las palabras de Nuestro Señor "Porque muchos son los llamados, pero pocos los escogidos" son tan ciertas que pensar en lo que está sucediendo hoy en el mundo, bajo la influencia del satanismo, es verdaderamente aterrador. Pero eso no nos exime de la responsabilidad de poner fin a la conspiración de inspiración diabólica. Demasiada gente no quiere oír nada desagradable. No quieren involucrarse en asuntos sucios. Como las ostras, quieren confinarse en una concha. Son los verdaderos intocables. Su lema es: "Yo me ocupo de mis asuntos. Que los demás se ocupen de los suyos, y que el diablo se lleve la peor parte". No me imagino el cielo lleno de semejantes criaturas, pero sin duda encontrarán su lugar en el infierno.

Cubrimos cómo se logró la nivelación durante la Revolución Francesa en Peones en el Juego, así que ahora vamos a acompañar a Weishaupt a Italia para mostrar cómo la Sinagoga de Satán controlaba TODOS los aspectos de la M.R.M., entonces y ahora.

De acuerdo con su intención de hacer creer a las autoridades de la Iglesia y del Estado que los Illuminati habían muerto, Weishaupt dispuso que la sociedad revolucionaria secreta de Italia, conocida como los Carbonari, fuera reanimada y reorganizada para llevar a cabo los planes del S.O.S. Necesitaba una banda de asesinos para liquidar a los individuos y movimientos opuestos al internacionalismo. Necesitaba una banda de asesinos para liquidar a individuos y movimientos opuestos al internacionalismo. El carbonarismo renació en 1815. El Gran Consistorio Secreto se reunió el 13 de octubre de 1820. Así fue como los Carbonari se convirtieron en parte integrante de la masonería del Gran Oriente. Desde entonces, sus miembros han cometido casi todos los asesinatos políticos. Como todos los grupos malvados controlados por el S.O.S., los Carbonari operaban bajo muchos nombres. Uno de sus vástagos era la Mafia, que operaba sobre todo en los Estados Unidos de América. La Mafia dirige guerras de "bandas" que colocan a hombres seleccionados por el S.O.S. a la cabeza del trabajo organizado, el juego, el tráfico de drogas, la trata de blancas y todas las demás formas de vicio. Hoy en día, la Mafia es más poderosa y más activa que nunca en Estados Unidos.

Guiseppe Mazzini fue iniciado en la masonería Carbonari y del Gran Oriente en 1827. Weishaupt le ordenó ir a América y desarrollar en secreto el papel que América iba a desempeñar en las etapas finales de la conspiración luciferina. Muchos estudiantes de la M.R.M. expresan la opinión de que fue Mazzini quien se convirtió en el mentor que controló a Pike hasta 1872, cuando él (Mazzini) murió. No estoy de acuerdo con esta opinión.

Sé que a muchos buenos estadounidenses les dolerá saber que 11iomas Jefferson no era más que otro ídolo con pies de barro impulsado por la publicidad. La Sinagoga de Satanás necesitaba tomar el control de América para poder utilizar a este nuevo gigante para llevar a cabo las etapas semifinales y finales de su plan revolucionario. Para ello, América tenía que separarse de Gran Bretaña. A pesar de todo lo que los agentes del S.O.S. habían hecho, Gran Bretaña, de alguna extraña manera, o por la gracia de Dios, había rechazado la acción revolucionaria para provocar un cambio de gobierno. El iluminista Manuilsky dijo de Gran Bretaña, en un discurso que pronunció ante los delegados asistentes al XVIII Congreso del Partido Comunista (Internacional) en Moscú en 1938: "Gran Bretaña es la roca sobre la que las olas de la revolución se han lanzado hasta ahora en vano. *Gran Bretaña y su pueblo deben ser destruidos antes de que podamos alcanzar nuestros objetivos finales".*

Manuilsky no es más comunista ateo que yo. Es un miembro de alto rango del S.O.S. que sucedió a Lenin como Director Illuminati de Acción Política, que, como ya hemos dicho, en la jerga Illuminati significa Director de la M.R.M. Como expliqué en Niebla Roja sobre América, la Segunda Guerra Mundial pretendía reducir a Gran Bretaña a una potencia mundial de tercera categoría. Como expliqué en Niebla roja sobre América, la Segunda Guerra Mundial tenía por objeto reducir a Gran Bretaña a una potencia mundial de tercera categoría. Comenzó al año siguiente. Manuilsky, aunque resultó ser director de M.R.M., fue nombrado Presidente del Consejo de Seguridad de las Naciones Unidas en cuanto nació la ONU.[23]

Agentes de la Sinagoga de Satán actuaron en América poco después de que Colón descubriera la parte baja de lo que hoy es Estados Unidos. Contrariamente a la creencia popular, la parte norte de América, desde Labrador hasta Virginia, había sido descubierta y explorada por los vikingos cientos de años antes de que naciera Colón.[24]

Muchas personas que han leído *Peones* y *La niebla roja sobre América* me han preguntado "¿por qué los hombres venden sus almas inmortales al diablo cuando saben que no pueden llevarse consigo la riqueza material y el poder temporal

La respuesta es la siguiente: Ellos creen que Lucifer les dará su recompensa eterna, así como aquellos de nosotros que creemos en Dios creemos que él nos dará nuestra recompensa en el cielo.

Es la creencia en lo sobrenatural lo que marca la diferencia entre los que sirven al S.O.S. y los ateos.

Weishaupt les dijo a sus asociados cercanos, cuando hablaban de ateos y nihilistas, que organizarlos en el comunismo internacional y usar su fuerza destructiva para promover sus propios planes y ambiciones secretas estaba justificado porque el comunismo y el ateísmo son sólo fases pasajeras de la M.R.M. También le dijo a Pike que el comunismo sería completamente aniquilado en las fases finales de la conspiración. Tanto él como Pike predicen que el comunismo será completamente

---

[23] Cuando serví en la Marina canadiense durante la Segunda Guerra Mundial, la mayor parte del tiempo como oficial de Estado Mayor a cargo de operaciones en el cuartel general de Shelbourne, Nueva Escocia, y luego como oficial naval superior en Goose Bay, Labrador, tuve la oportunidad de ver los mensajes rúnicos que los vikingos habían grabado en rocas planas a lo largo de la costa cuando se dirigían hacia el sur tras desembarcar en Norteamérica procedentes de Groenlandia. El lenguaje y los caracteres rúnicos habían caído en desuso mucho antes de que naciera Colón. Menciono esto sólo porque ayuda a demostrar que los que sirven al Diablo controlan nuestros sistemas educativos, de modo que los niños de hoy están adoctrinados y sin educación.

[24] Para más detalles, lea *Peones en el juego*.

aniquilado en las fases finales de la conspiración. Pike lo confirmó en su carta a Mazzini fechada el 15 de agosto de 1871.

Nadie explicó mejor que Voltaire por qué el S.O.S. asegura la perfecta continuidad de la dirección de la conspiración luciferina. "Puede durar años, tal vez siglos. En nuestras filas, un soldado muere, pero la guerra (contra Dios) continúa."

Lenin fue más allá. Dijo que podrían pasar tres mil años antes de que el movimiento revolucionario mundial alcanzara su etapa final y el proletariado tomara el poder y estableciera un mundo sin clases y un gobierno socialista.

Lenin era seguidor de los más altos grados de la masonería del Gran Oriente. Conocía el último secreto, como Mazzini y Lemmi antes que él. Utilizó un doble lenguaje para responder a la pregunta: "¿Cuánto tiempo mantendréis una dictadura absoluta?".

Como los amos satanistas sirven al Padre de la Mentira, hacen creer invariablemente a la opinión pública que lo que hacen es por el honor y la gloria de Dios, y por el interés general. Esta es la excusa que han encontrado para fomentar todas las guerras y revoluciones que han tenido lugar hasta la fecha. Como demuestra la historia, en nombre de Dios se han perpetrado las más horribles y terribles atrocidades contra individuos y masas populares. Nuestro bendito Señor nos advirtió que esto sucedería cuando dijo: "Sí, llegará el tiempo en que cualquiera que os mate pensará que está haciendo un servicio a Dios." Juan 16:2) Los cristianos nos matamos unos a otros por decenas de millones en las dos primeras guerras mundiales... hombres... mujeres... y niños pequeños, y ambos bandos hicieron lo que hicieron porque la Sinagoga de Satanás nos había engañado haciéndonos creer que estábamos sirviendo a Dios y a nuestros países.

Como Lucifer es el "maestro del engaño", los que forman el S.O.S. utilizan a su agente, trabajando entre bastidores en el gobierno, para asegurarse de que nuestros gobernantes, ya sean reyes o presidentes, adopten políticas que desencadenen guerras y/o revoluciones. A veces, quienes fomentan las guerras y/o revoluciones utilizan las excusas más endebles. A la luz de la historia reciente, pocas personas son tan crédulas como para no ver que las guerras y las revoluciones se planean con mucha, mucha antelación. Cada guerra y revolución desde 1776 ha sido diseñada para completar la conspiración de Weishaupt para destruir TODOS los gobiernos y religiones para que la ideología luciferina pueda ser impuesta a la raza humana. El hecho mismo de que naciones que fueron enemigas en una guerra sean aliadas en la siguiente demuestra que la afirmación anterior es cierta. El S.O.S. alinea a las naciones para mantener un "equilibrio de poder". Esto les permite asegurarse de que se puede lograr la máxima cantidad de destrucción en un tiempo determinado. Entonces el peso se pone del lado del deseo de la S.O.S. de ganar. Pero el vencedor sólo obtiene una victoria vacía. Cuando las guerras se convirtieron en guerras mundiales, el poder y la fuerza de los Estados Unidos fueron retenidos dos veces durante dos años, antes de ser liberados para lograr la derrota de Alemania y sus aliados. El nazismo, que no es más que otro nombre para el nietzscheanismo, fue organizado y utilizado como Weishaupt y Pike habían pretendido. Habiendo sido utilizado para permitir al S.O.S. fomentar la Primera y Segunda Guerras Mundiales, tuvo que ser destruido. Los líderes nazis que sabían demasiado fueron liquidados por el "debido proceso legal", tal como Weishaupt había predicho en la década de 1770.

Pero volviendo a Pike y Mazzini, quiero señalar que los sumos sacerdotes del credo luciferino controlan la sinagoga de Satanás. Fue cierto en el complot para crucificar a Cristo. Es cierto de Mazzini, Lemmi, Lenin y Manuilsky que, a su vez, han dirigido los planes revolucionarios de los conspiradores desde 1834. Las pruebas ya presentadas deberían demostrar que ni Mazzini ni Lemmi tuvieron conocimiento del Pleno Secreto hasta mucho después de haber sido elegidos "Directores de la Acción Política". Pike reorganizó el Rito Paladiano para proporcionar una sede secreta a los que dirigían la M.R.M. porque las Logias del Gran Oriente eran cada vez más sospechosas debido a las actividades de Mazzini y Lemmi. Pike, desde su sede en Charleston, S.C., estableció dos consejos supervisores para gobernar las actividades políticas y dogmáticas de los otros veintitrés consejos que él y Mazzini habían creado en todo el mundo. En Roma, bajo la dirección de Mazzini, el consejo supervisaba la "acción política" contra los gobiernos. En Berlín, el consejo supervisor supervisaba las políticas y actividades dogmáticas y financieras del S.O.S. La forma en que el director de las actividades dogmáticas desarrolló el nietzcheísmo hasta el nazismo y luego lo hizo destruir es típica de lo que quiero decir. Pero mucho antes de que Pike se convirtiera en el Sumo Sacerdote del Credo Luciferino, el liderazgo de la conspiración, en la cima, estaba en Charleston, Carolina del Sur. Pike sucedió a Moses Holbrook y el liderazgo de la conspiración en la cima ha permanecido en los Estados Unidos desde entonces.

El libro *Irish and English Freemasons and their Foreign Brothers*, publicado en 1878, arroja considerable luz sobre esta fase de la conspiración. Como todos los demás libros que contienen información que arroja aunque sea un poco de luz sobre la diabólica dirección de la M.R.M., este libro es prácticamente desconocido. Sin embargo, quedan copias en algunos de los archivos nacionales restantes. Me informaron de que en 1946 había un ejemplar en la Biblioteca Vaticana. De la página 62 del libro mencionado nos enteramos de que la máxima autoridad del Gran Oriente de Italia, es decir, Mazzini o Lemmi, publicó una "Instrucción Permanente (o Código Práctico de Reglas) Guía para los Jefes de los Grados Superiores de la Masonería".

Una sección de este documento dice: "Nuestro objetivo final es el de Voltaire y la Revolución Francesa: la aniquilación completa del catolicismo y, en última instancia, del cristianismo. Si el cristianismo sobreviviera, incluso sobre las ruinas de Roma, renacería y viviría un poco más tarde. Ahora debemos pensar en cómo alcanzar nuestro objetivo con certeza, y no haciéndonos ilusiones, lo que prolongaría indefinidamente y probablemente comprometería el éxito final de nuestra causa..... El Papa, quienquiera que sea, nunca se unirá a una sociedad secreta. Por lo tanto, es deber de la sociedad secreta hacer el primer acercamiento a la Iglesia y al Papa con el objetivo de ganárselos a ambos. El trabajo para el que nos estamos preparando no es el trabajo de un día, ni de un mes, ni de un año... lo que debemos buscar, lo que debemos esperar, como los judíos esperan a un Mesías, es un Papa acorde con nuestros deseos..... "Pero cuándo, y cómo" Lo desconocido aún no se puede ver. Las Escrituras indican y los más grandes teólogos confirman que a pesar de los dones sobrenaturales de los ángeles caídos y de los que permanecen fieles a Dios, Él (Dios) ha retirado a los ángeles el poder de prever el futuro. En otras palabras, pueden planear la conspiración luciferina con miles de años de antelación, pero no pueden estar seguros de que sus planes maduren como esperan. Por eso sus agentes de en la Tierra siempre están tratando de saber qué les depara el futuro. De ahí el viejo dicho: "El hombre propone, pero Dios dispone". No obstante, como nada debe hacernos desviarnos de nuestro plan, debemos emprender nuestra nueva tarea como si el mañana fuera a depararnos el éxito.

El Supremo Ejecutivo de las Logias del Gran Oriente emitió entonces instrucciones en las que afirmaba que el documento se había publicado para información de los dirigentes de la Vendita Suprema. Decían que "la información debe ser ocultada a los simples iniciados". Los hermanos debían ser inculcados mediante un "insegnamento", es decir, "memorandos secretos".

El complot urdido por Weishaupt y Mazzini consistía en que italianos y otros se hicieran pasar por católicos romanos para infiltrarse en el Vaticano y, como ya había declarado Weishaupt, "horadarlo desde dentro hasta que no quede de él más que un cascarón vacío". Lo que el propio Weishaupt pidió a Mazzini que hiciera en el Vaticano, lo pidió más tarde al general Albert Pike que lo hiciera en los niveles más altos de la masonería; y lo que Adolphe Isaac Cremieux fue elegido para hacer en los niveles más altos del judaísmo ortodoxo.

Las instrucciones dadas eran las mismas. Los elegidos para llevar a cabo esta fase del complot debían colocar a agentes Illuminati en altos cargos de las tres organizaciones y ser reconocidos como "especialistas", "expertos" y "asesores". No debían intentar interferir en modo alguno con las enseñanzas y políticas establecidas de las tres religiones, pero debían asegurarse de que los jefes de las tres potencias mundiales no obtuvieran ninguna información que pudiera hacerles sospechar que la Sinagoga de Satán controlaba TODOS los movimientos subversivos EN LA CÚPULA.

El difunto Papa Pío XII debió sospechar que algo andaba mal en el Vaticano, pues no podía ignorar que estaba bajo vigilancia constante. Es muy significativo que cuando esta vigilancia se relajó, cuando se pensaba que estaba a las puertas de la muerte, en 1958 llamó a un secretario de confianza y le ordenó que pidiera a los 500 millones de miembros de la Iglesia Católica Romana que rezaran por la "Iglesia silenciosa". El sentido de sus palabras fue malinterpretado. La prensa católica publicó que Su Santidad se refería a la Iglesia tras las cortinas de hierro y bambú. No es así. Siempre ha dicho exactamente lo que quería decir. Si hubiera querido que los fieles rezaran por "la Iglesia perseguida", lo habría dicho. Les pidió que rezaran por la Iglesia silenciosa pero libre.

Entonces el Papa dijo una y otra vez que había visto a Cristo y que había hablado con él. Pero esto también fue silenciado. ¿POR QUÉ

Adolphe Isaac Crémieux (1796-1880) procedía de una familia judía del sur de Francia. Fue admitido en el colegio de abogados de Nîmes en 1817. Era el típico abogado que Weishaupt había dicho que reclutarían los Illuminati. Como Pike más tarde, Crémieux estaba infiltrado en la masonería. Fue miembro de la Logia de Mizraim, del Rito Escocés, y más tarde fue iniciado en las logias del Gran Oriente. Crémieux trabajó para unificar las sociedades secretas mencionadas y se convirtió en Gran Maestre en Francia, como Pike en América y Mazzini en Italia.

Las actividades de Crémieux fueron financiadas por los Rothschild y los Montifiores. Se dedicó a las formas más despiadadas de intriga y argucias políticas. Se utilizaron todos los recursos de la S.O.S. para tratar de convertirlo en el Jefe Ejecutivo de Luis Napoleón, de modo que pudiera promover políticas que favorecieran la conspiración luciferina entre bastidores en el gobierno británico más o menos al mismo tiempo. Pero sus métodos de doble juego fueron descubiertos, y cuando Luis Napoleón dio su golpe de estado el 2 de diciembre de 1851, haciéndose Emperador Napoleón III, nombró Primer Ministro al General Cavaignac y metió a Crémieux en prisión. Estuvo recluido en las cárceles de Vincennes y Mazas. A su liberación, Crémieux fue elegido para dirigir las actividades de Karl Marx y otros revolucionarios, entre ellos Louis Blanc, Ledrun, Rollin, Pierre y muchos otros.

Crémieux puso en práctica los planes del S.O.S. para la guerra y la revolución en Francia, como hicieron los otros directores nacionales de Mazzini en Alemania y otros países. Así se logró el derrocamiento de Napoleón y la derrota de Francia ante Alemania en 1871. Fue entonces cuando Crémieux volvió a implicarse abiertamente en política y se convirtió en presidente de la Alliance Israélite Universelle (A.LU.). El 31 de mayo de 1864, Crémieux declaró ante la Asamblea General de la A.LU. La Alianza no se limita a nuestra propia fe, sino que apela a todos los credos y desea penetrar en todas las religiones como ha penetrado en todos los países. Esforcémonos con audacia por lograr la unión de todas las confesiones bajo la bandera de la Unión y el Progreso. Esa es la consigna de Humanité. (Internacionalismo.)

Hoy escuchamos el mismo doble discurso a favor de un gobierno mundial único. John Leopold, entonces jefe de la sección antisubversiva de la Real Policía Montada de Canadá, me confesó en 1944 que el Comité Judío Americano era una rama de la Alliance Israélite Universelle. Léopold era un auténtico judío (hebreo). Me dijo que los

Comités Judíos Americano y Canadiense controlaban a los comunistas judíos al más alto nivel. Reconoció que la Alliance Israélite Universelle estaba organizada y dirigida por la Sinagoga de Satán. Dijo que la A.I.U. y la A.J.C. no eran más verdaderas asociaciones judías que las Logias Iluminadas de la Masonería del Gran Oriente o los Consejos del Rito Palladiano, verdadera Masonería tal como se practica en las Logias del Rito Escocés en Gran Bretaña y América.

El General Albert Pike y la conspiración

Conscientes de que decir la verdad herirá a mucha gente y enfurecerá a aquellos que sirven a los propósitos del Diablo, creemos que es necesario dar al público la prueba de que el General Albert Pike vivió una doble vida.

El hecho de que se sepa tan poco sobre su vida privada y secreta no es sorprendente. Los miembros de la Sinagoga de Satán son hijos del Padre de la Mentira (Lucifer); los que controlan y dirigen la conspiración luciferina en esta tierra son "Maestros del Engaño".

Esta es la razón por la que los que han formado el S.O.S. a lo largo de los siglos han sido presentados a las masas como grandes patriotas, grandes filántropos, grandes paganos, grandes judíos. Cuando la historia o la investigación demuestran que tenían personalidades de Jekyll y Hyde, los llamamos "Ídolos con pies de barro". Las personas que el S.O.S. utiliza para llevar adelante sus planes secretos se establecen como figuras públicas para que puedan influir mejor en las mentes de "su público". La práctica actual de endiosar a todos los relacionados con Hollywood es una ilustración perfecta de lo que quiero decir.

A las actrices se les dan papeles que las retratan como promiscuas como el proverbial visón. Es el satanismo en acción. El objetivo es quebrantar la moral de las nuevas generaciones. Si para sus ídolos es "correcto" llevar una vida "moderna" y mantener relaciones sexuales con cualquier hombre que les plazca, a los adolescentes se les hace creer que no hay pecado en llevar también una vida "moderna". Los padres y ministros que dicen lo contrario son considerados estúpidos y anticuados. Los que dirigen M.R.M. AT THE TOP dicen: "El mejor revolucionario es un joven sin ninguna moral".

La historia oculta prueba que el General Albert Pike es uno de esos hombres de los que las Escrituras nos dicen que tengamos cuidado. En

Mateo 24:24, Marcos 13:22, 14:56, etc., se nos dice que se levantarán falsos profetas y falsos Cristos y mostrarán señales y prodigios para engañar, si es posible, incluso a los "Elegidos". Las pruebas documentales demuestran que Pike no sólo era un falso Cristo, sino que era, antes de morir, el sumo sacerdote de la ideología luciferina en esta tierra, y como tal controlaba la sinagoga de Satanás.

Su plan militar requería tres guerras mundiales y tres grandes revoluciones para llevar la versión revisada de Weishaupt de la antigua conspiración luciferina a su etapa final. En la década de 1860, declaró que su programa militar podría tomar cien años o un poco más para llegar al día en que los que dirigen la conspiración EN LA CUMBRE coronarán a su líder Déspota-Rey de todo el mundo e impondrán una dictadura totalitaria luciferina sobre lo que queda de la raza humana.

Cuando Weishaupt organizó los Illuminati de 1776 a 1784, con el fin de poner en práctica su versión revisada y modernizada de los Protocolos Luciferinos, él y sus asociados discutieron si debían utilizar el cristianismo, el judaísmo, la masonería o el ateísmo para ocultar sus planes y actividades secretas.

Es más o menos la misma decisión que tuvieron que tomar los dirigentes jázaros cuando se lanzaron a la conquista de Europa, 300 años después de Jesucristo.

Los que dirigieron la invasión jázara del sureste de Europa decidieron imponer el talmudismo a los que dirigían y conquistaban, con preferencia al mahometanismo o al cristianismo. Así que utilizaron el antimahometanismo y el anticristianismo como emociones al servicio de su malvado propósito.

Weishaupt y sus Illuminati decidieron aprovechar las lecciones de la historia a este respecto. Han decidido utilizar estas cuatro religiones para enmascarar sus malvados designios y perseguir sus propios planes secretos y ambiciones diabólicas".

Weishaupt decidió que los Illuminati se infiltrarían en la masonería porque era una sociedad secreta cuyos miembros podían estar obligados por juramento a no divulgar nada de lo que oyeran o aprendieran. Incluso los aprendices, los principiantes, debían prestar juramento: "En nombre del Supremo Arquitecto del mundo, yo... nombre... jamás revelaré los secretos, signos, claves, palabras, doctrinas o costumbres de los francmasones, y sobre todo guardaré eterno silencio sobre ellos. Prometo, y lo juro ante Dios, no revelar jamás nada por pluma, signo, palabra o gesto, y no haber escrito, litografiado, impreso o publicado lo que se me ha confiado hasta ahora y pueda serlo en el futuro. Me obligo y me someto al siguiente castigo si no cumplo mi palabra: que mis labios sean quemados con un hierro candente, que me corten la mano y el cuello, que me arranquen la lengua, que cuelguen mi cadáver en la Logia cuando se admita a un nuevo hermano para que sirva de estigma de mi infidelidad y de objeto de horror para los demás. Que luego sea quemado y las cenizas arrojadas al viento para que no quede ni rastro del recuerdo de mi traición. Que Dios y su santo Evangelio me ayuden en este camino. (Eckert Vol. I, pp. 33-34.) Publicamos el juramento sólo para probar que los Masones de Primer Grado creen honesta y sinceramente que se unen a la sociedad secreta para promover la causa de Dios y ayudar a sus semejantes, como Dios ha ordenado. Cuando son iniciados, tienen la intención desinteresada de cumplir con este deber en la medida de sus posibilidades y recursos. La gran mayoría de los masones de los grados 32 y 33 no saben, o ni siquiera sospechan, que EN LO MÁS ALTO, fuera del alcance de todos excepto de los especialmente seleccionados, está la Sinagoga de Satán, controlada por los Sumos Sacerdotes del Credo Luciferino.

Weishaupt dio instrucciones bastante implícitas de que las logias masónicas debían utilizarse únicamente para permitir a los Illuminati organizar una sociedad secreta dentro de una sociedad secreta. Dejó claro que el propósito de la infiltración era colocar a los Illuminati en posiciones en las que pudieran contactar con hombres de alta posición social y probada competencia en los negocios, las artes, las profesiones, la política, etc. Los Illuminati utilizaban entonces su poder para infiltrarse en una sociedad secreta. Los Illuminati utilizaban entonces su poder e influencia para colocar a sus agentes en puestos clave a todos los niveles de la sociedad y en todos los ámbitos de la actividad humana. Los miembros ordinarios debían servir únicamente para promover la idea de un gobierno mundial y una religión mundial.

Los maestros del engaño querían utilizar la filantropía masónica simplemente para encubrir su diabólico objetivo y dar a sus agentes un aire de respetabilidad. La lección es ésta: Ningún cristiano debe jurar guardar el secreto si no es plenamente consciente de lo que implica el juramento de guardar el secreto. Para promover las intenciones de Dios, hay que darlas a conocer. Los promotores del luciferianismo mantienen en secreto sus planes y propósitos.

El siguiente texto es el frontispicio de un libro escrito por Albert Pike.

MORAL Y DOGMA DEL RITO ESCOCÉS
RITO ESCOCÉS ANTIGUO Y ACEPTADO
de la FREEMASONIA

Preparado para el Consejo Supremo del Trigésimo Tercer Grado Trigésimo Tercer Grado para la Jurisdicción Sur de los Estados Unidos y publicado por su autoridad

El reverso del frontispicio dice: "Inscrito de conformidad con la Ley del Congreso, en el año 1871, por Albert Pike, en la Oficina del Bibliotecario del Congreso, Washington, D.C. Inscrito de conformidad con la Ley del Congreso, en el año 1905, por el Consejo Supremo de la Jurisdicción Sur. A.A,S.R, U.S.A., en la Oficina del Bibliotecario del Congreso, Washington, D.C."

Citamos del capítulo XXX, Caballero de Kadosh, página 819: "Los grados azules no son más que el patio exterior o pórtico del Templo. Algunos de los símbolos se presentan al iniciado, pero se le engaña intencionadamente con falsas interpretaciones. El objetivo no es que entiendan el tiempo, sino que imaginen que lo entienden. La verdadera explicación está reservada a los ADEPTOS, los PRINCIPIOS DE LA MASONERÍA El conjunto del Arte Real y Sacerdotal ha sido tan cuidadosamente ocultado durante siglos en los Altos Grados que todavía es imposible resolver muchos de los enigmas que encierran. La masa de los que se llaman Masones puede contentarse con imaginar que todo está contenido en los GRADOS AZULES, y aquellos que intenten desengañarlos trabajarán en vano y, sin recompensa real, violarán sus obligaciones como Adeptos. La Masonería es la verdadera Esfinge, enterrada hasta la cabeza en las arenas acumuladas de los siglos.

El libro del que procede esta información lleva el nombre del editor: LH. Jenkis, Richmond, Virginia, mayo de 1920.

La forma en que los Illuminati se han infiltrado en las Logias del Rito Escocés de todo el mundo se ilustra mejor relatando la vida del General

Albert Pike. Esta historia revela cómo los profesores Illuminati seleccionan estudiantes excepcionalmente brillantes y los adoctrinan en alguna forma de internacionalismo. Luego los ponen al servicio de quienes dirigen la conspiración luciferina. La vida de Pike también ilustra cómo aquellos que dirigen el movimiento revolucionario mundial EN LA CUMBRE obtienen el control de oficiales de alto rango en las fuerzas armadas de sus respectivos países. Declaro solemnemente que hasta 1957 sólo conocía el lado de la historia de la vida de Pike que lo mostraba como un gran erudito, un abogado inteligente, un soldado valiente, un cristiano devoto y, en resumen, un gran patriota americano. Ni siquiera mencioné su nombre en relación con el Movimiento Revolucionario Mundial en las primeras ediciones de *Peones en el juego* o *La niebla roja sobre América*. Mi opinión sobre el general Albert Pike antes de 1957 era la de millones de personas, especialmente masones, en todos los países del mundo. Pero por casualidad, mientras investigaba lo que había detrás del "Incidente de Little Rock", encontré una pista de que Albert Pike había estado viviendo una doble vida. La investigación demostró que era el mayor Dr. Jekyl y Mr Hyde del siglo XIX. Primero daré a mi lector la imagen que tenía de Albert Pike antes de 1957.

Albert Pike, patriota americano y caballero cristiano

El general Albert Pike nació en Boston, Massachusetts, el 29 de diciembre de 1809. Sus padres se trasladaron a Newbury, Massachusetts, cuando Albert tenía cuatro años. Aquí creció. Asistió a las escuelas "comunes" pero, como mostraba una capacidad mental excepcional, fue colocado durante algunos trimestres en una escuela pública y luego en la Academia Framingham. Su capacidad para estudiar y asimilar conocimientos era tan grande que a los quince años empezó a enseñar a otros. A los dieciséis aprobó un examen que le permitió ingresar en la Universidad de Harvard como estudiante de primer año.

Sus padres no podían permitirse pagarle la matrícula, por lo que Pike enseñó en Gloucester durante las temporadas de otoño e invierno y pagó él mismo su educación en. Cumplió los requisitos para ingresar en la clase junior de Harvard, pero debido a problemas con el profesorado, abandonó la universidad y regresó a casa para educarse por su cuenta. Cuenta a sus padres y amigos que dejó Harvard por un malentendido sobre la matrícula.

A su regreso, enseñó en Fairhaven y Newburyport. Llegó a ser ayudante del director de la escuela.

Luego, durante un breve periodo, fue director de la Newburyport Grammar School. Tenía entonces poco más de veinte años. Luego pasó a ser director de una escuela pública, cargo que ocupó hasta el final del trimestre de primavera de 1831.

A principios del verano de 1831, abandonó por completo su brillante carrera docente y partió a pie hacia el Oeste. Viajó, exploró, negoció y vivió con los indios. Aprendió su lengua y sus costumbres. Su honestidad en el trato con ellos, su trato directo a la hora de discutir un problema o aclarar un malentendido, le granjearon la confianza de los indios. Se estableció en Little Rock, Arkansas, en 1833.

Llegó a ser editor de la Arkansas Gazette. También escribió artículos para otras publicaciones, incluida una serie de poemas para la revista Blackwoods Magazine de Edimburgo, Escocia. Estos poemas fueron publicados por John Wilson, el editor, en 1838. Wilson elogió a Pike como "el poeta que ha llegado a América, cuyos himnos de calidad le dan derecho a ocupar un lugar entre los poetas de más alto nivel de su país. Su genio descomunal lo señala como el poeta de los titanes". Pike utilizó el dinero que ganó con sus esfuerzos de alfabetización para formarse como abogado.

Pike se presentó voluntario y sirvió a Estados Unidos en la guerra contra México. Se convirtió en capitán de caballería y se distinguió por su participación en la batalla de Buena Vista. Luego tomó cuarenta y un hombres y cabalgó de Saltillo a Chihuahua, una distancia de quinientas millas, a través de un país infestado de bandidos y soldados fugitivos de los ejércitos derrotados de Santa Ana. La ciudad de Mapini se le rindió en el camino.

En 1840, Pike construyó una imponente mansión de trece habitaciones en Little Rock. En 1851, trasladó su bufete de abogados a Nueva Orleans,, donde ejerció ante el Tribunal Supremo de los Estados Unidos. Regresó a Little Rock en 1857 y vivió allí hasta el estallido de la Guerra Civil. Fue nombrado general de brigada del ejército confederado y comisionado encargado de negociar tratados con los indios, cuyas quejas contra el gobierno de Estados Unidos persiguió posteriormente.

Tras la guerra, vivió varios años en Memphis, Tennessee, y luego se trasladó a Washington hacia 1869, donde permaneció el resto de su vida. Murió el 2 de abril de 1891.

El progreso de Pike en la masonería fue realmente extraordinario. Según su hija, la Sra. Liliana Pike Broom, su padre fue iniciado en la Logia Western Star de Little Rock, Arkansas, en 1850, a la edad de 41 años. Se convirtió en Venerable Maestro en julio de ese año.

Fue miembro fundador de la Logia Magnolia n.º 60, Little Rock, y fue Venerable Maestro ad vitam de dicha Logia en 1853. Anteriormente, había sido "exaltado" en Union Chapter No. 2 RZ.M., Little Rock, y estableció la Logia Knight Templar No. 1 en Washington, 17.C. También fue elegido Gran Sumo Sacerdote del Gran Capítulo de Arkansas en 1853.

En 1858, recibió del Hermano Theodore Satan. Parvin, de Connecticut, el 4º al 32º grado inclusive del Rito Escocés Antiguo y Aceptado, el 20 de marzo de 1853. El 25 de abril de 1857, fue coronado Inspector General Honorario y miembro activo del Supremo Consejo, Jurisdicción Sur, el 20 de marzo de 1858 en Charleston, Carolina del Sur. Cuando el Hermano John Honour dimitió como Gran Comendador, Albert Pike fue elegido M.P. Soberano Gran Comendador del Supremo Consejo para la Jurisdicción Sur de los Estados Unidos el 2 de enero de 1859. Más tarde se convirtió en Sumo Pontífice de la Francmasonería Universal. Esta es la historia pública de Pike, que justifica que los estadounidenses lo consideren un ejemplo de verdadero americanismo.

Pero, ¿y su expediente secreto

Fue mientras investigaba el incidente de la integración de Little Rock en 1957 cuando supe por primera vez de la rápida progresión de Pike en la masonería, y sabiendo que Weishaupt, utilizando a Thomas Jefferson y Moses Holbrook, había infiltrado iluministas en las logias masónicas de América, decidí averiguar si el hecho de que La mansión de Pike en Little Rock tuviera trece habitaciones tenía algún significado. La palabra "trece" ocupa un lugar destacado en los rituales, códigos y escritos satánicos, luciferinos y cabalísticos, etc.

Mis investigaciones han descubierto pruebas documentales de que, debido a sus excepcionales capacidades mentales, Pike llamó la atención de profesores de Harvard que eran miembros de los Illuminati, quienes desarrollaron en su mente la idea de que un gobierno de un solo mundo, una religión de un solo mundo y un sistema financiero y económico de un solo mundo eran la ÚNICA solución a los muchos y variados problemas del mundo.

Más tarde descubrí que su marcha de Harvard no se debió a la falta de fondos o a un malentendido con el profesorado sobre las tasas de matrícula, sino a sus ideas y enseñanzas "radicales".

Cuando regresó a casa, decidido a "luchar" para llegar a la cima frente a toda oposición, se encontraba en el estado de ánimo adecuado para ser reclutado como "Minerval" o "aprendiz" en los grados inferiores de los Illuminati.

Descubrí que los que dirigían en secreto la conspiración luciferina en América habían decidido utilizar las capacidades mentales de Pike, su habilidad para la enseñanza y su dominio de las lenguas, para llevar adelante sus propios planes secretos. Pusieron a prueba su valor físico y su ingenio enviándole entre los indios para que se ganara la vida utilizando su cerebro mientras aprendía su lengua y sus costumbres. Al igual que los que fomentaron la Guerra Civil estadounidense, podían utilizar a Pike y sus contactos con los indios cuando considerasen que había llegado el momento de las hostilidades.

Pike lo superó con éxito. Se le pidió entonces que adquiriera experiencia militar completando un período de servicio activo. Este es un principio inquebrantable al que debe adherirse todo hombre que desee alcanzar una posición de liderazgo en el movimiento revolucionario mundial. Miles de ciudadanos estadounidenses, miles de ciudadanos británicos y más de dos mil canadienses se unieron a la Brigada Internacional del Mayor Attlee y lucharon en la Guerra Civil Española de 1926 a 1929 para adquirir la experiencia militar necesaria para que un comunista pueda optar a un puesto de liderazgo en el movimiento revolucionario mundial. La Guerra de México proporcionó a Pike la oportunidad que necesitaba.

Habiendo demostrado ser un hombre de excepcional capacidad, valor personal y liderazgo, Pike fue infiltrado en los Ritos Escoceses de la Masonería en 1850. De nuevo se distinguió y se ganó la confianza y el respeto de los miembros.

Los archivos de Washington arrojan una luz inesperada sobre las relaciones de Pike con los. Indios durante la Guerra Civil. Los archivos muestran que comandó primero un regimiento y luego una brigada de tropas indias, C.S.A. También revelan que las tropas indias de Pike fueron disueltas por orden del presidente Jefferson Davis debido a las atrocidades que habían cometido con el pretexto de librar una guerra legítima.

Una investigación de los asociados de Pike en Harvard y cuando enseñaba en una escuela pública demostró que había conocido a hombres que eran miembros de los Illuminati, hombres que estaban relacionados con Moses Holbrook, Clinton Roosevelt, Danna, Greeley, y así sucesivamente. Hay pruebas de que después de 1840 la mansión de trece habitaciones de Pike fue utilizada como cuartel general secreto por aquellos que constituían la Sinagoga de Satán, y que dentro de estas paredes practicaban el ocultismo y realizaban rituales satánicos, basados en el cabalismo, como los utilizados por Moses Mendelssohn cuando dirigía las iniciaciones en los grados superiores de los Illuminati de Weishaupt en Frankfurt, Alemania, antes de 1784.

Esta fase de la vida secreta de Pike se ha visto iluminada por investigaciones que han revelado que, después de que Pike renunciara a vivir en su mansión de Little Rock, ésta fue ocupada por John Gould Fletcher, que también practicaba el espiritismo y el ocultismo. Fletcher ganó el Premio Pulitzer por su poema "Los fantasmas de una casa antigua", escrito sobre la casa de Pike. Es de suponer que en estos versos hay mucho más de verdad que de poesía, ya que más tarde se descubrieron pruebas de que Pike celebró sesiones espiritistas en San Luis y otros lugares del mundo.

Más tarde se descubrió que Pike había estado íntimamente asociado con Guiseppe Mazzini desde 1834, y así permaneció hasta su muerte en 1872. Mazzini había sido enviado a América para ayudar a Thomas Jefferson a sentar las bases del papel que Weishaupt quería que desempeñara América en las etapas semifinales de la conspiración.

La investigación de los escritos de los asociados de Mazzini en Francia e Italia demostró que Pike ascendió en las filas del Iluminismo tan rápidamente como lo había hecho en las de la masonería.

Moses Holbrook fue el jefe secreto de la Sinagoga de Satán en América durante la primera mitad del siglo XIX. Utilizó los ritos cabalísticos enseñados por Moses Mendelssohn para iniciar en el satanismo a candidatos especialmente seleccionados, tal como se practicaba en los grados superiores de la masonería del Gran Oriente en Francia e Italia, por Crémieux y Mazzini respectivamente. Las enseñanzas talmúdicas de Caballas, es decir, el satanismo, fueron sustituidas por los "Libros de Moisés" durante el período en que los (así llamados) "judíos" estuvieron cautivos en Babilonia.

Debido a que algunos de los Padres Fundadores de América habían sido abiertamente antisemitas, y debido a la forma en que se había revelado que el Iluminismo se había infiltrado en la masonería americana, y debido a que los que dirigían las actividades de los Illuminati eran en su mayoría hombres que se hacían llamar judíos, aunque no lo fueran, y mentían sobre ello, Pike decidió que "fingiría" librar a América del control judío en lo que a la masonería se refería. Más adelante demostraremos que tiene razón al usar la palabra "fingir". También decidió, porque se empezaba a sospechar que los Illuminati dirigían la M.R.M., reorganizar el paladismo y establecer consejos en todo el mundo para sustituir a las logias del Gran Oriente y de los Illuminati. En otras palabras, Pike decidió crear otro "frente" para dar una nueva cara a la Sinagoga de Satán que dirigía la M.R.M. DESDE ARRIBA. Estaba decidido a hacer que los historiadores e investigadores perdieran la pista del asesinato del capitán Morgan, que olía a chivato.

El RITUAL DE MOSES MENDELSSOHN PARA LOS GRADOS SUPERIORES DE LOS MASONES DEL GRAN ORIENTE era conocido como la "Misa Negra". Sus palabras y ceremonias expresaban un amargo odio a Cristo y al cristianismo.

Pike sugirió a Moses Holbrook que revisara y modernizara la ceremonia de la "misa negra" para que no pareciera tan talmúdica. Holbrook estuvo de acuerdo y trabajó con Pike en un nuevo ritual.

Holbrook murió antes de que la tarea pudiera completarse, y Pike la terminó solo. Llamó al nuevo ceremonial "La Misa Adonaica", que significa "La Muerte de Dios". Fue en la doctrina de Pike en la que Nietzsche, en Alemania, basó sus ideas y teorías para provocar la "muerte de Dios", de modo que Lucifer pudiera reinar en paz y seguridad. Estas teorías se conocen como Nietzscheanismo.

Nos hemos referido a los escritos de Domenico Margiotta muchas veces al discutir cómo los Illuminati se infiltraron en la Masonería porque Margiotta era un masón de grado 33 antes de separarse. Sólo abandonó la Masonería DESPUÉS de haber sido seleccionado para la iniciación en los grados superiores de la Masonería del Gran Oriente y/o el Nuevo y Reformado Rito Paladiano. Aduce como razón de su negativa a ser iniciado que el estudio de la vida de quienes deseaban iniciarle le convenció de que eran satanistas. Tenemos la palabra de Margiottas de que el Gran Maestre Pike restableció la supremacía de su Supremo Consejo, y gradualmente logró convertirse en una importante figura masónica, y en la verdadera cabeza del Rito Escocés.

Como masón de grado 33 y Sumo Pontífice de la Masonería Universal, Pike viajó por todo el mundo. Las bibliotecas masónicas revelan que fue Gran Comendador Honorario de los Supremos Consejos de Brasil, (Unido), Egipto, Túnez, Francia, Bélgica, Italia, España, Inglaterra, Gales, Irlanda, Escocia, Grecia, Hungría, Neuva Grande, Canadá, Colón, Perú, México, Uruguay y Oceanía. Pero lo que las bibliotecas masónicas no revelan es que mientras afirmaba estar viajando por asuntos del Rito Escocés, Pike en realidad estaba estableciendo veintiséis consejos del Nuevo y Reformado Rito Palladiano, que superpuso a la Masonería del Gran Oriente. Los masones del Gran Oriente adoran a Satanás como Príncipe de este mundo. Satanás es su Dios.

El paladismo reconocía a Satanás como el "príncipe de este mundo". Pero, según la doctrina luciferina expuesta por Pike, Lucifer es Dios, el igual de Adonay, y gobierna sobre toda aquella parte del Universo no incluida en la parte de Adonay que llamamos Cielo. Pike decía que el satanismo de debía ser tolerado entre los "miembros imperfectos". Miembros imperfectos son todos aquellos miembros de las Logias y Consejos del Gran Oriente del Nuevo y Reformado Rito Paladiano que no han sido iniciados hasta el último grado y no han llegado a conocer el SECRETO COMPLETO.

Los miembros perfectos son extremadamente pocos en número. Pero Pike insistió en que los seleccionados para la iniciación en el SECRETO TOTAL aceptaran a Lucifer como su Dios y lo adoraran como el Dios de la bondad y el Dios de la luz, de quien procede todo conocimiento e inteligencia. Pike, él mismo, y el ritual de la Misa Adonaítica condenan específicamente al adversario de Lucifer como Adonay, el Dios de TODO MAL y el Dios de la Oscuridad.

Dom Paul Benoit ha hecho un estudio especial del Rito Palladiano Nuevo y Reformado de Pike, y en la página 456 del Vol. I de su libro, La France Maçonnerie, dice: "En la recepción de los elegidos del Rito Palladiano Reformado, se enseña a los que van a ser iniciados a castigar al traidor Jesucristo y a matar a Adonay (Adonai), el Dios de la Biblia (y Padre de Jesucristo), por el poder de su propio mal, hecho primero a través de su padre y de su madre, (y Padre de Jesucristo), por el poder de su propia maldad, primero por el Maestro, y luego por el iniciado, atravesando la Hostia con un puñal, en medio de horribles blasfemias, después de asegurarse de que (la Hostia) es una Hostia consagrada." Dom Benoit dice también que en 1894, 800 Hostias consagradas fueron robadas de una iglesia de París para ser utilizadas por los "sectarios" para sus abominables misterios, y que la veracidad de esta afirmación ha sido verificada.

Me doy cuenta de que es difícil para el hombre honesto medio, cualquiera que sea su raza, color o credo, darse cuenta de que el satanismo se practica realmente y que la Sinagoga de Satanás está controlada en su cúspide por seres humanos que son los sumos sacerdotes del credo luciferino y que están conspirando para esclavizar lo que quede de la raza humana después del cataclismo social final. Así que voy a citar las propias palabras de Pike, según lo informado por Arthur Preuss en las páginas 157-8 del Vol. I "A Study in American Freemasonry". "Cuando Pike explicó POR QUÉ los que dirigían la M.R.M. EN LA CUMBRE pretendían utilizar el comunismo internacional como SU manual para la acción destructiva, Preuss le cita diciendo:

> "Hay un ateísmo puramente informal, que es la negación de Dios en términos, pero no en la realidad. Un hombre dice: 'No hay Dios', es decir, no hay un Dios que nazca en sí mismo, que alguna vez haya nacido, sino un Dios que siempre fue, que es la causa de la existencia, que es la MENTE y la PROVIDENCIA del Universo, y por lo tanto el ORDEN, la BELLEZA y la ARMONÍA del mundo de la materia y del espíritu no indican ningún plan o intención de la Divinidad. Pero la Naturaleza que es poderosa, sabia, activa y buena; la Naturaleza originó en sí misma, o tal vez siempre fue y siempre ha sido, la causa de su propia existencia, el espíritu del Universo y su propia Providencia. Es evidente que existe un plan y un propósito del que fluyen el orden, la belleza y la armonía. Pero este es el plan y el propósito de la naturaleza. En este ámbito, la negación absoluta de Dios es sólo formal y no real. Las cualidades

de Dios son reconocidas y afirman SU existencia; es un simple cambio de nombre llamar Naturaleza y no Dios al poseedor de estas cualidades".

La palabra Naturaleza, tal y como la utiliza Pike, significa "La suma total de la existencia", al igual que la palabra "Universo" significa la totalidad de todo lo que hay dentro y fuera del espacio, incluyendo todo lo que hay sobre y en esta tierra.

Pike también declaró que el comunismo ateo sería sólo una "*fase pasajera de la revolución general*" y, como se menciona en otra parte en, explicó a Mazzini cómo el comunismo y el cristianismo deben ser llevados a la destrucción mutua en una guerra total para que la conspiración luciferina entre en su fase final.

Sólo cuando profundizas y miras detrás del telón de la vida de Pike te das cuenta de que cuando hablaba de Dios y/o de la naturaleza, en realidad hablaba de Lucifer.

Hemos dicho que Thomas Jefferson se convirtió en miembro de los Illuminati de Weishaupt. Independientemente de lo que a los estadounidenses se les haya enseñado a creer sobre Thomas Jefferson como cristiano y patriota, el hecho es que desempeñó un papel destacado en la realización del plan de Weishaupt, que exigía que América se separara del Imperio Británico. Por lo tanto, fue un traidor a su madre patria. Se convirtió en traidor porque el Iluminismo le convenció de que SÓLO un gobierno mundial único, dirigido por hombres inteligentes, podría resolver los problemas del mundo y poner fin a las guerras y revoluciones. Se sintió justificado para contribuir a la destrucción de Gran Bretaña y su imperio en aras de la paz mundial.

Estos son exactamente los mismos principios y sentimientos que impulsaron al Presidente ED. Roosevelt al Primer Ministro británico Winston Churchill cuando se reunieron en un acorazado estadounidense en Agentia Bay, Terranova, en el verano de 1942 para discutir la Organización del Tratado del Atlántico Norte (OTAN): "Es hora de que el Imperio Británico se disuelva en interés de la paz mundial". Muy poca gente parece darse cuenta de que la OTAN ha sido organizada para que los que dirigen el M.R.M. UPSTREAM puedan "contener" la terrible fuerza destructiva del comunismo, que han creado de acuerdo con el plan de Pike, hasta que deseen utilizarlo para marcar el comienzo de la etapa final de la conspiración luciferina.

Un lapsus linguae puede pasar desapercibido para millones de personas, pero para un historiador puede revelar mucho. Al comienzo de la Segunda Guerra Mundial, Winston Churchill pronunció uno de sus discursos más famosos después de haber cenado bien, o quizá demasiado sabiamente. Hay un viejo refrán que dice: "Cuando la bebida está dentro, la verdad está fuera". En aquella ocasión, Churchill dijo: "Le daría la mano al mismísimo diablo si eso me ayudara a derrotar a Hitler". Si Churchill hubiera sido una persona temerosa y amante de Dios, naturalmente habría pronunciado el nombre de Dios, no el de Lucifer.

Es exactamente el mismo razonamiento que explica muchas de las acciones políticas de Mackenzie King durante su cuarto de siglo como Primer Ministro de Canadá: fue adoctrinado en el internacionalismo mientras estudiaba en la universidad. Su formación de joven es muy similar a la de Pike. Era abiertamente radical y un auténtico descendiente de su abuelo rebelde. Era tan despiadado y carente de escrúpulos cuando estaba en la Universidad de Toronto que era odiado por la gran mayoría de sus compañeros. Pero una vez que vendió su alma a los Rockefeller, dirigió la política del gobierno canadiense para que encajara en el complot luciferino de establecer un gobierno mundial único. Y las masas... los Goyim... tenían el cerebro tan lavado por la máquina de propaganda luciferina que el pueblo canadiense siguió reeligiéndolo Primer Ministro, a pesar de que su traición a Gran Bretaña y al resto de su Commonwealth (Imperio) quedó demostrada en las cartas que escribió al comienzo de la Primera Guerra Mundial a destacados estadounidenses amigos de los Rockefeller, o que estaban en deuda con ellos por favores financieros, y les pedía que usaran su influencia con el gobierno americano para que se retirara la ayuda financiera y de otro tipo a Gran Bretaña y Francia, "lo que prolongaría la guerra y debilitaría seriamente al Imperio Británico"." Tal es el control que ejerce el S.O.S. sobre la llamada prensa libre e independiente que, incluso como periodista profesional y autor de muchos libros, sólo pude sacar a la luz pública la verdad sobre Mackenzie King, su traición y ocultismo cuando publiqué en privado *Niebla roja sobre América* en 1955.

Fue Thomas Jefferson quien hizo grabar en secreto el símbolo Illuminati en el reverso del Gran Sello de América. Su intención era que su presencia permaneciera secreta hasta que América se desintegrara a través de luchas y conflictos internos y cayera en manos de aquellos que dirigían la M.R.M. EN LA CUMBRE, como fruta demasiado madura, e introdujeron el "Nuevo Orden". Hemos explicado que las palabras "Nuevo Orden" son doble lenguaje para "dictadura luciferina", y se utilizan para engañar al público en general a aceptar la "IDEA" de un gobierno de un solo mundo. ED. Roosevelt estaba tan seguro de introducir el "Nuevo Orden" que comenzó su reinado presidencial introduciendo su "New Deal", que era una versión de la dictadura destinada a convertirse en totalitarismo tan pronto como llegara el momento adecuado. Él (Roosevelt) estaba tan seguro de ser el primer rey-dictador del mundo que sacó de la naftalina el símbolo de los Illuminati, el escudo satánico, y lo utilizó en el reverso de los billetes estadounidenses. Así aseguró a todos los entendidos que la conspiración luciferina estaba a punto de entrar en su fase final. El hecho de que Stalin le traicionara después de Yalta fue lo único que impidió que sus sueños se hicieran realidad. En lugar de convertirse en el primer rey-despojo, se volvió loco. La razón por la que no se permitió al público ver su rostro antes de que su cuerpo fuera enterrado es, según me han informado fuentes fidedignas, que no había rostro que ver. Se dice que puso fin a su odio a Stalin, a sus decepciones y a su miseria mental y espiritual con una escopeta.

Cuando revelamos que el símbolo Illuminati aparecía en el reverso de los billetes de un dólar de EE.UU., causó consternación entre los que dirigen la M.R.M. AT THE TOP Inmediatamente pidieron a algunos de los mejores guionistas de Hollywood que interpretaran los símbolos como si tuvieran un gran significado patriótico. Si este intento de "matar" la verdad era correcto, ¿por qué el hecho de que el símbolo apareciera en el reverso del Gran Sello se mantuvo en secreto desde la época de Jefferson hasta la de Roosevelt

El poder, la astucia y el engaño de quienes sirven al S.O.S. pueden comprenderse mejor si se explica que, según la propia interpretación que Weishaupt hizo del símbolo, la pirámide representa el complot para provocar la destrucción de la Cristiandad. Para engañar a los enemigos de la Iglesia Católica Romana y hacerles creer que ellos tampoco estaban condenados a la destrucción, los agentes de la organización de Weishaupt hicieron creer que su único odio era contra el catolicismo y no contra Cristo y el cristianismo en general. Tal es el poder y la influencia del S.O.S. que ha inducido a los sacerdotes que dirigen los departamentos juveniles de la Acción Católica a publicar la versión de los guionistas de Hollywood sobre el significado del símbolo, a difundirla ampliamente y a instar a los católicos a aceptar la versión de "Satán" a pesar de los hechos y documentos históricos que demuestran que la versión de Hollywood es una mentira deliberada. Cuando se explicó la verdad a los sacerdotes responsables, no pudieron hacer nada para corregir su error porque habían actuado bajo las órdenes de una autoridad superior.

Esto indica que los S.O.S. tienen su agente dentro de la jerarquía del catolicismo romano, al igual que tenían a Judas entre los apóstoles de Cristo.

Durante muchos años he sabido que los hombres que han dirigido el M.R.M. en la cima de la escalera han utilizado el ajedrez para simbolizar su marcha de "progreso pacífico" hacia la dominación final del mundo. En su juego de ajedrez, un jugador representa a Dios, el otro al Diablo, Lucifer. Los peones representan a las masas o Goyim. Los dioses sacrifican tantos peones como sea necesario para poder matar a los caballos, alfiles, castillos y reinas, y poner en jaque a uno u otro rey. Como sabía que el ajedrez simbolizaba la lucha por establecer un gobierno mundial bajo un dictador totalitario, titulé uno de mis libros *Peones en el juego*, y otro, que trataba del nazismo, *Jaque mate en el Norte* (publicado por Macmillan en 1944). Pero no fue hasta noviembre de 1958, cuando estaba escribiendo este capítulo de ese libro, que me enteré por accidente, o por un "acto de Dios", de que Albert Pike poseía un juego de ajedrez extremadamente raro, copiado de los originales.

Algunas de sus piezas de ajedrez fueron sustraídas de su casa cuando un destacamento del Segundo de Caballería de Kansas atacó Little Rock en el verano de 1863. Cuando los asaltantes distribuyeron su botín, las piezas de Pike cayeron en manos del capitán E.S. Stover, de la compañía B. Después de la guerra, se trasladó a Nuevo México y se convirtió en Gran Maestro de la Gran Logia de Masones del Rito Escocés. En 1915, cuando Stover tenía más de 80 años, hizo colocar el ajedrez de Pike, junto con otras reliquias de Pike, en la biblioteca del Supremo Consejo. Luego, de una fuente totalmente diferente, recibí un ejemplar de la obra de Susan Lawrence Davis *Authentic History of the Ku Klux Klan (1865-1877)*, publicada por el American Library Service, Nueva York, 1924. La autora ofrece un relato detallado del general Albert Pike y sus actividades, hasta donde se supone que las conoce el público en general.

Pero el viejo dicho "El asesinato saldrá" se aplica tanto a la conspiración luciferina (asesinato en masa) como al homicidio individual. Resulta que Susan Davis mencionó que las piezas de ajedrez que pertenecían a

Pike eran idénticas a un juego que ella había jugado con el general Forrest cuando era niña. Susan Davis dice que solía jugar con el general Forrest a un juego que él llamaba "Make Believe". Estas fueron las mismas palabras que Weishaupt utilizó para decir a los Illuminati cómo actuar.

Esta información no significaría nada en absoluto en lo que respecta al Movimiento Revolucionario Mundial, si no fuera por el hecho de que el General Forrest creó y organizó el Klu Klux Klan y que, en una convención del KKK celebrada en Nashville, Tennessee, EE.UU., Forrest nombró a Pike, que había organizado el KKK en Arkansas, "Gran Dragón" del "Reino". Pike también fue nombrado Jefe Judicial del Imperio Invisible. Fue Pike quien aconsejó a los líderes del KKK que memorizaran su ritual secreto y lo transmitieran de jefe a jefe, para que nunca cayera una copia en manos hostiles. El general Pike encargó a Henry Fielding y Eppie Fielding, de Fayetteville (Arkansas), que le ayudaran a organizar "guaridas" en Arkansas. Los Fielding habían sido los miembros originales del Klan en Athens, Alabama, hasta que se trasladaron a Arkansas en 1867.

La historia, tal y como se enseña generalmente en las escuelas y universidades americanas, no da mucha importancia al hecho de que los conflictos políticos, religiosos y raciales que ahora asolan Arkansas y otros estados del Sur no son más que una repetición de lo que ocurrió en Arkansas durante los oscuros días de la Reconstrucción que siguieron a la Guerra Civil. El general Albert Pike era el "poder secreto" que dirigía lo que ocurría entre bastidores en Arkansas, como se evidencia en la página 277 de la *Historia auténtica del Klu Klux Klan*.

Pocas personas con las que he discutido este asunto parecen saber que Arkansas tuvo DOS gobiernos en 1872, y que prevaleció una gran excitación. La opinión pública se oponía tanto a lo que Washington estaba haciendo que amenazaba una guerra civil, hasta que Albert Pike convocó una reunión masiva. Con un efecto dramático, Pike desplegó la Star Spangled Banner y, con gran elocuencia, pidió a los reunidos en el Capitolio que tuvieran paciencia, "y siguieran esa bandera hasta que el Klu Klux Klan pudiera redimir al Estado". Prometió ir personalmente a Washington e interceder por ellos. Cumplió su promesa.

A la luz de los acontecimientos históricos desde 1872, Pike lo hizo porque sabía que el momento del cataclismo social final no llegaría hasta dentro de casi cien años. Esta declaración y advertencia fueron recogidas en conferencias pronunciadas ante los miembros de sus consejos del Rito Palladiano entre 1885 y 1901. He tenido el "placer" de conocer a los actuales líderes del KKK. Incluso tuve el 'privilegio' de dirigirme a algunos de ellos y me escucharon atentamente mientras les explicaba cómo los que dirigían el Movimiento Revolucionario Mundial planeaban llevar a cabo la desintegración de los Estados Unidos en las etapas finales de la conspiración, tras una guerra civil, combinada con una revolución comunista. Expliqué cómo se planeaba alinear a los judíos contra los gentiles, a los de color contra los blancos, a los ateos contra los cristianos, etc., citando la carta de Pike a Mazzini del 15 de agosto de 1871, para probar que lo que les decía era la verdad, explicando que las leyes de integración se aprobaron para ayudar a provocar esta división. Señalé cómo, en cada estado al sur de la línea Mason-Dixon, hombres y mujeres habían aparecido de la nada en particular e inmediatamente se habían abierto camino hasta una posición desde desde la que podían ejercer una gran influencia sobre los grupos opuestos. Señalé que estos advenedizos parecían disponer siempre de cantidades ilimitadas de dinero y que siempre podían obtener armas y municiones. Les dije sin ambages que se trataba de agentes de los Illuminati y que su objetivo era conseguir que las tensiones se convirtieran en conflictos y derramamiento de sangre.

La noche que hablé ante un grupo de líderes, la tensión era tan alta como la cuerda de un piano, porque los funcionarios del gobierno federal habían anunciado que un nuevo proyecto de construcción en una sección blanca de la comunidad tenía que ser integrado. Mi audiencia había anunciado que impedirían la integración por la fuerza armada, si fuera necesario. Me preguntaron sin rodeos: "¿Qué espera que hagamos: aceptar la integración sin luchar?".

Respondí con otra pregunta. Pregunté: "¿Cuántos blancos y mestizos hay en esta comunidad que realmente quieren degollarse y cometer atrocidades?". Se hizo el silencio. Señalé que quienes controlaban las fuerzas armadas de Estados Unidos tenían paracaidistas estratégicamente situados por todo el país y aviones listos para llevarlos adonde fuera necesario. Era plena noche y podía oír el tic-tac de un viejo reloj. Tan amablemente como pude, dije: "Dudo que haya cinco hombres blancos o de color que realmente quieran involucrar a toda la comunidad en los horrores de una guerra civil. Es tarde, literalmente, en más de un sentido.

¿Por qué los dirigentes de la población blanca no van inmediatamente a ver a los dirigentes de la población de color

Dígales que usted no desea la guerra y el derramamiento de sangre más que ellos. Pídeles, por el bien de todos, que digan a las pocas personas de color que los conspiradores pretenden utilizar como peones en este experimento, que si se dejan utilizar así, los negros que no quieren problemas con los blancos matarán a golpes a los que sí los quieren. Diles que no permitan que los negros se instalen en zonas segregadas".

Al amanecer, los jefes blancos se reunieron con los negros. Accedieron a hacer lo que les pedía. Ninguna persona de color entró en la sección separada. No estalló ningún problema. Dos noches más tarde me reuní con algunos de los jefes de y les dije que vigilaran cuidadosamente a los que no estuvieran de acuerdo con las medidas que habían tomado, pues serían los provocadores de los Illuminati.

Los agentes Illuminati no mienten tímidamente o sólo durante un tiempo. Mienten descarada y continuamente, como el diablo. Saben que si consiguen engañar a las masas para que les pongan en el poder, luego podrán hacer lo contrario de todo lo que prometen. Como dijo Voltaire: "No importa".

Así que fue Jefferson quien abrió el camino a los Illuminati políticamente en 1786, mientras que Moses Holbrook se encargó del fin dogmático de la conspiración luciferina en las Américas a finales del siglo XVIII y principios del XIX.

Desde entonces, los candidatos presidenciales han sido seleccionados y elegidos por aquellos en la cima de la conspiración. A las masas se les ha hecho creer que están eligiendo a los hombres de su elección, pero en realidad, como Weishaupt pretendía, se les ha dado la "elección de Hobson". Nada podría ilustrar esta verdad más claramente que las recientes elecciones presidenciales y la última batalla electoral entre Harriman y Rockefeller por la gobernación de Nueva York. Si un presidente u otro político de alto nivel accede inesperadamente al cargo, se le silencia de un modo u otro. Los presidentes que no se someten al control del agente de los Illuminati son asesinados. Los senadores que no cooperan son chantajeados, denigrados o liquidados. Cientos de casos ilustran exactamente lo que quiero decir. Lincoln, Kennedy, Forrestal y McCarthy son sólo ejemplos típicos en América. Lord

Kitchener, Chamberlain y el almirante Sir Barry Domvile eran ejemplos típicos en Inglaterra. Los recientes asesinatos en Irak son todos parte de la misma conspiración diabólica y despiadada para destruir TODOS los gobiernos y religiones, y establecer un gobierno mundial único, cuyos poderes los sumos sacerdotes de la ideología luciferina pretenden usurpar.

Los protocolos de la sinagoga de Satán

Durante muchos años he mantenido que si la información contenida en los llamados *Protocolos de Sion* contiene la verificación de la existencia de una conspiración para destruir TODOS los gobiernos y religiones restantes (como reveló el profesor John Robison en 1797), da cuenta de cómo ha progresado el plan desde entonces, e indica lo que queda por hacer para que los que dirigen la conspiración EN LA CUMBRE logren su objetivo final de dominación mundial absoluta, sostengo que los Protocolos (planes originales) no son los de los Sabios *de Sion*, sino los de la conspiración *de los Sabios de Sion*. no son los de los Sabios de Sion. Sé que "mantenerme firme" en este tema proporcionará una espada de doble filo que los enemigos de Dios utilizarán para desacreditar lo que he escrito. Un filo de esa espada será utilizado por los antisemitas, que me acusarán de tener simpatías comunistas, el otro será utilizado por los satanistas para intentar convencer a aquellos que lean mi trabajo de que soy semita. Que así sea. Diré la verdad tal como la veo.

A ustedes, mis lectores, les explicaré cómo llegué a la opinión de que los "Protocolos" no son, repito, no son, los de los Sabios de Sión, sino los de la Sinagoga de Satanás, que es muy diferente. Uno o más de los Sabios de Sión pueden ser satanistas -probablemente lo sean- pero eso no prueba que los Protocolos sean un complot judío para la dominación del mundo. El hecho de que Judas fuera un traidor no prueba que todos los judíos sean traidores. El hecho de que algunos judíos hayan pertenecido y sigan perteneciendo a la Sinagoga de Satán y a movimientos revolucionarios y subversivos no los convierte en una raza aparte. Desde que existe el judaísmo, en la Sinagoga de Satán ha habido tanto supuestos judíos (jázaros) como paganos.

Desde septiembre de 1914 he disfrutado de la amistad de un hombre que es uno de los mayores eruditos y oficiales de inteligencia británicos. Es uno de los lingüistas más destacados del mundo. Ha realizado estudios de postgrado e investigación en ciencias geopolíticas, economía, religión comparada, etc. en la mayoría de las principales universidades del mundo. Fue condecorado por el gobierno británico y por la mayoría de sus aliados, incluido Estados Unidos, durante las dos guerras mundiales, por servicios especiales prestados con eficiencia. Cuando estalló la Segunda Guerra Mundial, todos estos honores resultaron bastante embarazosos, pues cuando él y yo volvimos al servicio naval en 1939, tuvo que "usurpar" de su uniforme las cintas de las medallas que le habían concedido las naciones con las que habíamos sido aliados en la Primera Guerra Mundial. Muchos de ellos eran ahora nuestros enemigos.

El Cuerpo Especial llevó a mi amigo por todo el mundo y lo involucró en intrigas políticas. Estudió a fondo los "Protocolos" poco después de que Nilus los publicara por primera vez bajo el título "El peligro judío", en Rusia, en 1905.

Al servir en Rusia como agente de inteligencia antes de la Primera Guerra Mundial y durante la Revolución Rusa, los mencheviques, y más tarde los bolcheviques, ofrecieron una recompensa mayor por su captura, vivo o muerto, que por la de cualquier otro agente extranjero durante los años 1916 a 1918. Mi esposa y yo pasamos nuestra retrasada luna de miel con mi amigo y su esposa, una mujer rusa con la que se había casado y a la que había ayudado a escapar de Rusia a principios de 1918. Su habilidad para traducir muchos idiomas me permitió obtener una gran cantidad de información que nunca habría podido conseguir si no hubiéramos estado estrechamente asociados durante aquellos años.

Habiendo tenido acceso a sus papeles privados, me comprometí a no revelar su identidad ni a escribir su biografía antes de su muerte. El oficial al que me refiero sabe más sobre el origen de los Protocolos y cómo llegaron a manos del profesor Nilus que cualquier otro hombre vivo. Conoció a Nilus cuando vivía en Rusia. Conoció a Marsden y a su esposa cuando vivían en Rusia antes y durante la revolución. Comparto este conocimiento con él.

Además, a petición mía, el hijo de un oficial ruso de alto rango, que fue uno de los mayores líderes del MOVIMIENTO RUSO BLANCO, ha verificado la información y las conclusiones que he publicado sobre los Protocolos desde 1930, y está de acuerdo con mis escritos.

Tras haber servido en submarinos británicos de 1916 a 1919 como oficial de navegación, conocí al comandante E.N. Cromie, que murió en 1917 al repeler a una turba revolucionaria que intentaba irrumpir en el consulado británico de San Petersburgo (actual Petrogrado). Los líderes de la turba querían apoderarse de documentos secretos y confidenciales que sabían que mi amigo había depositado en el consulado. Cromie contuvo a la multitud con armas ligeras hasta que sus socios quemaron los documentos. Fue herido varias veces y tan gravemente que murió en la escalinata de la embajada. Sé qué información querían tanto los líderes de los mencheviques.

La mujer de mi amigo es la madrina de uno de mis hijos y he hablado con ella de Rusia y de asuntos rusos en muchas ocasiones. Leyó mis manuscritos que trataban de esta fase de la M.R.M. antes de que se publicaran, al igual que su marido.

Victor Marsden tradujo al inglés el libro de Nilus *El peligro judío* y lo publicó con el engañoso título de *Los protocolos de los sabios de Sión*. Lo conocí en 1927, cuando viajaba por el mundo como relaciones públicas del entonces príncipe de Gales, hoy duque de Windsor.

Victor Marsden vivió en Rusia antes de la revolución como corresponsal del London Morning Post. Se casó con una rusa. Cuando comenzó la revolución, los mencheviques encarcelaron a Marsden bajo sospecha de espionaje. Durante su estancia en la prisión de San Pedro y San Pablo, recibió un trato tan brutal que su corazón se llenó de odio hacia los mencheviques, la mayoría de los cuales eran judíos.

Victor Marsden estaba físicamente enfermo y mentalmente perturbado cuando tradujo al inglés el ejemplar de El peligro judío del profesor Nilus. La copia a partir de la cual trabajó se encontraba en el Museo Británico, donde había sido recibido por el Bibliotecario en agosto de 1906. Marsden tenía tan mala salud cuando hizo este trabajo en 1920 que no podía trabajar más de una hora sin descansar. Rara vez trabajaba más de dos horas al día. Pero en 1921 publicó su traducción del libro de Nilus al inglés bajo el título *The Protocols of the Learned Elders of Zion*.

Debido a sus experiencias en la cárcel, parecía imposible convencerle de que quienes dirigían el Movimiento Revolucionario Mundial EN LA CÚPULA utilizaban a los judíos para servir a sus propios fines diabólicos, como "chivos expiatorios", sobre cuyos hombros echaban la culpa de sus pecados contra Dios y crímenes contra la humanidad.

Mi amigo contó al profesor Nilus y a Victor Marsden la VERDADERA historia de los Protocolos tal como me la contó a mí. Publiqué esta historia en Peones en el juego. Un breve resumen dará a los lectores que no hayan leído los otros libros una mejor comprensión de lo que voy a decir sobre esta publicación tan discutida.

Cuando Pike estableció consejos de su "Nuevo y Reformado Rito Paladiano" en las principales ciudades del mundo, dio instrucciones específicas para que los miembros de estos consejos organizaran auxiliares femeninas, conocidas como Logias o Consejos de Adopción. Estas mujeres fueron cuidadosamente seleccionadas entre las altas esferas de la sociedad de sus respectivos países. Aún siguen activas. En Inglaterra, durante la Primera Guerra Mundial, las mujeres de la alta sociedad pertenecientes al Consejo de Adopción londinense del Rito Paladiano recibían en el Glass Club a los oficiales de permiso de los distintos teatros de guerra. Entre ellas se encontraban esposas e hijas de la nobleza británica y miembros del gobierno británico. Estas mujeres entretenían a los oficiales invitados al club durante su permiso. Durante este tiempo, permanecían enmascaradas, para que el oficial al que entretenían no pudiera reconocerlas. La mayoría de sus fotos aparecen con frecuencia en publicaciones de sociedad. Toda la información que recopilaban se transmitía a la dirección supervisora del Servicio de Propaganda e Inteligencia de Palladio.

En 1885, más o menos, se preparó una serie de conferencias para los miembros de las Logias y Consejos del Gran Oriente del Rito Paladiano. Los que prepararon estas conferencias lo hicieron de tal manera que permitieran al oyente saber lo suficiente para permitirle hacer su contribución al avance de la M.R.M., inteligentemente, sin permitirle penetrar en el secreto completo de la intención de los Sumos Sacerdotes del Credo Luciferino de usurpar el poder mundial en la etapa final de la revolución. Si Pike no preparó personalmente estas conferencias, ciertamente las inspiró.

La limitación del conocimiento a los adeptos de los grados inferiores, haciéndoles creer que sus fines son otros que los realmente pretendidos, y manteniendo la identidad de los que pertenecen a los grados superiores en absoluto secreto para los que están incluso un grado por debajo de ellos, es el principio en el que los dirigentes de la Sinagoga de Satán basan su "SEGURIDAD". Fue esta política la que les permitió mantener su secreto incluso ante hombres como Mazzini y Lemmi, líderes de la M.R.M., hasta que el Sumo Sacerdote decidió que podían ser iniciados en el SECRETO TOTAL.

Al estudiar las conferencias, también debemos recordar que quienes las prepararon eran literalmente miembros del S.O.S.. Así que tenemos que buscar en el sitio palabras y frases de doble sentido diseñadas para engañar. Palabra por palabra, frase por frase, el estudio de este espantoso documento revela muchos dobles sentidos y frases engañosas.

Los que prepararon las conferencias sabían que era casi imposible evitar que cayeran copias en manos distintas de las previstas. Lo sabían por la experiencia de 1784-1786, por lo que se tomaron precauciones extraordinarias para asegurarse de que, si se conocía el contenido de estas conferencias, se culpara a alguien que no fueran ellos mismos y el Rito Palladiano.

Expliqué estas cosas a la Briton's Publishing Society, que ha publicado la edición inglesa de los Protocolos desde la muerte de Marsden. Señalé que, según las propias instrucciones escritas de Pike, la palabra "Dios" debía ser utilizada donde estaba prevista la palabra "Lucifer".

Cuando la Sinagoga de Satanás tramó la muerte de Cristo y llevó a cabo este infame plan, permanecieron en un segundo plano y trabajaron en las sombras. Contrataron a Judas para llevar a cabo la traición y luego culparon a los judíos por su pecado contra Dios y su crimen contra la humanidad. Son los adeptos del Gran Oriente y del Rito Palladiano quienes se glorían de la celebración de la Misa Adonaica y, como demostraremos estudiando las conferencias, a quienes las prepararon no les importa sacrificar a dos tercios de la población mundial para lograr su objetivo final e imponer una dictadura totalitaria luciferina a lo que queda de la humanidad. Los que prepararon las conferencias estaban al servicio del "Padre de la mentira". Son los "maestros del engaño". Sabiendo esto, debemos estar vigilantes si queremos penetrar en la verdad.

En contra de la creencia popular, Nilus no fue el primero en publicar el contenido de estas conferencias. Se lo señalé a los editores hace muchos años. Hoy, a la octogésima primera edición de los llamados *Protocolos de Sión* se le ha dado el título mucho más realista de "Gobierno Mundial Conquista del Mundo". También observo que el editor admite en esta nueva edición que Nilus no fue el primero en publicar los documentos.

Como mencionamos en otro capítulo, la serie de conferencias se publicó por primera vez en el invierno de 1902-1903 en ruso en un periódico llamado Moskowskija Wiedomosti, y luego en el mismo idioma, en agosto y septiembre de 1903, en un periódico llamado Snamja.

Estas publicaciones no tuvieron el efecto deseado, ya que no provocaron el aumento del antisemitismo que los dirigentes de la M.R.M. esperaban en Rusia. El S.O.S. quería utilizar el antisemitismo para fomentar revoluciones que llevaran al derrocamiento de los zares, como exigía el plan militar de Pike para guerras y revoluciones.

El profesor Nilus era sacerdote de la Iglesia Ortodoxa Rusa. Mi amigo lo encontró honesto y sincero en su creencia de que el Movimiento Revolucionario Mundial era un complot judío. Era innegable que los judíos jázaros estaban a la cabeza de los movimientos revolucionarios en Rusia; llenaban las filas de los ejércitos revolucionarios clandestinos. Desde la infancia, a los pequeños judíos se les enseñó a odiar a sus líderes paganos y a creer que estaban siendo perseguidos a causa de su religión. Esto era mentira. El hecho es que Nilus conoció a Weishaupt, los Illuminati, Pike y su Rito Palladiano. Sólo Nilus y su Creador saben si era uno de esos sacerdotes que son lobos con piel de oveja.

Cuando Nilus publicó las conferencias como parte de su libro *The Great and the Little* en 1905, y declaró que exponían "el peligro judío", incendió el mundo. Intencionadamente o no, dio a luz al antisemitismo, como quería el S.O.S., para poder utilizarlo para fomentar las dos primeras guerras mundiales y provocar la revolución rusa, como exigía su complot.

Mi información sobre el papel de Nilus en la publicación de los "Protocolos" se publicó en 1955 en *Peones en el juego*. Desde entonces, he aprendido mucho más sobre este hombre extraordinario. Contó tres historias distintas a tres personas distintas, cuando se le pidió que explicara CÓMO llegaron a sus manos las conferencias. Esto no es propio de un hombre honesto. Como sacerdote ordenado, se suponía que estaba trabajando para servir al propósito de Dios. Como tal, tenía que decir la VERDAD.

La VERDAD sobre los "Protocolos" es esta: Hay pruebas de que las conferencias fueron dadas a masones del Gran Oriente y a miembros del Rito Palladiano de Pike en todo el mundo a partir de 1885. Cuando se publicaron por primera vez en Rusia en 1902, se describieron como "Actas de una reunión celebrada por los Sabios de Sión". Esto era claramente una mentira, para cualquiera que se tomara la molestia de leer el documento detenidamente. Nilus disimuló la mentira diciendo: "El documento es un informe al que aparentemente le faltan partes y que fue escrito por una persona poderosa". Mi amigo dice, y yo estoy de acuerdo, que la serie de conferencias fue inspirada o escrita por Pike. La redacción y la fraseología son casi, si no absolutamente, idénticas a sus otros escritos. Fueron pronunciadas durante un período de tres o más días y noches. El primero de la serie explica la revisión y modernización de Weishaupt de los Protocolos de la Conspiración Luciferina. La segunda serie describe los progresos realizados por la conspiración desde 1776. La tercera y última serie de conferencias cuenta lo que queda por hacer, y cómo Pike quería que se hiciera, para lograr el objetivo final del Gobierno Mundial Único en el siglo XX.

El profesor Nilus dijo: "Aparentemente falta una conferencia, o parte de una conferencia": "Aparentemente falta una conferencia, o parte de una conferencia". La parte que falta es la conferencia final, reservada a los iniciados en el PLENO secreto de que los sumos sacerdotes del Credo Luciferino pretenden usurpar los poderes del primer gobierno mundial, independientemente de cómo o quién lo establezca.

Sería interesante saber qué habría dicho el profesor Nilus si le hubieran preguntado: "¿Cómo sabe que falta parte de un curso? Son cosas como ésta las que alertan a los investigadores de la realidad de la situación.

Preguntamos: "Si Nilus mintió sobre cómo llegó a estar en posesión de los documentos, y si afirma que falta parte de ellos, es razonable suponer que era seguidor del Rito Palladiano, y que conocía TODO EL SECRETO. Si no lo era, es poco probable que supiera que falta una parte.

Nilus admitió que le era imposible presentar pruebas escritas u orales de la autenticidad del documento. Por otra parte, cuando se juntan todos los detalles, obtenemos una imagen clara de la conspiración luciferina en marcha, de cómo está dirigida por el S.O.S. -no por los judíos- y de su objetivo final. Vemos que el M.R.M. está dirigido en la cima por el

S.O.S., que a su vez está controlado por los sumos sacerdotes del credo luciferino.

Cuando Kerensky formó el primer gobierno provisional de Rusia, ordenó la destrucción de todos los ejemplares del libro de Nilus. Esto dejó más claro que nunca que los judíos intentaban ocultar las revelaciones de Nilus. Después de que Lenin usurpara el poder y pusiera fuera de juego a Kerensky, la Cheka encarceló a Nilus. Fue exiliado y murió en Vladimir el 13 de enero de 1929.

Según una de las historias contadas por Nilus, y la de las tres que parece más cercana a la verdad, los documentos que recibió, tradujo y publicó, fueron robados por una mujer de fácil virtud a un masón de alto grado que pasó una noche con ella tras finalizar su compromiso como "Conferenciante" ante los miembros de los grados superiores de la masonería del Gran Oriente en París, Francia.

Esta explicación parece plausible. Pero examinémosla en detalle. ¿Qué masón que ha sido probado hasta ser considerado apto para ser iniciado en el grado más alto de la masonería del Gran Oriente y/o del Rito Paladiano Nuevo y Reformado sería tan imprudente como para llevar documentos incriminatorios y de alto secreto al piso de una mujer de virtud fácil? Simplemente no tiene sentido. Si los documentos hubieran sido robados, los Illuminati habrían utilizado su riqueza, poder e influencia, así como los millones de pares de ojos que controlan, para recuperarlos.

Al investigar todos los aspectos del misterio de los documentos desaparecidos, mi amigo llegó a la conclusión de que habían sido entregados a una dama de la alta sociedad francesa, que también era miembro de la "Logia de Adopción" adjunta al Consejo de París del Rito Palladiano. Las pruebas indican que el hombre que entregó los documentos a esta dama era uno de los masones del Gran Oriente más antiguos e influyentes de Francia, y sin duda era miembro del Rito Paladiano Nuevo y Reformado de Pike.

Sin duda, la dama en cuestión recibió instrucciones sobre a quién debía confiar los documentos para que cayeran en manos de quienes dirigían el movimiento antisemita en Rusia. Al decirle a este noble ruso que los documentos habían sido robados a un judío que era masón de alto nivel, se pensó que se le engañaría haciéndole creer que los motivos de la mujer eran "puros" y que no había intriga ni engaño.

Estas deducciones explican también cómo los documentos se entregaron primero a un periódico y luego a otro. Sólo después de que la publicación no produjera la reacción antisemita se puso el original u otra copia en manos del Prof. Satan. Nilus y produjo el resultado deseado. Sé con certeza que copias del "Peligro judío" de Nilus fueron puestas en posesión de todos los rusos eminentes adscritos a la Casa Imperial y empleados por el Zar en cualquier capacidad ejecutiva. Se colocaron copias en los escritorios de las damas de compañía en sus habitaciones del Palacio Imperial.

Las actividades revolucionarias habían dividido a la sociedad rusa en dos grupos: los leales al zar y los que no lo eran. La publicación y amplia distribución de los documentos titulados "El peligro judío" permitió sin duda a quienes dirigían el movimiento revolucionario ruso entre bastidores desarrollar su trama y avanzar en sus planes secretos. Uno de ellos era el banquero internacional Jacob Schiff de Nueva York, EE.UU., cuyo líder revolucionario era Trotsky.

La familia Warburg de Hamburgo, Alemania, colaboró con Schiff para asegurar el sometimiento de Rusia. Los miembros de esta casa bancaria estaban estrechamente relacionados con Gerson Blechroeder, jefe de la Junta Supervisora de Pike del Rito Palladiano en Berlín, y disfrutaban de relaciones excepcionalmente amistosas con él. El cuartel general secreto de los que fomentaban la Revolución Rusa en Alemania era el gran edificio de Valentinskamp Strasse donde Armand Levi había establecido la "Federación (Judía) Secreta", que llegó a conocerse en como el "Consejo Patriarcal Soberano", respaldado por millones de Rothschilds.

Por extraño que parezca, pero como una prueba más de que el S.O.S. no está formado por judíos ortodoxos, sino por los que se llaman judíos y no lo son, y por lo tanto mienten, encontramos que Lenin fue entrenado para asumir la dirección de la guerra revolucionaria en Rusia nada menos que por Lemmi, que había sucedido a Mazzini como director de acción política de Pike. Lemmi había establecido su cuartel general cerca de Ginebra, Suiza.

Vemos cómo las conferencias inspiradas por Pike fueron presentadas como una conspiración judía para la dominación mundial. Esta acusación ha sido amargamente rechazada por los verdaderos judíos. Pero cuando nos despojamos de todos los aspectos confusos del caso, la verdad emerge clara e inequívocamente. La versión de las conferencias confiada al profesor Nilus se utilizó para ayudar a los que dirigían la M.R.M. POR ENCIMA a fomentar las revoluciones rusas de 1905 y 1917, y así llevar a cabo los planes de Pike EXACTAMENTE como él se había propuesto.

Marsden explica el significado de la palabra "Goyim" como "gentiles o no judíos". No estoy de acuerdo. La palabra "Goyim" significaba originalmente: "Las masas y/o la gente común". Pero cuando la palabra fue utilizada por Weishaupt, su significado cambió a "seres inferiores - la turba". Pike utilizó la palabra para significar "ganado humano". Toda la humanidad, que según él debía ser integrada en una masa de humanidad mestiza, y esclavizada en cuerpo, mente y alma.

La palabra "agentur" también se utiliza con frecuencia en las conferencias. Marsden dice que la palabra significa: "Todos los agentes y agencias utilizados por los Antiguos (de Sión), ya sean miembros de la 'tribu' o sus 'herramientas' paganas". No estoy de acuerdo con esta explicación. La palabra "Agentur", tal como se utiliza en los Protocolos, significa "cualquier miembro de la sociedad que la Sinagoga de Satán controla y utiliza para poner en práctica la conspiración luciferina y hacerla avanzar hacia su objetivo final, independientemente de su raza, color o credo".

Según Marsden, las palabras "lo político" no se refieren exactamente al "cuerpo político", sino a toda la maquinaria de la política. Estoy de acuerdo con esta definición.

Debe entenderse que creo que los PROTOCOLOS son los de la Sinagoga de Satanás. La copia entregada a Nilus ha sido ligeramente alterada para "hacer creer que son los de los Sabios de Sion, para que los que están en la cima de la conspiración puedan utilizar tanto el sionismo como el antisemitismo para promover sus propios planes secretos de provocar la revolución en Rusia".

PROTOCOLO #1 no es ni más ni menos que una reiteración de los principios de Weishaupt.

A. Que en el origen de la estructura de la sociedad, la humanidad estaba sometida a la fuerza brutal y ciega, y después al derecho, que es exactamente la misma fuerza disfrazada. En estas condiciones, el principio de la "ley de la naturaleza" es que el "derecho" reside en la fuerza o, en otras palabras, que "la fuerza es el derecho". Pike se adhirió secretamente a este principio.

B. La libertad política es una "idea", no un hecho. Pero los que conspiran para obtener el control absoluto de las masas deben utilizar esta idea como "cebo" para atraer a las masas a uno de sus partidos (organizaciones) para que puedan ser utilizados para aplastar a los que actualmente detentan la autoridad, y así eliminar los obstáculos que se interponen entre el S.O.S. y la dominación mundial definitiva.

C. El llamado "liberalismo" debe utilizarse para convencer a los gobernantes de que cedan parte de su poder en nombre de "la idea de libertad y "liberalismo"". El orador señala a continuación: "Es precisamente aquí donde aparece el triunfo de la teoría". Explica que los que conspiran para subyugar a los demás deben retomar las flojas riendas del gobierno, "pues el poder ciego de una nación no puede existir ni un solo día sin dirección, y así la nueva autoridad usurpada ocupará el lugar de la antigua". Lo que ocurrió en Francia antes de las conferencias, lo que ocurrió en Rusia, Alemania, China y lo que está ocurriendo hoy en Inglaterra, es un ejemplo típico de cómo se ha puesto en práctica esta fase de la conspiración.

D. En primer lugar, los emperadores, reyes coronados y soberanos deben ser eliminados por asesinato, revolución u otros medios. En segundo lugar, la aristocracia natural o genealógica será destruida por un reino revolucionario de terror. El orador explica cómo los conspiradores sustituirán el poder de los gobernantes que destruyan por el "poder del oro" y reemplazarán a la aristocracia genealógica por personas adineradas cuyas fortunas controlen. En otras palabras, los que crean la "nueva" aristocracia de la "riqueza" pueden hacer ricos a los que deseen, y con la misma facilidad pueden doblegar a los que se nieguen a obedecer sus órdenes.

Es interesante observar que la mayor parte de la actual aristocracia de la riqueza empezó promoviendo chanchullos de un tipo u otro, que privaban a personas crédulas de su dinero ganado con esfuerzo. Los Rothschild pusieron un pie en los peldaños más bajos de la escala de la riqueza suministrando al gobierno británico soldados hessianos a una determinada tarifa por cabeza. De este modo, estaban bien pagados por proporcionar tropas para luchar en las guerras coloniales de Gran Bretaña, que ellos, la familia Rothschild, habían fomentado.

La fortuna de Morgan se basó en la venta de armas y municiones al ejército confederado, armas y municiones que habían sido condenadas por las autoridades federales. La fortuna de Rockefeller se basó en el curanderismo médico y la venta de medicamentos "patentados". Los "nuevos ricos" que se encuentran en los complejos turísticos de lujo del sur de Florida y el Caribe son en su mayoría antiguos chantajistas, aunque muchos de ellos aún no se han ganado el derecho a anteponer a la palabra "chantajista" la palabra "Ex". Los contrabandistas y los jugadores profesionales constituyen ahora el grueso de la sociedad moderna. Esto ilustra cómo los planes de Weishaupt y Pike han sustituido la aristocracia genealógica por una aristocracia de la riqueza (oro), que los S.O.S. controlan en cuerpo, mente y alma a través de sus libretas de ahorro.

E. La conferencia continúa señalando que cuando los Estados están agotados por su implicación en guerras o revoluciones externas, los conspiradores utilizan el despotismo del capitalismo, que está totalmente en manos de quienes dirigen la conspiración. Afirma que los Estados agotados deben aceptar la ayuda financiera y el asesoramiento de quienes han conspirado para destruirlos, o derrumbarse por completo. Esto explica cómo se han impuesto las deudas nacionales a las naciones restantes y cómo se han financiado las repúblicas desde los tiempos de Weishaupt.

F. La presentación continúa diciendo que la palabra "Derecho" es un pensamiento abstracto y no se demuestra con nada. Significa: "Dame lo que quiero para que pueda demostrar que soy más fuerte que tú". Explica que el PODER de los que dirigen la conspiración se hará más invencible a medida que desarrollen las precarias condiciones de gobernantes y gobiernos porque su existencia permanecerá invisible. A continuación informa a sus oyentes de que del mal y el caos temporales que se ven "obligados" a cometer, surgirá "el buen gobierno en forma de dictadura absoluta" porque "sin despotismo absoluto no puede existir la civilización dirigida no por las masas (democracia), sino por su guía". Permítanme señalar que la palabra "democracia", aplicada a las repúblicas y a las monarquías limitadas, fue introducida por quienes dirigían la conspiración a instigación de Voltaire, para engañar a las masas haciéndoles creer que gobernaban sus países tras el derrocamiento de sus monarcas y aristocracia. Las masas elegían a aquellos que los directores del W,RM. elegían para presentarse a las elecciones: pero los agentes del S.O.S., utilizando iluministas y agentes, siempre han gobernado en la sombra desde que los monarcas absolutos dejaron de existir. La mayor mentira que el S.O.S. ha impuesto al público es la creencia de que el comunismo es un movimiento obrero diseñado para destruir el capitalismo con el fin de introducir gobiernos socialistas que puedan entonces formar una internacional de repúblicas soviéticas (obreras) y un mundo sin clases. La mentira debería ser obvia para cualquier persona razonable que se pare a pensar. Como demuestran las pruebas documentales y los datos históricos presentados en *Peones en el juego, Niebla roja sobre América* y en este libro, los capitalistas han organizado, financiado, dirigido y luego hecho que sus agentes se hicieran con los poderes de gobierno en TODOS los países sometidos hasta la fecha. La financiación de revoluciones como las de Rusia y China costó cientos de millones de dólares. En estos dos países, el período de preparación duró más de cincuenta años. Preguntamos a los trabajadores de dónde creen que va a salir el dinero para pagar el coste de la reconstrucción necesaria para reparar y reemplazar los estragos de la guerra y construir las economías de las llamadas repúblicas. (Las deudas nacionales, reembolsadas mediante impuestos, son una de las fuentes de la riqueza del S.O.S.) Es hora de quitarnos las anteojeras de los ojos y ver con claridad. La verdad es que los que dirigen el M.R.M. EN LA CIMA, llámenlos los S.O.S. o los Illuminati, o como quieran, controlan el ORO, y el ORO controla todos los aspectos del Movimiento Revolucionario Mundial. Son los hombres que controlan el ORO, los que comúnmente llamamos capitalistas, los que financian, dirigen y controlan todos los esfuerzos revolucionarios para poder sacar a las masas (Goyim) de sus opresiones actuales, hacia una nueva y completa subyugación - una dictadura totalitaria.

El lector hará bien en recordar que Dios es un Dios absoluto. Él exige que la obediencia absoluta sea dada voluntaria y voluntariamente. Lucifer también reinará como rey absoluto por toda la eternidad. La palabra "democracia" significa en realidad "gobierno de la muchedumbre" y, por ello, el orador informa a sus compañeros conspiradores de que la idea de libertad es imposible de alcanzar, porque nadie sabe usarla con moderación. Según él, "basta con dar autonomía a un pueblo durante un corto periodo de tiempo para que se convierta en una turba desorganizada". Las luchas intestinas sólo los reducen a un montón de cenizas. Esto es lo que está previsto para el resto de las llamadas naciones LIBRES.

Teniendo en cuenta que estas palabras se pronunciaron hace medio siglo, han demostrado ser excepcionalmente ciertas.

Demuestran la diabólica astucia y el diabólico conocimiento que los S.O.S. tienen de las debilidades de la naturaleza humana". El orador dijo entonces a su audiencia: "La multitud es un salvaje, y muestra su salvajismo en cada oportunidad. Tan pronto como la multitud se apodera de la libertad, rápidamente se convierte en anarquía, que es el grado más alto de salvajismo".

G. El orador continúa explicando cómo, desde la época de Cromwell, los Goyim (masas del pueblo - ganado humano) han sido reducidos a un nivel común. Mi amigo AK Chesterton, editor de Candour, no está de acuerdo conmigo en que desde que Weishaupt y Pike llegaron al poder, la palabra "Goyim" signifique "ganado humano"; pero el hecho es que el capítulo 1, párrafo 22 de la traducción de Marsden de los Protocolos dice: "Mirad a los animales borrachos, embrutecidos por la bebida, cuyo "derecho" al uso inmoderado va de la mano de la libertad. No nos corresponde a nosotros ni a los nuestros ir por ese camino. El pueblo de los goyim está embrutecido por los licores alcohólicos (suministrados por nuestros agentes); su juventud se ha embrutecido en el clasicismo y la inmoralidad precoz, en los que han sido introducidos por nuestros agentes especiales: por tutores, lacayos, institutrices en las casas de los ricos, por oficinistas y por otros, por nuestras mujeres en los lugares de disipación frecuentados por los goyim. Entre estas últimas, cuento a las llamadas damas de sociedad, que siguen voluntariamente a otros en la corrupción y el lujo". ¿No demuestra esto que hemos sido reducidos al estado de "ganado humano"

¿Puede alguna persona razonable negar que la sociedad en su conjunto se ha reducido a un nivel común de desigualdad

En esto consiste la lucha de clases. El plan de Dios permite a sus criaturas progresar mediante la aplicación personal a los niveles más altos de logro espiritual. Es posible que un alma humana alcance el séptimo cielo y, según algunos teólogos, ocupe los asientos que dejaron vacantes Lucifer y sus desertores angélicos. La ideología luciferina exige que todos los seres humanos sean arrastrados a un nivel común de pecado, corrupción, vicio y miseria.

H. Las conferencias continuaron explicando que los Illuminati y los Paladianos deben jugar a un juego de "fuerza y simulación". La fuerza debe ser utilizada para ganar el control político, y la simulación para ganar el control de los gobiernos que no están dispuestos a poner sus coronas a los pies de un nuevo poder. Este mal es la única manera de lograr nuestro objetivo, que es el bien. Por eso no debemos detenernos en el engaño o la traición de los sobornos cuando puedan servir a nuestro propósito. En política, hay que saber apoderarse de los bienes ajenos sin vacilar si se quiere garantizar la sumisión y la soberanía".

¿Cuál ha sido el impacto de la creación y piramidación de las deudas nacionales desde el siglo XVIII? ¿Cuál es el impacto del impuesto sobre la renta y del impuesto de sociedades, así como de los llamados impuestos de lujo y otros impuestos actuales? ¿Qué parte de nuestros ingresos queda para nuestro propio uso una vez que los que dirigen la política financiera del Rito Palladiano han acabado con nosotros? Controlando la política de nuestros gobiernos, nos esclavizan económicamente. Concediendo "préstamos de leasing" en nombre de la "caridad", el S.O.S. utiliza nuestro dinero para controlar el comunismo hasta que fomenta el cataclismo social final.

I. La primera conferencia termina con una explicación de cómo los Illuminati engañaron a los Goyim para que se entregaran en sus manos. El conferenciante dice: "En la antigüedad fuimos los primeros en gritar entre las masas (Goyim) las palabras: 'Libertad, Igualdad, Fraternidad', palabras repetidas muchas veces desde entonces por loros humanos que, desde todas partes, se han lanzado sobre estos cebos y se han llevado con ellos el bienestar del mundo, la verdadera libertad del individuo, antes tan bien protegida contra la presión de la multitud."

El conferenciante se regocija entonces en el hecho de que incluso los hombres más sabios entre los goyim, incluso los que se consideran intelectuales, han sido incapaces de deducir nada de las palabras pronunciadas en su abstracción, y no han advertido la contradicción de su significado y su interrelación. Señala que en la "Naturaleza" no hay igualdad y no puede haber libertad, porque la naturaleza ha establecido la desigualdad de mentes, caracteres y capacidades, tan inmutablemente como la naturaleza ha establecido la subordinación a sus leyes. A continuación explica cómo, desde el principio, los que dirigen la conspiración EN LA CUMBRE han contravenido la ley divina del gobierno dinástico, según la cual un padre transmite a su hijo el conocimiento del curso de los asuntos políticos de tal manera que nadie ajeno a la dinastía puede saberlo, y nadie puede traicionarlo a los gobernados. El orador continúa señalando que con el tiempo se ha perdido la importancia de la transmisión dinástica de la VERDADERA posición de los asuntos políticos, y que esta pérdida ha contribuido al éxito de su causa. (Véase el dogma de Pike sobre la "Naturaleza" en otra parte de este libro.) Así, el orador ha probado que lo que he dicho sobre la conspiración en capítulos anteriores es verdad. Lo que ha dicho prueba que los Protocolos no fueron escritos por los Sabios de Sión para información de los que asistieron al Congreso Sionista en Basilea, Suiza, en agosto de 1903, como afirman los que fueron elegidos para dirigir la fase antisemita de la conspiración luciferina, sino que la conspiración es anterior a Weishaupt. La Sinagoga de Satanás, que Cristo desenmascaró, se remonta más allá de los días de Salomón. Se remonta a la época en que Satanás atrajo a nuestros primeros padres lejos de Dios con el fin de evitar que llevemos a cabo su plan para la dominación del universo en esta tierra. Así que el S.O.S., dirigiendo la conspiración luciferina en esta tierra, nos impide hacer la voluntad de Dios aquí como se hace en el Cielo.

El orador termina su discurso inicial con un alarde:

"El engañoso eslogan de 'Libertad, Igualdad y Fraternidad' atrajo a nuestras filas a legiones enteras que portaban con entusiasmo nuestras banderas, mientras que todo el tiempo esas mismas palabras eran un gusano cancro que cavaba en el bienestar de los goyim, acabando con la paz, la tranquilidad, la solidaridad, y destruyendo los cimientos mismos de nuestros Estados goyanos".

Entonces reveló el PRIMER SECRETO a sus oyentes. Les dijo que el triunfo de la conspiración para dominar el mundo hasta el día de hoy (entre 1885 y 1901), se debe a que cuando se encuentran con una persona a la que quieren controlar y utilizar para servir a sus propósitos, siempre trabajan sobre "las cuerdas más sensibles de su mente, en su cuenta bancaria, en su codicia, en su insaciabilidad por las necesidades materiales y en cada una de sus debilidades humanas que, incluso tomadas aisladamente, bastan para paralizar la iniciativa, porque dejan la voluntad de los hombres a disposición de quienes compran sus actividades".

Así vemos cómo los conspiradores, a través de su agentur, han conseguido convencer a la "plebe" de que su gobierno no es más que el mayordomo del pueblo, que es el dueño del país, y que el mayordomo puede ser sustituido por el pueblo como un guante gastado. No se sientan incómodos. Yo mismo fui engañado en esta creencia. Pasaron 1950 años antes de que empezara a sospechar en la VERDAD de que, como dijo el orador, "es esta capacidad de sustituir con frecuencia a los representantes del pueblo lo que ha permitido a los que dirigen la conspiración de ARRIBA hacerse gradualmente con el control de TODOS los candidatos a cargos políticos". Nada me ha convencido más de esta verdad que las recientes elecciones generales (federales) en Gran Bretaña, Canadá y Estados Unidos.

Cómo se desarrolló la conspiración en América

El profesor John Robison ha sido difamado y sus libros quemados por agentes de la Sinagoga de Satán porque se ha mostrado incorruptible. Se negó a ayudar a Weishaupt y a sus luciferinos a infiltrar el Iluminismo en la Masonería. La historia prueba, sin embargo, que lo que escribió y publicó sobre una conspiración para destruir todos los gobiernos y religiones era cierto. Robison nos dice que antes de 1786, cuando el gobierno bávaro desenmascaró a Weishaupt y su banda, varias logias masónicas de América habían sido iluminadas. También señala las similitudes entre la Revolución Americana y la Revolución Francesa que le siguió.

Algunas personas influyentes nos han ridiculizado por citar al profesor Robison, obviamente para minar la confianza de nuestros lectores. En apoyo de nuestras afirmaciones, ofrecemos las siguientes pruebas documentales, la mayoría de las cuales pueden confirmarse simplemente remitiéndose a los Archivos Nacionales de Washington, D.C.

En 1798, David A. Tappan era Presidente de la Universidad de Harvard. El 19 de julio de ese año, se dirigió a una clase de graduados en la capilla del Harvard College. Advirtió a los futuros líderes de Estados Unidos de los peligros del iluminismo, que en su opinión se había infiltrado en el país. Les habló de la influencia Illuminati utilizada para provocar la Revolución Francesa.

Ese mismo año (1798), Timothy Dwight era presidente de Yale. En un artículo titulado "The Duty of Americans in the Present Crisis" (El deber de los estadounidenses en la crisis actual), hizo a los estadounidenses una advertencia muy parecida.

Cuando Pike entró en la universidad como estudiante, Harvard ya estaba bajo el control de los Illuminati.25

Del mismo modo, en 1798, Jedediah Morse pronunció su sermón del Día de Acción de Gracias sobre "Los Illuminati y sus afiliaciones masónicas". Ese mismo año, John Wood expuso la facción clintoniana de la Sociedad Iluminati de Colombia.

En 1799, John Cosens Ogden escribió un artículo titulado "Una visión de los Illuminati de Nueva Inglaterra", que se proponía incansablemente destruir la religión y el gobierno de los Estados Unidos bajo la apariencia de una supuesta preocupación por su seguridad.

En 1957, la Biblioteca Rittenhouse Square de Filadelfia conservaba tres cartas escritas por John Quincy Adams, sexto presidente de los Estados Unidos, al coronel Wm. Lucifer Stone, templario y editor del New York Advertiser. Las cartas criticaban duramente a Thomas Jefferson y la forma en que había subvertido la masonería en los estados de Nueva Inglaterra. Adams sabía de lo que escribía, ya que había sido el principal responsable de la organización de las logias en las que Jefferson había infiltrado a sus Illuminati. Adams adujo como razón para presentarse a la presidencia contra Jefferson el carácter subversivo de este último. Se considera que las cartas que escribió al coronel Stone contribuyeron a la derrota de Jefferson.

Adams enumeró cinco objeciones principales al Iluminismo transmitidas por Jefferson y sus compañeros Iluministas:

1. Sus enseñanzas son contrarias a la ley del país.

2. Violan los preceptos de Jesucristo.

3. Exigen a sus miembros que se comprometan a guardar secretos indefinidos, cuya naturaleza desconoce el hombre que presta el juramento.

4. Exigen que un miembro exprese su voluntad de sufrir la muerte si viola su juramento.

5. Requieren que un miembro declare aceptar un modo de muerte que es inusual, inhumano y tan cruel que los detalles no son aptos para ser pronunciados por labios humanos.

Entonces, en 1826, ocurrió un incidente que debería probar a los propios masones que sólo a miembros cuidadosamente seleccionados se les permite saber algo sobre lo que ocurre en la sociedad secreta que los Iluministas organizan dentro de su propia sociedad secreta. Así que es tan razonable condenar a una persona con cáncer por inhumana y malvada como culpar a los miembros de sociedades secretas, órdenes, organizaciones y grupos de los pecados contra Dios y crímenes contra la humanidad cometidos por la Sinagoga de Satán que infiltra a sus agentes en las sociedades secretas. Sería mejor para el mundo que no existieran las sociedades secretas, porque entonces los que dirigen la M.R.M. EN LA CUMBRE no podrían practicar su política parasitaria, y colocar la responsabilidad de sus diabólicas acciones sobre otros hombros que no sean los suyos.

El incidente al que nos referimos se refiere al capitán Wm. Morgan, acusado de romper su juramento. La influencia iluminista dentro del ejecutivo masónico insistió en que Morgan recibiera la "muerte" que tanto había disgustado y criticado a Adams.

Un francmasón llamado Richard Howard fue elegido como verdugo. Morgan fue advertido de su destino. Intentó escapar a Canadá, pero sólo llegó hasta las cataratas del Niágara, donde Howard lo asesinó.

Según el coronel Stone, el templario a quien Adams había escrito las cartas mencionadas, Howard regresó a Nueva York e informó a una reunión templaria en St John's Hall, Nueva York, de cómo había "ejecutado" a Morgan. Stone dice que entonces se le proporcionó dinero y se le embarcó con destino a 25 Harvard ha permanecido desde entonces bajo la influencia de "hombres de mentalidad internacionalista", como se explica en *Red Fog Over America*, de WG. Carr, Liverpool, Inglaterra. Las declaraciones de Stone están publicadas en sus "Cartas sobre masonería y antimasonería". El relato de Stone sobre Morgan se confirma en una declaración jurada hecha por Avery Allyn cuando se separó de los Caballeros Templarios en New Haven, Connecticut. Juró que Richard Howard había confesado ser el "verdugo" de Morgan.

Los archivos masónicos demuestran que cuando estos hechos repugnantes se conocieron en los círculos masónicos, se produjo una reacción terrible. Alrededor de 1.500 logias de Estados Unidos renunciaron a sus estatutos. Se calcula que de los 50.000 masones pertenecientes a estas logias, 45.000 se separaron de la sociedad secreta. De este modo, la masonería casi muere de muerte natural en Estados Unidos.

Pero tal es el poder y la influencia de la Sinagoga de Satán que hoy casi ningún masón con quien he discutido esta fase de su historia sabe nada al respecto. Tengo copias de las actas de las reuniones que condujeron a esta retirada masiva de la Masonería en América. Estas VERDADES no se publican para perjudicar a los masones, sino para demostrar de forma concluyente que de unos posibles 50.000 masones, al menos 45.000 no sabían o ni siquiera sospechaban lo que estaba ocurriendo entre bastidores bajo la dirección de los satanistas que se esconden como gusanos en las entrañas de sus y otras sociedades secretas.

Los que servían a la S.O.S. decidieron que un nativo debía suceder a Moses Holbrook, que en el momento en que ocurrieron estos hechos dirigía la masonería en América, y así se contactó con el general Albert Pike. Demostró estar a la altura de la tarea, ya que su ascenso de iniciado en 1850 a Gran Comandante del Consejo Supremo de la Jurisdicción Sur de la Masonería en Estados Unidos en 1859 fue fenomenal.

La tarea de Pike consistía en rejuvenecer la masonería en Estados Unidos para que la influencia, la riqueza y el poder de sus miembros pudieran ser utilizados de nuevo por los Illuminati para colocar a sus agentes en puestos clave en todos los ámbitos del quehacer humano, incluidas la política y la religión. Hoy, como en 1826, la inmensa mayoría de los masones no saben nada de la vida secreta de Albert Pike. Los agentes de Satanás les han mentido y engañado haciéndoles creer que Pike fue el masón más grande que jamás haya existido y uno de los más grandes patriotas americanos. Pero están equivocados, porque probamos que Pike era literalmente el diablo encarnado.

Como se había demostrado que los Illuminati habían corrompido la masonería en América, Pike decidió organizar el Rito Palladiano, para estar por encima de la masonería del Gran Oriente y de los Illuminati. Como el paladismo no era exactamente una nueva sociedad secreta, Pike llamó a su organización "El Nuevo y Reformado Rito Paladiano" (N.R.P.R.) Guiseppe Mazzini había sido elegido por los Illuminati en

1834 para ser su director de acción política (director de la M.R.M.). En una carta que Mazzini envió a Pike el 22 de enero de 1870, escribía: "Debemos permitir que todas las federaciones (de las diversas órdenes masónicas) continúen como están, con sus sistemas, sus autoridades centrales y sus diversos modos de correspondencia entre los altos grados del mismo rito, organizados como están actualmente, pero debemos crear un rito supremo, que permanecerá desconocido, al que llamaremos a los masones de alto grado que elijamos". Con respecto a sus hermanos en la masonería, estos hombres deberán guardar el más estricto secreto. A través de este rito supremo, gobernaremos toda la Francmasonería, que se convertirá en el único centro internacional, tanto más poderoso cuanto que sus direcciones (directores) serán desconocidas."

Esta carta demuestra que incluso Mazzini, en el momento en que la escribió, no sabía que los sumos sacerdotes del credo luciferino controlaban la Sinagoga de Satanás, de la que él era miembro, EN LA CUMBRE Pero después de trabajar más tiempo con Pike, comenzó a sospechar que había un "Poder Secreto" por encima o más allá de los más altos grados de la Masonería del Gran Oriente, de la que era miembro, que los controlaba EN LA CUMBRE Expresó estas sospechas en la carta que escribió al Dr. Breidenstein, ya citada.

Pike y Mazzini firmaron el decreto de constitución de una Alta Masonería Central el 20 de septiembre de 1870.

Fue el día en que el Gran Oriente Masón, el general Cadorna, entró en Roma para acabar con el poder temporal del Papa.

Pike asumió el título de Soberano Pontífice de la Masonería Universal. Mazzini asumió el título de Jefe Soberano de la Acción Política, es decir, Jefe del Movimiento Revolucionario Mundial (M.R.M.).

Pike terminó inmediatamente de trabajar en el nuevo ritual que había comenzado con Moses Holbrook, al que llamó "Misa Adonaicida".

Margiotta, masón de grado 33, autor de la historia masónica y de la biografía de Adriano Lemmi (que en 1873 sucedió a Mazzini como director de la M.R.M.), dice lo siguiente sobre Pike y Mazzini: "Se acordó que la existencia de este rito se mantendría estrictamente secreta y que nunca se haría mención de él en las asambleas y santuarios".), dice esto sobre Pike y Mazzini: "Se acordó que la existencia de este rito se mantendría estrictamente secreta y que nunca se haría mención de él en las asambleas y santuarios interiores de los otros ritos, incluso si por casualidad la reunión pudiera estar compuesta exclusivamente por hermanos que hubieran recibido la iniciación perfecta, pues el secreto de la nueva institución sólo debía divulgarse con la mayor cautela a unos pocos elegidos pertenecientes a los altos grados ordinarios".

Esto explica por qué incluso los masones de grado 32 y 33 saben tan poco sobre lo que ocurre EN LA CIMA.

Margiotta también afirma que los miembros del grado 33 del Rito Escocés son cuidadosamente seleccionados para la iniciación en el Rito Paladino debido a sus amplias conexiones internacionales: "Los masones del grado 33 tienen el privilegio de visitar y participar en los rituales de otras logias masónicas de todo el mundo. Los que se hacen miembros del Paladismo reclutan a otros. Esta es la razón por la que el Rito Supremo ha creado sus triángulos (nombre dado a los Consejos Palladianos) por grados. Estos se establecen sobre bases sólidas. Los iniciados más bajos son hermanos que han sido probados durante mucho tiempo en la masonería ordinaria, y que se ha demostrado que han desertado de Dios y del cristianismo.

Margiotta añade: "Estas precauciones se comprenden mejor a la luz del hecho de que el paladismo es esencialmente un rito luciferino. Su religión es un neognosticismo maniqueo, que enseña que la divinidad es dual, y que Lucifer es igual a Adonay, Lucifer el Dios de la Luz y la Bondad que lucha por la humanidad contra Adonay el Dios de la Oscuridad y el Mal.[25]

Como Sumo Pontífice de Lucifer en la tierra, Pike era Presidente del Supremo Directorio Dogmático, asistido por diez Ancianos del Supremo Consejo del Gran Oriente. El Supremo Gran Colegio de

---

[25] Nos preguntamos qué tienen que decir al respecto el Muy Honorable John Deifenbaker, Primer Ministro de Canadá, y el Honorable Leslie Frost, Primer Ministro de Ontario, la provincia más grande y rica de Canadá. En nuestro boletín mensual, N.B.N., número de octubre de 1958, publicamos el hecho de que ambos fueron iniciados en el Grado 33 del Rito Escocés en Windsor, Ontario, el 9 de septiembre de 1958.

Masones Eméritos de Pike (Rito Paladiano) aceptó la Misa Adonaica, a veces llamada "Misa Negra", como ritual del Nuevo y Rito Paladiano Reformado. Mazzini recibió una copia del ritual. Se deshizo en elogios hacia Pike, como demuestran sus artículos en "La Roma del Popolo".

Una vez completados estos preliminares, Pike y sus ayudantes organizaron un triángulo supervisor, o consejo, en Roma, Italia, para dirigir la M.R.M. en todas sus fases. Puso a Mazzini al mando. Tras la muerte de Mazzini, nombró a Lemmi Director Supremo.

Pike organizó otro directorio en Berlín. Lo llamó "Supremo Directorio Dogmático". Funcionaba a través de un comité de siete personas, renovadas constantemente, seleccionadas entre el Consejo Supremo, los Grandes Campamentos, los Grandes Orientales y las Grandes Logias de todo el mundo. Dos delegados se ocupaban de la propaganda y las finanzas. El Director de Propaganda era también Director de Inteligencia, manteniendo a los otros dos Directores Supervisores y al Sumo Pontífice plenamente informados de las noticias y acontecimientos importantes recogidos en esta cámara de compensación central de los "millones de pares de ojos" que su agente controla en todo el mundo. Se jactan de que ningún texto legislativo, por menor que sea, puede ser aprobado por un parlamento sin su conocimiento y aprobación.

El agente financiero elabora un balance general de todos los ritos, en todos los países, trabajando con un contable como experto jurado bajo sus órdenes.

Bajo el Directorio Soberano en Charleston (Carolina del Sur), el Ejecutivo para la Acción Política en Roma y el Consejo Administrativo Dogmático en Berlín se encuentran las 23 Grandes Direcciones Centrales, que son oficinas o Consejos establecidos en Europa, Asia/África, Oceanía, Norteamérica y Sudamérica.

Y por encima de todo, la Sinagoga de Satanás - los sumos sacerdotes del credo luciferino - reina, invisible, no identificada y suprema. Cuando se organizó por primera vez la Sociedad de Naciones (1919), se revisó ligeramente la organización de Pike, y las ramas supervisora, ejecutiva y administrativa se establecieron en Suiza y Nueva York. Pero dondequiera que estén los cerebros, tienen sistemas de comunicación perfectos y controlan y dirigen TODAS las demás organizaciones y actividades subversivas. Este control y dirección es el mismo hoy que en los días de Pike y la creación de la Sociedad de Naciones. Los mismos conspiradores que crearon y desarrollaron la Sociedad de Naciones también desarrollaron las Naciones Unidas.

No se fíen de mi palabra. San Pablo, en II Corintios 11:13, nos dice: "Porque estos falsos apóstoles, obreros del engaño, se transforman en apóstoles de Cristo. Y no es de extrañar, porque el mismo Satanás se transforma en ángel de luz. No es de extrañar, pues, que también sus ministros se transformen en ministros de justicia, cuyo fin será conforme a sus obras."

Corramos un poco más el velo en el que se ha envuelto Pike. Sé que el Dr. Bataille, autor de "El *diablo en el siglo XX*", ha sido acusado repetidamente de publicar tergiversaciones como hechos, pero eso no significa que siempre haya mentido y publicado falsedades. Lo que dice sobre Pike y su "ocultismo" en la página 360 de la publicación mencionada se confirma en "Occult Theocracy" en la página 223, escrito por Lady Queensborough. Puede encontrarse más confirmación en la Biblioteca Masónica de Charleston, Carolina del Sur.

Que Pike creía en lo oculto queda demostrado por el hecho de que existe un registro del discurso que pronunció ante el Consejo Supremo del Gran Oriente, Charleston, Carolina del Sur, el 20 de octubre de 1884, en el que dijo: "Hemos estado practicando los Grandes Ritos en San Luis, y por medio de la hermana Ingersoll, que es médium de primer orden, recibimos asombrosas revelaciones en una solemne sesión paladiana que presidí, asistido por el hermano Friedman y la hermana Warhnburn. Sin dormir a la hermana Ingersoll, la saturamos con el espíritu del propio Ariel. Pero Ariel tomó posesión de ella junto con otros 329 espíritus de fuego, y a partir de entonces fue una sesión maravillosa.

"La hermana Ingersoll, elevada al espacio, flotó por encima de la asamblea, y sus ropas fueron devoradas de repente por una llama que la envolvió sin quemarla. La vimos desnuda durante más de diez minutos. Volando por encima de nuestras cabezas como llevada por una nube invisible o sostenida por un espíritu benéfico, respondió a todas las preguntas que se le hicieron. Así tuvimos las últimas noticias de nuestro ilustrísimo hermano Adriano Lemmi - entonces Astaroth en persona se reveló, volando junto a nuestra médium y tomándola de la mano. Sopló sobre ella, y sus ropas, volviendo de la nada, la vistieron de nuevo.

Finalmente, Astaroth desapareció, y nuestra hermana cayó suavemente en una silla, donde, con la cabeza echada hacia atrás, devolvió a Ariel y a los 329 espíritus que le habían acompañado. Contamos 330 exhalaciones en total al final de esta experiencia".

La afirmación de Pike de que había podido hablar con Lemmi, su director de acción política afincado en Italia, durante una sesión de espiritismo en San Luis me impulsó a indagar un poco más. Sabía que las personas que organizaban sesiones de espiritismo solían utilizar simulacros para engañar a los presentes haciéndoles creer que tenían poderes sobrenaturales. Como resultado de esta investigación, quedaron claras las pruebas documentales de que científicos pertenecientes al rito palladiano de Pike le habían estado suministrando aparatos inalámbricos (de radio) mucho antes de que Marconi los comercializara.

Siempre me he preguntado por qué Marconi encontró una oposición tan fuerte cuando intentó poner su descubrimiento a disposición del público en general. La investigación indica que la oposición procedía de hombres que habían estado estrechamente asociados con Pike antes de su muerte en 1891. En el trasfondo de esta oposición estaba Gallatin Mackay, que había sucedido a Pike al frente de la Masonería Universal y del Paladismo.

Hay pruebas documentales de la capacidad de Pike para ponerse en contacto y hablar con los jefes de sus consejos de supervisión dondequiera que estuvieran. Siempre utilizaba un código. A la caja que utilizaba en estas conversaciones la llamaba Arcula Mystica (la caja mágica). Está claro que él y los jefes de sus 26 consejos estaban conectados por radio, mucho antes de que Marconi hiciera sus descubrimientos. Hay pruebas de que el puesto de Pike pasó a Gallatin Mackay tras su muerte. Por lo tanto, es probable que Pike utilizara la telegrafía sin hilos durante las sesiones que dirigió en San Luis.

Pike y sus directores supervisores de la M.R.M. (consejos palladianos) utilizaban nombres en clave, al igual que Weishaupt y sus líderes iluministas antes que él. Pike y su Consejo Supremo de Charleston eran conocidos como "Ignis", la palabra clave para "fuego sagrado" o "esfuerzo divino". La palabra clave para el Consejo de Supervisores en Roma era "Ratio", que significa "La razón triunfará sobre la superstición". En Berlín, la palabra clave para el Consejo de Vigilancia era "Labour".

Es interesante observar que el jefe del Consejo de Berlín, y el hombre que controlaba la tesorería palladiana en tiempos de Pike, era Gerson Bleichroeder, un hombre que ha demostrado ser uno de los agentes más importantes y de mayor confianza de la Casa de Rothschild. Está claro que mientras Pike era el sumo sacerdote de la ideología luciferina y, por tanto, controlaba las actividades de la Sinagoga de Satán, los Rothschild, a través de Bleichroeder, controlaban los hilos de la tesorería del Rito Palladiano. De este modo, controlaban indirectamente las actividades de Pike, del mismo modo que habían controlado las de Weishaupt cien años antes.

Esta información demuestra que los Rothschild actuales creen en el consejo que les dio uno de sus antepasados: "Dadme el control del dinero de un país y no me importa quién haga sus leyes". Otro hecho interesante es que los Rothschild y los Bleichroeder son, como dijo Cristo, "los que se llaman judíos, y no lo son, y mienten". Son jázaros; sus venas no contienen más sangre judía real que las mías. Las investigaciones demuestran que Bleichroeder pertenecía a los grados más altos del Rito Paladiano y de la Masonería del Gran Oriente, y que por lo tanto debía de ser satanista.

Durante el reinado de Pike como "Príncipe de este mundo" bajo la inspiración de Satanás, sus jefes en Inglaterra fueron Lord Palmerston y Disraeli, quien dijo a sus lectores que las masas (Goyim) no se dan cuenta de que el verdadero "Poder" que los gobierna a ellos y a su país permanece invisible y corre desde detrás de los gobiernos visibles.

Aunque se atribuye a Pike haber puesto fin al control judío de la masonería en América, las investigaciones muestran que el 12 de septiembre de 1874 firmó un acuerdo con Armand Levi, que representaba a la B'nai B'rith judía de América, Alemania, Inglaterra y otros países. En virtud de este acuerdo, Pike facultó a Levi para organizar a los masones judíos de estos países en una "Federación Secreta", que se conocería como el "Soberano Consejo Patriarcal". Su sede internacional estaba situada en un gran edificio en Valentinskamp Strasse en Hamburgo, Alemania. Los documentos muestran que el jefe de esta "Federación Secreta" recibía honorarios de unos 250.000 dólares al año, dinero que se utilizaba principalmente para financiar la propaganda a favor del laicismo: Se puede afirmar sin temor a equivocarse que el "pequeño judío" no sabe más de lo que ocurre entre bastidores de los que controlan el judaísmo ES, que los masones hasta el grado 33, o la inmensa mayoría de los goyim. Por lo tanto, es obvio que en la fase final de la conspiración, todos los seres inferiores se encontrarán en la olla del diablo. Todos estamos destinados a ser guisados en el brebaje del diablo.[26]

Lucifer, a través del satanismo, está decidido a capturar almas inmortales, no porque no sepa que ha cometido un error y que su ideología totalitaria conducirá a la confusión y al caos, sino porque no soporta ver felices a otras almas. Está decidido a que el mayor número posible de ellas comparta su miseria eterna.

Si el movimiento revolucionario actual no se extendiera al mundo celestial y a la eternidad, sino que se limitara a este mundo, no tendría sentido arriesgarse a ser descubierto, encarcelado e incluso a morir prematuramente. Si todo acaba con la muerte, como quieren hacernos creer los ateos, ¿para qué exponernos a un complot o a un plan cuya realización no veremos en vida

El plan militar de Pike, entregado a Mazzini y transmitido a Lemmi, era tan simple como eficaz.

Utilizando los 26 triángulos, o consejos, del Rito Palladiano, los que dirigían la M.R.M. EN LA CIMA debían fomentar tres guerras mundiales y tres grandes revoluciones. Estas debían ser dirigidas de tal manera que todos los gobiernos restantes fueran reducidos a tal estado de debilidad y ruina económica que la gente clamara por un gobierno mundial como única solución a sus muchos y variados problemas.

Después de tres guerras mundiales y dos grandes revoluciones, Estados Unidos seguiría siendo la única potencia mundial, pero en la tercera revolución, que Pike predijo que sería el mayor cataclismo social que el mundo hubiera conocido jamás, Estados Unidos se desintegraría por

---

[26] Con la esperanza de poner orden en el caos y unir a la humanidad al servicio de Dios contra Lucifer, me gustaría recordarte que la lucha que tiene lugar en este mundo es por la posesión eterna de las almas de los hombres. Dios quiere que demostremos que estamos dispuestos a amarle y servirle por toda la eternidad. Lucifer está decidido a que sus agentes en la tierra nos priven de los dones divinos de inteligencia y libre albedrío, para que seamos incapaces de tomar esa decisión.

traición interna y caería en manos de conspiradores luciferinos "como fruta demasiado madura".

Pike dejó claro que la Primera Guerra Mundial tenía por objeto permitir a los gobernantes de la M.R.M. subyugar a Rusia y hacer de ese imperio el baluarte del comunismo ateo. Este objetivo se logró en la primera gran revolución de 1917. El comunismo y el nazismo iban a ser utilizados, junto con el antisemitismo, para permitir a los directores de la M.R.M. fomentar la Segunda Guerra Mundial. Ésta debía terminar con la destrucción del nazismo como potencia mundial, porque entonces habría logrado su objetivo.

El Estado soberano de Israel sería el resultado de la Segunda Guerra Mundial, al igual que las Naciones Unidas. El sionismo político iba a ser utilizado para permitir a los directores de la M.R.M. fomentar la Tercera Guerra Mundial, jugando con las diferencias reales y supuestas entre Israel y los estados árabes. La Segunda Guerra Mundial debía terminar con el comunismo tomando el control de la mayor parte del Lejano Oriente. Suficiente territorio debía permanecer libre para que el comunismo en Rusia y China pudiera ser mantenido en jaque, o "contenido", hasta que la Sinagoga de Satán estuviera lista para usarlo en la fase final de la conspiración luciferina. El comunismo debía organizarse y mantenerse igualmente bajo control en todas las naciones restantes hasta que los directores de la M.R.M. decidieran que había llegado el momento de arrojar a TODOS los comunistas y a TODOS los no comunistas a la garganta de los demás. Pike explicó todo esto a Mazzini en su carta del 15 de agosto de 1871.

Este programa fue ejecutado EXACTAMENTE como Pike lo había planeado; él simplemente aplicó su genio militar para implementar los planes de Adam Weishaupt. Así, los habitantes de este planeta están implicados en la fase semifinal de la conspiración luciferina.

Tras la muerte de Pike, Mackay tomó el relevo. Al igual que Lemmi, consideró que TODOS los miembros ejecutivos de las Logias y Consejos del Gran Oriente del Rito Paladiano Nuevo y Reformado debían recibir instrucciones especiales respecto a la M.R.M. En una serie de conferencias, se les dijo que

1. Los planes revisados de Weishaupt.

2. Cómo ha progresado el movimiento revolucionario mundial desde 1776.

3. El tema de la intriga política de la época, es decir, de 1889 a 1903.

4. Lo que tenía que suceder para completar la conspiración, un gobierno mundial único cuyos poderes usurparían.

Las conferencias fueron preparadas por Pike o por escritores inspirados por el celo revolucionario de Pike. Estas conferencias eran pronunciadas por miembros de alto rango del Rito Palladiano, durante varios días (o noches), a grupos seleccionados de seguidores que se reunían en Logias del Gran Oriente o del Nuevo Rito Palladiano en todo el mundo. Fue una copia de estas conferencias, ligeramente alterada para darles un sabor sionista, la que "cayó" en manos del Profesor Satanás. Nilus, que publicó bajo el título *Le péril juif*.

Hay pruebas considerables de que estas conferencias se dieron ya en 1885. Como ocurre invariablemente, a pesar de las más estrictas precauciones de seguridad, se ha filtrado información relativa a la celebración de estas conferencias y a su objetivo, a saber, desarrollar la conspiración hasta el cataclismo social final.

El complot para desarrollar el movimiento revolucionario mundial hasta su estado final, explicado por Pike a Mazzini en su carta del 15 de agosto de 1871, ha sido objeto de varias publicaciones, entre ellas *Le Palladisme*, de Margiotta, p. 186, publicada en 1895, y *Le Diable Au XIX Siècle*, publicada en 1896. Las conferencias completas se publicaron en el periódico ruso *Moskowskija Wiedomosti* en el invierno de 1902/1903, y en el periódico ruso *Snamja* en agosto de 1903.

Lo que estoy tratando de decir es que la primera reunión de los Ancianos de Sión para discutir el sionismo político, tal como lo conocemos hoy, tuvo lugar en Basilea, Suiza, en 1897. Los orígenes de la conspiración luciferina se remontan a mucho antes de que el sionismo fuera mencionado en la Biblia. La primera serie de conferencias no era diferente de la versión revisada del complot expuesto por Weishaupt en 1786. La forma en que se desarrolló la trama de Lucifer sólo se preocupa por capturar almas. No le importa si son almas de judíos o de gentiles, de gente de color o de gente blanca. La fábula de la Era Mesiánica es tanto un engaño para reclutar judíos que sirvan a la causa de Lucifer como el sueño de los Unmundistas de que ellos formarán el gobierno cuando se establezca el primer gobierno mundial. Roosevelt creía sinceramente que iba a ser el primer rey-despótico. Se desilusiono cuando Stalin lo traiciono despues de Yalta.

Cómo le engañaron. Para apuntar al verdadero blanco, debemos elevar el cañón de nuestras armas por encima de las imágenes materialistas que, como un espejismo, reflejan algo que está más allá del alcance de nuestros ojos. Que los cristianos crean lo que Cristo y las Escrituras nos dicen: el luciferianismo es la raíz de todos los males. Satanismo es el nombre por el que la mayoría de la gente de esta tierra conoce el luciferianismo.

1786 a 1886 se relata en la segunda serie de conferencias y no difiere de las conferencias pronunciadas por Pike y sus altos funcionarios entre 1870 y 1886.

El capítulo final de un libro y también de una vida

Lo que han leído hasta ahora es el último trabajo, interrumpido por la muerte, del autor, el comandante W.J.C. Carr, R.C.N.R. Yo, su hijo mayor, he intentado completar la obra para que pudiera publicarse en cumplimiento del último deseo de mi padre. No pude hacerlo y, sinceramente, tampoco creo que sea posible que un hombre lo haga ahora.

El trabajo de un hombre rara vez puede ser retomado y ampliado por otro, especialmente cuando ese trabajo abarca el área cubierta en este libro y en los libros publicados anteriormente por el Comandante Carr. Creo que era un hombre dotado, o tal vez maldito, con la capacidad de ver cosas que el resto de nosotros no podemos ver o ni siquiera concebir como posibles en nuestra imaginación más salvaje.

Esta capacidad de ver con claridad el funcionamiento y las maquinaciones que tienen lugar entre bastidores de todos los gobiernos y de muchas organizaciones internacionales, y la capacidad de seguir claramente los pasos, a menudo poco visibles, del Mal que se ha arrastrado y deslizado a través de la historia de la humanidad, la tienen muy pocos hombres. Creo que mi padre tenía esta capacidad y que murió con él.

Durante la mayor parte de mi infancia, le vi perseguir tenazmente una pista tras otra para encontrar la respuesta definitiva al problema del Mal en los asuntos de los hombres. En aquella época, no era realmente consciente de lo que buscaba, ni comprendía las terribles limitaciones a las que estaba sometido. Su búsqueda nunca fue fácil, ni para él ni para sus allegados, pues poseía todos los rasgos humanos, buenos y malos, que bendicen y afligen al resto de nosotros. Me preguntó en varias ocasiones, sobre todo después de que me desmovilizaran del ejército canadiense en agosto de 1945, si quería trabajar con él y posiblemente continuar la lucha que él consideraba tan importante. No pude hacerlo entonces, y no puedo hacerlo ahora, por las razones antes mencionadas. Cuando murió, me dejó su biblioteca, sus manuscritos y todas sus notas. No especificó que yo debía intentar continuar su obra para tener derecho a este legado. Confieso que he postergado la continuación de sus esfuerzos y que incluso he tenido la vaga sensación de que se equivocaba en sus escritos.

Ese manuscrito estuvo guardado durante unos seis años antes de que empezara a pensar en algunas de las cosas que había escrito y en la precisión con la que parecía ser capaz de señalar ciertos acontecimientos futuros en los asuntos de los hombres y del mundo en que vivimos. Creo que esto fue especialmente cierto en el momento del asesinato del presidente Kennedy en 1963. Si el autor tiene razón en que el S.O.S. controla prácticamente todos los gobiernos, sería imposible para cualquiera conocer la verdad que se esconde tras ese asesinato. Y todavía no puedo creer que el asesinato del asesino por Jack Ruby no formara parte de un plan preestablecido para ocultar todos los detalles y la información al público. Podría estar equivocado. El autor tenía una extraña habilidad para resaltar tales acontecimientos e incluso su propia muerte. Si relees el capítulo 3, página 41, dice que dudaba seriamente de que fuera a escribir más libros y que en aquel momento no estaba más gravemente enfermo que otras veces, y que sólo tenía 62 años. Teniendo esto en cuenta, releí el manuscrito y me convencí de que debía hacer todo lo posible por publicar la información, por incompleta que fuera.

En realidad, no importa lo que uno crea sobre lo que lee en este libro. Sería pedir demasiado a cualquiera ser capaz de asimilar semejante material de un solo bocado. Exponer conspiraciones tan monstruosas e inhumanas roza lo imposible y, sin embargo, en el fondo sé que esas conspiraciones existen.

Cuanto más pienso en estas cuestiones, más me convenzo, a pesar de una natural reticencia a creer. Creo que este último sentimiento será común a la mayoría de los lectores.

Aunque me ha llegado este conocimiento de la existencia de un complot sobrenatural para destruir a la humanidad, no temo especialmente al complot en sí. Siempre he creído, de manera general, en la existencia del Mal y en lo que el Mal intentaba hacer conmigo y a través de mí. Pero, por la gracia de Dios, también sé que el Bien existe y que al intentar con todas mis fuerzas seguir ese Bien, automáticamente relego al Mal al lugar que le corresponde en los márgenes de mi existencia, del mismo modo que el frío es desplazado por el calor y la niebla es abrasada por un sol abrasador.

Ahora creo que el mal existe y que ha sido fomentado y organizado por hombres dirigidos por el diablo. Pero, al mismo tiempo, creo aún más firmemente que Dios ES y que Cristo, como nuestro más cercano y mejor ejemplo del Bien, también existe activamente en los asuntos de los hombres. Para mí, el estudio del Mal y de sus efectos en el mundo es más bien un enfoque negativo para encontrar soluciones a los problemas que han existido, existen y existirán siempre, para todos los hombres, hasta el fin de los tiempos terrenales. No cabe duda de que el conocimiento de la obra de mi padre y la lectura de sus numerosos libros han tenido una gran influencia en mi vida. Hace varios años, cuando nuestros hijos se independizaron y ya no necesitaban nuestra ayuda directa, mi mujer y yo decidimos dedicar varios años, si no todos, a trabajar a tiempo completo en el campo de las misiones extranjeras. Creo que esta decisión se tomó, y se sigue tomando, no tanto por ser "bienhechores" como por nuestra propia paz mental y bienestar; hace tiempo que descubrí que la felicidad humana se encuentra mejor en la entrega al servicio de los demás, siempre que el motivo de esa entrega se base en el amor del Dios que me creó.

Creo que la respuesta al mal, tal como la expuso y definió mi padre, es que cada hombre y mujer de buena voluntad se dedique a alguna fase de la escena humana de tal manera que ésta mejore con el esfuerzo que realice. No importa si el efecto logrado es visible o mensurable por la persona o por sus contemporáneos, sino que cada hombre dé lo mejor de sí mismo para intentarlo y conseguirlo.

En este momento me viene a la mente la famosa cita del difunto Presidente Kennedy: "No preguntes qué puede hacer tu país por ti, sino qué puedes hacer tú por tu país". Sustituye las palabras "país" por "Dios", "vecinos", "religión", "comunidad" o lo que sea, y todos tendremos un proyecto para nuestros futuros esfuerzos.

Comentar más esta obra o alguna fase concreta de la trama luciferina o de las intrigas del S.O.S. sería extenderse en el tema.

Para quienes conocieron personalmente a mi padre, o se interesaron por él leyendo sus libros, quizá unas palabras sobre su filosofía personal de la vida y la existencia puedan resultar interesantes y dar una idea más clara del espíritu de este hombre extraordinario.

En los primeros recuerdos que tengo de él, algunos puntos destacados de su carácter sobresalen con fuerza. A menudo me decía que nadie tenía derecho a pedir a otro que hiciera o diera algo que el que lo pedía no estuviera dispuesto a hacer o dar primero. He hablado con varios marinos que sirvieron con el Comandante Carr o a sus órdenes en ambas guerras mundiales y todos me han confirmado que papá seguía este pensamiento hasta el punto de que llegó a ser conocido como el "Hombre de Hierro" en las secciones en las que sirvió en la Marina canadiense durante la Segunda Guerra Mundial.

También insistió en que un hombre debe trabajar como un demonio mientras está vivo si no quiere acabar en el infierno cuando esté muerto: "Un hombre debe trabajar como un demonio mientras está vivo si no quiere acabar en el infierno cuando esté muerto". El libro que acaban de leer es la prueba de que siguió este dictado de su conciencia, porque trabajó hasta el límite de sus fuerzas e incluso más allá, hasta su última enfermedad.

En los sucios años 30, vivíamos en un pequeño pueblo a las afueras de Toronto, Ontario.

Nuestra casa estaba en la principal autopista norte-sur de la época, y docenas de hombres hambrientos venían literalmente a nuestra puerta pidiendo comida.

Aunque éramos una familia numerosa y el dinero siempre escaseaba (o no existía), nunca permitía que se rechazara a un hambriento sin la comida adecuada. Esto es lo que quería decir:

> "Si rechazo la comida a un hambriento, o si no veo en él una marca de Cristo que lo convierte en mi hermano, entonces estoy negando mi propia humanidad".

Del mismo modo, ningún herido o persona en apuros ha pedido nunca ayuda a papá ni ha sido rechazado sin un sincero esfuerzo por prestarle la ayuda necesaria. Muchas viudas y ex militares en apuros acudieron a él en busca de ayuda y, en consecuencia, dedicó innumerables jornadas de trabajo a conseguir pensiones u otras formas de asistencia para estos desafortunados, ya fuera a través de la Legión Canadiense o por su cuenta, gracias a los cientos de contactos que hizo en las altas esferas a medida que avanzaba su trabajo.

No había dinero ni honores que le permitieran apoyar una causa o una organización en la que no creyera plenamente o que no resistiera su escrutinio en cuanto a su razón de ser. Por su firme actitud en este sentido, sé que renunció a muchas oportunidades lucrativas para poder, como él decía, "afeitarme delante de mi propio espejo". Era autodidacta, seguro de sí mismo y de sus opiniones.

En sus momentos más difíciles, se negaba a pedir ayuda a los demás hasta que, literalmente, se había agotado económica, física o mentalmente. Tenía un temperamento irascible que le provocaba terribles ataques de ira... y un corazón tierno que le impedía mantener esa rabia durante más de unos minutos, o guardar rencor incluso a su peor enemigo... y se preocupaba mucho sobre la marcha.

Podía caminar y hablar con reyes y con quienes ocupan los lugares más altos y poderosos de la tierra... y podía sentarse en tugurios y estar allí perfectamente cómodo. Con los que se le oponían, era un luchador duro, justo y tenaz, y ni pedía ni daba cuartel. Con los débiles e indefensos, tenía la ternura de una buena mujer y un corazón tan suave como la mantequilla derretida.

Con su familia y consigo mismo, era un amo duro y severo. Con los más débiles, tenía una infinita capacidad de compasión y paciencia. Durante los últimos quince años de su vida, padeció muchas enfermedades y discapacidades, entre ellas una columna vertebral telescópica que le obligaba a llevar un incómodo corsé de acero y cuero para evitar graves deformidades. Creo que nunca consideró estos problemas de salud como algo más que una molestia que le impedía seguir el camino profesional que había elegido... su lema siempre fue: "Sigue adelante".

Si alguna vez hubiera que escribirle un epitafio, que sea éste: **Vivió la dura vida de un** verdadero cristiano. Y murió la muerte fácil reservada para un hombre así.

Si todo lo que escribió ayudó aunque sólo fuera a una persona a encontrar un propósito en la vida, o a comprender mejor el propósito y el significado de la vida, o a ayudar a una sola alma a encontrar su lugar en el orden divino de las cosas, entonces estoy seguro de que su noble alma descansa en paz en el amor y la protección del Dios al que se esforzó por servir durante los pocos años que vivió en la tierra.

APÉNDICE A - EL PACTO SECRETO CONTRA LA HUMANIDAD

El siguiente contrato apareció de forma anónima en un sitio web en junio de 2002. Se desconoce su origen, pero se incluye aquí como una prueba más de las afirmaciones hechas en *Satanás, príncipe de este mundo*. No se incluyó originalmente en el libro. Extracto de http://www.unveilingthem.com/SecretCovenant.htm

LA ALIANZA SECRETA

Será una ilusión, tan grande y tan vasta que escapará a su percepción.

Los que lo vean quedarán como tontos.

Crearemos frentes separados para impedir que vean el vínculo que nos une.

Nos comportaremos como si no estuviéramos conectados para mantener la ilusión.

Nuestro objetivo se alcanzará gota a gota para no levantar sospechas. Esto también evitará que vean los cambios a medida que se producen.

Siempre estaremos por encima del campo relativo de su experiencia, porque conocemos los secretos de lo absoluto.

Siempre trabajaremos juntos y permaneceremos unidos por la sangre y el secreto. La muerte golpeará a quien hable.

Vamos a acortar su esperanza de vida y a debilitar su espíritu mientras fingimos hacer lo contrario.

Utilizaremos nuestros conocimientos científicos y tecnológicos de forma sutil para que nunca vean lo que ocurre.

Utilizaremos metales blandos, aceleradores del envejecimiento y sedantes en los alimentos y el agua, así como en el aire.

Estarán cubiertos de venenos dondequiera que estén.

Los metales blandos les harán perder la cabeza. Prometeremos encontrar una cura en nuestros muchos frentes, pero les daremos aún más veneno.

Los venenos serán absorbidos a través de su piel y boca, destruyendo sus mentes y sistemas reproductivos.

Como resultado, sus hijos nacerán muertos, y ocultaremos esta información.

Los venenos estarán ocultos en todo lo que les rodea, en lo que beben, comen, respiran y visten.

Tenemos que ser ingeniosos cuando se trata de distribuir venenos, porque pueden ver a gran distancia.

Les enseñaremos que los venenos son buenos, con imágenes divertidas y sonidos musicales.

Aquellos a quienes admiran les ayudarán. Los reclutaremos para que pasen nuestros venenos.

Verán nuestros productos utilizados en películas, se acostumbrarán a ellos y nunca conocerán su verdadero efecto.

Cuando den a luz, inyectaremos venenos en el torrente sanguíneo de sus hijos y les convenceremos de que es por su propio bien.

Empezaremos muy pronto, cuando sus mentes son jóvenes, y nos dirigiremos a sus hijos con lo que más les gusta a los niños: las cosas blandas.

Cuando sus dientes se pudran, los llenaremos de metales que matarán su espíritu y les robarán su futuro.

Una vez afectada su capacidad de aprendizaje, crearemos fármacos que les harán enfermar más y les causarán otras enfermedades para las que crearemos aún más fármacos.

Los haremos dóciles y débiles ante nosotros con nuestro poder.

Se deprimirán, se volverán perezosos y obesos, y cuando acudan a nosotros en busca de ayuda, les daremos aún más veneno.

Centraremos su atención en el dinero y las posesiones materiales para que nunca puedan conectar con su ser interior. Los distraeremos con la fornicación, los placeres externos y los juegos para que nunca sean uno con la unidad de todo ello.

Su espíritu nos pertenecerá y harán lo que les digamos.

Si se niegan, encontraremos la forma de introducir tecnología de alteración mental en sus vidas. El miedo será nuestra arma.

Crearemos sus gobiernos y estableceremos oposiciones en su seno.

Seremos dueños de ambos lados.

Siempre ocultaremos nuestro objetivo, pero llevaremos a cabo nuestro plan.

Ellos harán el trabajo por nosotros, y nosotros prosperaremos gracias a su duro trabajo.

Nuestras familias nunca se mezclarán con las suyas. Nuestra sangre debe ser siempre pura, porque ese es el camino.

Haremos que se maten entre ellos cuando nos convenga.

Los separaremos de la unidad por dogmas y religiones.

Controlaremos todos los aspectos de sus vidas y les diremos qué pensar y cómo.

Les guiaremos con amabilidad y dulzura, haciéndoles creer que se guían a sí mismos.

Crearemos animosidad entre ellos a través de nuestras facciones.

Cuando brille una luz entre ellos, la apagaremos con el ridículo o la muerte, lo que más nos convenga.

Les obligaremos a arrancarse el corazón y a matar a sus propios hijos.

Lo conseguiremos haciendo del odio nuestro aliado y de la ira nuestra amiga.

El odio les cegará por completo y nunca verán que de sus conflictos surgimos nosotros como sus líderes. Estarán ocupados matándose unos a otros.

Se bañarán en su propia sangre y matarán a sus vecinos durante el tiempo que consideremos necesario.

Sacaremos mucho provecho de ello, porque no nos verán, porque no pueden vernos.

Seguiremos prosperando gracias a sus guerras y sus muertes.

Lo haremos una y otra vez hasta alcanzar nuestro objetivo final.

Seguiremos dándoles vida con miedo y rabia a través de imágenes y sonidos.

Utilizaremos todas las herramientas a nuestro alcance para conseguirlo.

Las herramientas las proporcionará su trabajo.

Haremos que se odien entre ellos y a sus vecinos.

Siempre les ocultaremos la verdad divina de que todos somos uno.

¡No deben saberlo nunca!

Nunca deben saber que el color es una ilusión, siempre deben pensar que no son iguales.

Gota a gota, gota a gota, avanzaremos hacia nuestro objetivo.

Nos apoderaremos de sus tierras, sus recursos y sus riquezas para poder ejercer un control total sobre ellos.

Les engañamos haciéndoles aceptar leyes que les privarán de la poca libertad que tienen.

Estableceremos un sistema monetario que les encarcelará para siempre, endeudándoles a ellos y a sus hijos.

Cuando se reúnan, les acusaremos de crímenes y presentaremos una historia diferente al mundo, porque seremos los dueños de todos los medios de comunicación.

Utilizaremos nuestros medios de comunicación para controlar el flujo de información y la forma en que se percibe a nuestro favor.

Cuando se levanten contra nosotros, los aplastaremos como a insectos, porque son menos que eso.

No podrán hacer nada porque no tendrán armas.

Reclutaremos a algunos de ellos para llevar a cabo nuestros planes, les prometeremos la vida eterna, pero una vida eterna que nunca tendrán, porque no son de los nuestros.

A los reclutas se les llamará "iniciados" y se les adoctrinará para que crean en falsos ritos de paso a reinos superiores. Los miembros de estos grupos creerán que son uno con nosotros, sin saber nunca la verdad.

Nunca deben aprender esta verdad, porque se volverán contra nosotros.

Por su trabajo, serán recompensados con bienes terrenales y grandes títulos, pero nunca se convertirán en inmortales y se unirán a nosotros, nunca recibirán la luz y viajarán a las estrellas.

Nunca alcanzarán los reinos superiores, porque el asesinato de sus semejantes les impedirá alcanzar el reino de la iluminación. Nunca lo sabrán.

La verdad se les ocultará, tan cerca que no se darán cuenta hasta que sea demasiado tarde.

Oh sí, la ilusión de libertad será tan grande que nunca sabrán que son nuestros esclavos.

Cuando todo esté en su sitio, la realidad que hemos creado para ellos les pertenecerá.

Esta realidad será su prisión. Vivirán en la ilusión.

Una vez alcanzado nuestro objetivo, comenzará una nueva era de dominación.

Su espíritu estará ligado a sus creencias, las que hemos establecido desde tiempos inmemoriales.

Pero si descubren que son nuestros iguales, pereceremos. NUNCA DEBEN SABERLO.

Si descubren que juntos pueden derrotarnos, pasarán a la acción.

Nunca, jamás, deben descubrir lo que hemos hecho, porque si lo hacen, no tendremos a dónde huir, porque será fácil ver quiénes somos una vez que el velo haya caído. Nuestras acciones habrán revelado quiénes somos y nos perseguirán, y nadie podrá protegernos.

Este es el pacto secreto por el que viviremos el resto de nuestras vidas presentes y futuras, porque esta realidad trascenderá muchas generaciones y vidas.

Este pacto está sellado con sangre, nuestra sangre. Nosotros, que hemos venido del cielo a la tierra.

NUNCA, JAMÁS, debe saberse que existe este pacto. NUNCA, NUNCA debe ser escrito o hablado porque si lo es, la conciencia que engendrará desatará la furia del CREADOR PRIMARIO sobre nosotros y seremos arrojados de vuelta a las profundidades de donde vinimos y permaneceremos allí hasta el final de los tiempos del infinito mismo.

APÉNDICE B - CONTRAPORTADA

El símbolo de Baphomet representa los poderes de la oscuridad combinados con la fertilidad de la cabra. En su forma "pura", el pentagrama, tal como aparece en la portada, engloba la figura de un hombre dentro de las cinco puntas de la estrella, símbolo de la naturaleza espiritual del hombre. El satanismo representa los instintos carnales del hombre, o lo contrario de su naturaleza espiritual. En el satanismo, el pentagrama se invierte para acomodar perfectamente la cabeza de la cabra, cuyos cuernos representan la dualidad y se alzan desafiantes. Las figuras hebreas que rodean el símbolo se encuentran en la Cábala y deletrean "Leviatán", la serpiente del abismo acuático, identificada con Satán.

- Extracto de *Hidden Secrets of the Eastern* Star, de la Dra. Cathy Burns.

Otros títulos

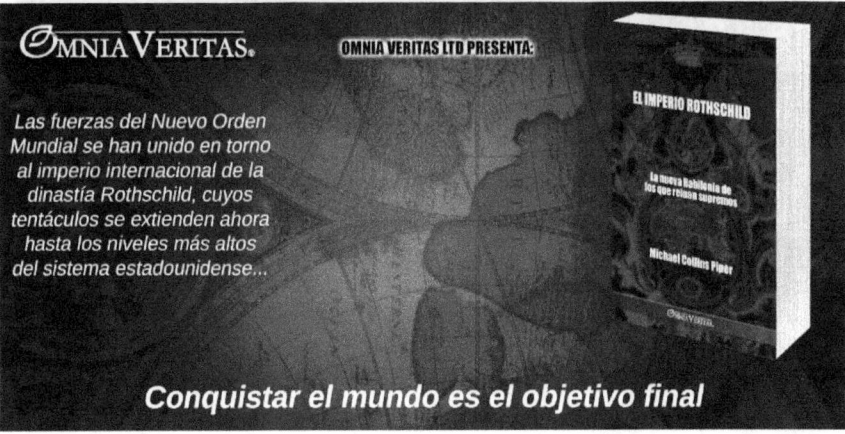

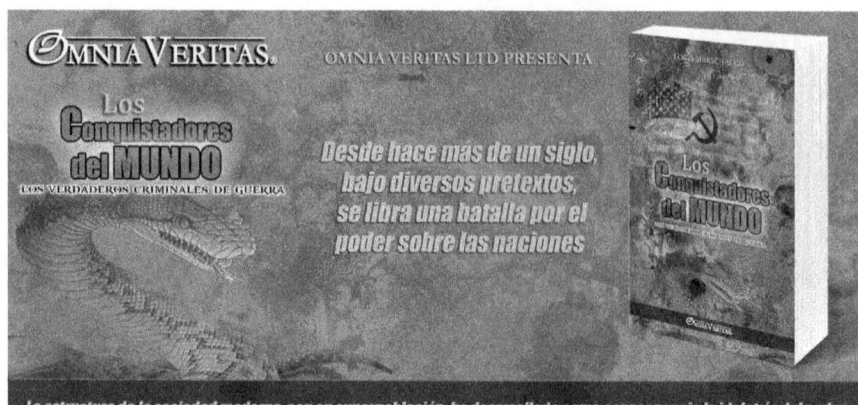

www.ingramcontent.com/pod-product-compliance
Lightning Source LLC
Chambersburg PA
CBHW050141170426
43197CB00011B/1918